曾霽虹著

五朝湘詩家史詠

暢軒

文史哲出版社印行

瀟湘八景

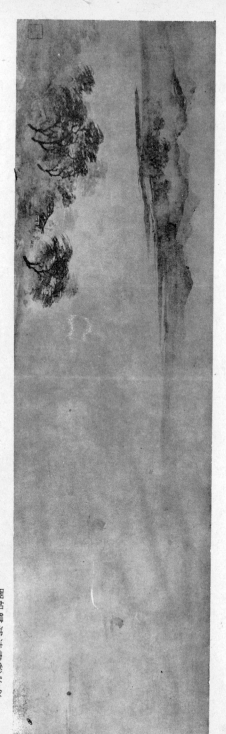

僧牧谿畫遠浦歸帆圖

僧牧谿畫平沙落雁圖

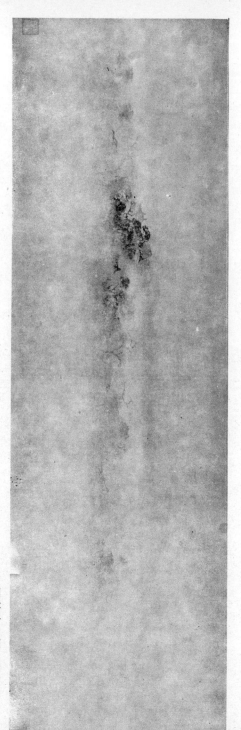

僧牧谿畫煙寺晚鐘圖

僧牧谿畫漁村夕照圖

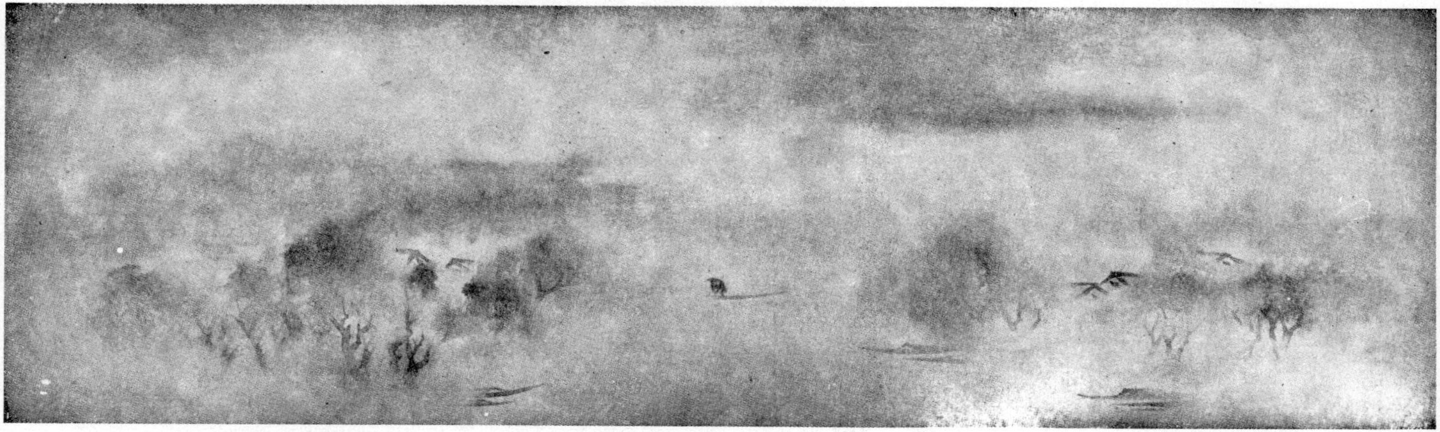

僧牧谿畫瀟湘夜雨圖（小幅）

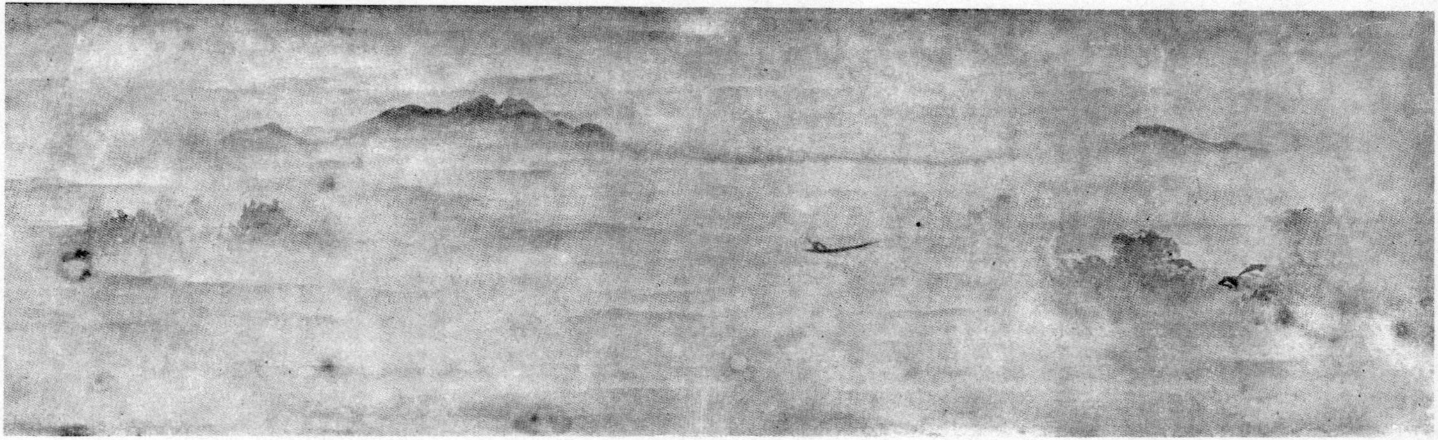

僧牧谿畫洞庭秋月圖（小幅）

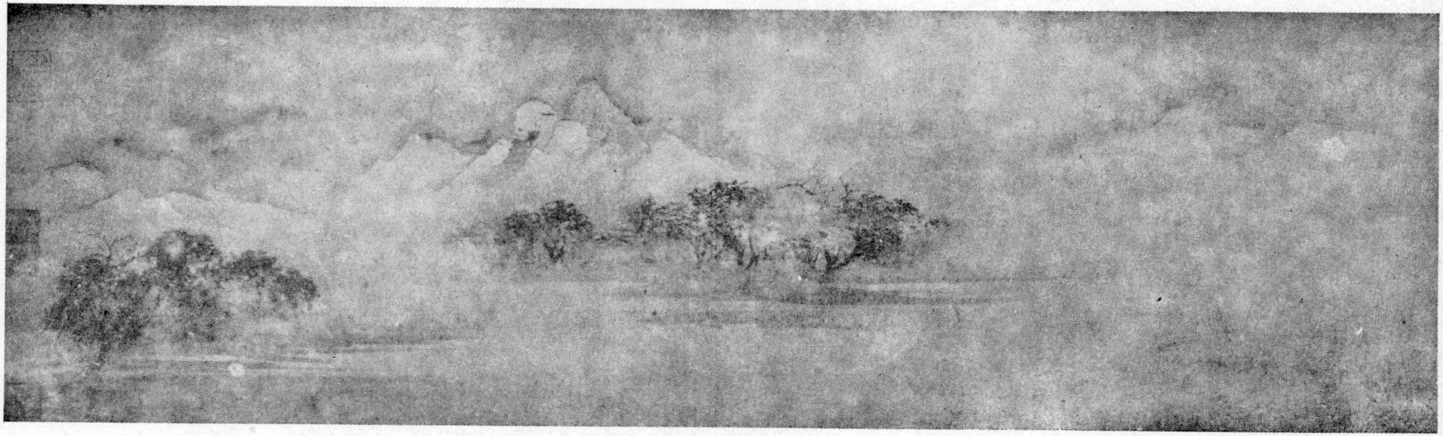

僧牧谿畫江天暮雪圖（小幅）

僧牧谿畫煙寺晚鐘圖（小幅）

神鳥一飛下
望閣底平湖
兩陸陸鷺湘
清涵行渡月
秋不能千浦
月盡下山

圖月秋庭洞畫潤王僧

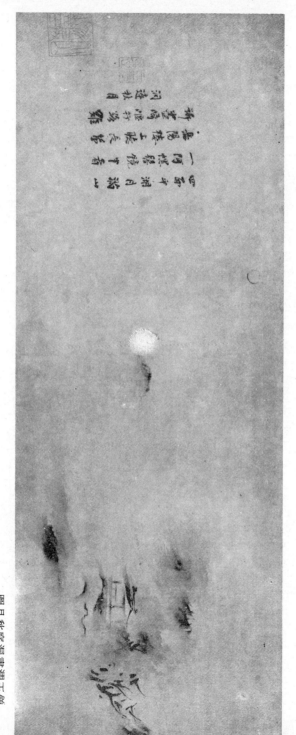

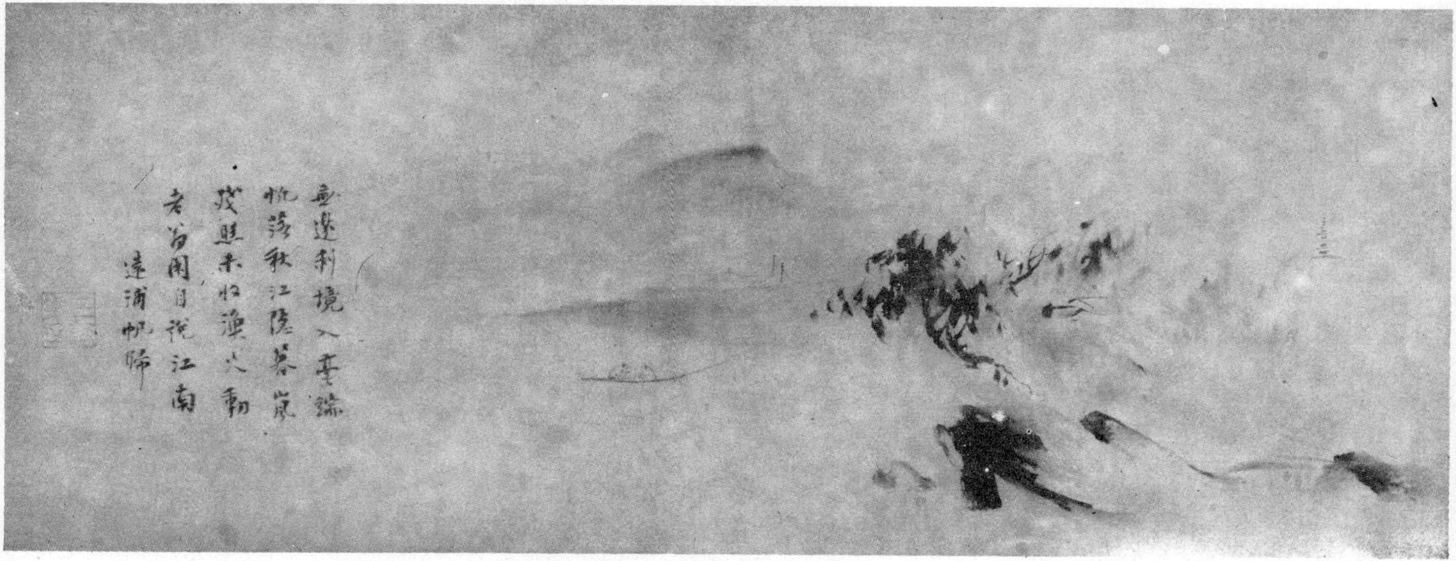

僧玉澗畫遠浦歸帆圖

僧玉澗畫山市晴巒圖

瀟湘八景之畫始於何時，頗費稽考。至北宋有畫家宋廸字復古者，善爲平遠山水，嘗繪八景圖，見賞於眉山蘇氏，爲賦詩以張之。事載沈括夢溪筆談及東坡詩集，雖其畫不傳於世，而瀟湘之名自此益著，勝景流連，詩情悽惋，爲歷來遷客騷人歗歌之地。若宋之米芾，元之揭傒斯、陳孚，明之薛瑄、李夢陽皆有詩分咏其景，然形之文字者多，收入丹青則殊尠。右圖十一幅，南宋高僧牧谿玉澗作。谿之畫八，重其一景，澗之畫三，皆非足本。按牧谿、法號法常，蜀人，漫游江南，善畫山水人物，喜作龍虎猿鶴禽鳥之屬，隨筆點染，皆具眞態。至元間圓寂，生前久住杭州，歿後其遺像尚存武林之長相寺。玉澗法號若芬，字仲石，浙之婺州人，住臨安上竺寺，構亭澗壁間，顏曰玉澗，因以爲號。好游山水，摹狀雲物，純以寓意寫之。求者甚衆，有西湖、廬山、瀟湘等圖行世。壽至八十。二僧者，其名雖不甚揚於中土，然其畫在宋元之交，多東流入扶桑，開彼邦數百年風氣，日人奉爲禪畫宗匠。此八景乃二人畫中之精品，披圖覽勝，猶可見大家落墨，迥出凡近。惜殘闕不全，然合之仍得八景，實亦彌足葆貴矣。頃承李葉霜先生出其珍庋八景影本見眎，爰爲複製刋之卷首，以存吾鄉之勝蹟，且俾夫手此卷者於故國山川人物，可合而觀焉。

霽虹附識。

五朝湘詩家史話

自序

歲辛亥余應國立中央圖書館之聘歸自海外供職館中得粗閱中秘之宏富旣而徧覽湘詩家遺集作而歎曰嗟乎此吾鄉文學之精髓也可以見先正之楷模可以覘世運之升降矣夫詩自三百篇後江漢以南莫不嚮化屈子作離騷放歌沅湘之滸南士宗之競效其體楚辭盛焉漢有賈誼司馬子長來游我邦並著文采足爲山川生色自是而降湘人以辭翰稱者若三國之劉巴晉之羅含陳之陰鏗皆其著者也唐以詩試士開天之際作者雲興李杜文章光燄萬丈而杜公流寓南來雄篇傑句往往揚播湖湘間沾溉廣矣後五十年廼有李文山其詩含姸吐麗急就能工飛卿之亞也白蓮門學都官遂擅出藍之譽唐末馬氏父子開府潭州賓客賦詩斐然可誦下迄兩宋楚材代作然視隣國西江之勝則有間矣歐陽原功李西涯以詞臣崛起兩朝修偃之期大筆高文規範一世而所安燕泉龍湖諸子並足羽翼門庭潤色鴻業及其末葉則有雲陽些庵榮木之儔身際滄桑嘔心國難移山塡海之志語哀情苦而船山尤絕出輩流擬之嶽雲湘瑟信無忝焉清詩應世益邁前修宰輔則餘山可齋雲房賡歌乎大廷疆

吏則笛樓雲汀耦耕石梧釆風於郡國滄洲樂園俱以勞藎上結主知餘事工吟亦足名世海秋思益執戟之才東洲芝房乘軺之彥陶山父子紫峴兄弟績學能文又皆以詩世其家者也自湘軍樹幟一時將帥奮起儒宗並爲詞伯湘鄉首唱四方和之金革彌天不廢吟詠軍書旁午時見詩筒中興之頌比隆方召篇章既富梨棗斯傳彬彬郁郁焉文苑詞林未能或之先也孔子曰有德者必有言豈不信哉余讀諸家詩感其體貌雖殊淵源則一要皆意取風騷辭兼雅頌是故圭齋懷麓有淸廟之音元明遺老多黍離之痛滄洲馳驅王事憂讒畏譏款款忠愛何異北門小明之什曾左諸公手戡大難奮揚武烈足繼東山常武釆芑江漢之聲傲軒萸江磵東雨臚諸君子皭歌泉石泊然寡營則考槃衡門之高韻也至若九烟傷時閔亂憔悴自沉賦詩見志豈非九歌之遺響乎斯其人者情緣境生興與古會把筆成吟蓋有不期而然者矣說者謂湘賢之詩至淸代而始盛則以爲人才今勝於古不知詩人之興恃乎時地遇則氣壯睽則聲孤其勢然也夷考三湘之地沃野千里民重力田土厚水深群生蕃息蓋天地之奧區也益以洞庭浩蕩衡嶽雄奇靈秀所鍾文藻斯蔚蓄之既久待時而發淸自中葉後

湖外風氣日恢適際軍興潛材並起憑其運會爭奮事功於是吐辭則風雲作氣謳歌則金石爲聲旁礴振盪沛然莫禦焉此湘詩遞變遞進之跡可得而辨者抑余聞之世運者存乎天才學者操之人才學之所資必也前賢之榘矱此文獻之彌足貴而後來者之責不可不勉耳昔鄧湘皋撰沅資耆舊二集羅研生爲湖南文徵及褒忠錄皆殫畢生之心力成稀世之巨構至今言楚南文獻者必僂指兩家顧其書輯止道咸間去今百二十年矣余嘗欲訪此百餘年來鄉先輩遺篇佚簡如鄧羅所爲者而愧未能世亂文湮兩賢之業敻矣尚矣余惡乎蹤迹之余惟有退而求之詩人之家絃而戶誦者得百十數家焉爲之詩以寄吾咨嗟咏歎之誠爲之傳以供同好論世尚友之一助如斯而已世有誦諸公生平以證吾詩者其亦有當於心乎而諸公之才之美固各有可傳者在初非欲假夫一二詠古者以自表見於世然則區區此作又烏足爲諸公重乎

甲寅詩人節曾霽虹寫於臺北南海學園

例言

一、本編所列湘詩人上起唐代下暨清末擇其聲名表著而有著作行誼可考者錄焉計唐五家宋三家元四家明二十二家清八十四家綜一百十八家

一、每題首標著作次敍生平終詠德業詩以體分得五言古風二十八篇七言古風二十三篇五言排律四篇五言律詩三十二篇七言律詩三十六篇五言絶句七篇六言絶句六篇七言絶句四十六篇合爲一百八十二篇

一、人物之編次以年齒爲序高僧列女並無例外間有年齒遽難考定者則視其仕履年代及同時交游酌爲先後

一、標題於一人詩集兼有多種未克備錄者則以四庫續四庫著錄之書名卷數爲準未經兩庫著錄者則就其通行而具有代表性者標擧之至其他詩文著述均於傳內敍明

一、諸家傳略取材自正史方志碑銘序狀官私著作旁及友朋雜撰凡參考所源則附列作者及書名於篇後以明出處嗟余檮昧頗囿見聞矧典籍多湮徵引未廣尙望達人長者糾謬補闕以備異日訂正

一、從來詠史之作詩家所難才如丁卯猶不免見譏於升菴若茲淺陋曷敢言功編中各詩大抵構思退食之暇言念古人精魂不作肸蠁猶通每製一題則沉吟斗室推敲至再不敢妄著一字而於忠臣孝子孤懷卓行尤

寄景行一篇之中輒三致意期於輓近漓風稍有匡益幸識者鑒之

一、詩中長篇多見之大華報瀛海同聲詩欄憶主編江絜生先生常以電話索稿余於是乃爲之益力而此書幸得提前卒業翫愒之過吾知免焉督勉之功重可感矣

一、屬稿有因一事之微或數語之惑而必須參閱原著及他書者其遇本館闕收則恒假觀其他公私藏書迭承友好協助人多不便一一列名道謝書此併誌銘刻之私

一、書影意在留眞兼資考鏡爲歷來藏家所尚兹姑以明代爲斷選錄善本如干種影附於后其下注明版刻及藏書所在存兹鱗爪聊備觀賞云

目次

明

五朝湘詩家史詠

長沙曾霽虹著

李群玉集三卷後集五卷

唐李群玉撰。先生字文山，澧州人。性曠逸，不樂仕進，專以吟詩自適。詩筆妍麗，才力遒健，好吹笙，善急就章。親友強赴舉，一上而止。杜牧送先生赴舉詩曰：故人別來面如玉，一榻拂雲秋影中。玉白花紅三百首，五陵誰與唱春風。裴休廉察湖南厚延致之。及爲相，以詩論薦，先生乃詣闕進所爲三百篇詩，詔賜錦綵器物。僕射令狐綯表薦其才，授弘文館校書郎，未幾解任。喜食鵝，東歸之日，盧肇贈詩云：妙吹應諧鳳，工書定得鵝。至涔陽，經二妃廟題詩：小孤洲北浦雲邊，二女明粧共儼然。野廟向江春寂寂，古碑無字草芊芊。風廻日暮吹芳芷，月落山深哭杜鵑。猶似含嚬望巡狩，九疑凝黛隔湘川。詩成，恍若有物告以二年之兆，潯陽太守段成式志其事，二年後果死於洪井。段有詩悼之曰：明時不作禰衡死，傲盡公卿歸九泉。又云：曾話黃陵事，今爲白日催，老無兒女累，誰哭到泉臺。光化三年，左補闕韋莊奏先生懷才未遇，詔追賜進士及第。

集首載先生進詩表及令狐綯薦狀，稱詩三百首。然前後集所錄僅二百餘首，卷中載有請告南歸留別同館之作，則是集已兼錄得官以後之詩，非復當日奏進之原本矣。

右參計有功撰唐詩紀事、尤袤撰全唐詩話、四庫提要、湖南通志。

幽蘭待向日邊栽。北上心聲鬱不開。羨煞詩名三十六。却教冷落澧州才。同時李商隱、溫庭筠、段成式三人負盛名，號三十六體。

詠史詩二卷

唐胡曾撰。先生邵陽秋田鄉人，咸通中舉進士不第。乾符初，高駢鎮蜀，辟掌書記。時南蠻倡亂，先生作檄諭之曰：四方之於中國，猶衆星之拱北辰，百川之趨東海，天地尙不能違，況於人乎？又賦詩云：辭天出塞陣雲空，雲捲霞開萬里通。親受虎符安宇宙，誓將龍劍定英雄。殘霜敢冒高懸日，秋葉爭禁大段風。爲報南蠻須屛跡，不同蜀將武侯功。蠻人誦詩與檄，感動歸誠，遂遏亂萌。駢盛稱之，牋奏多出其手。梁貞明間再入蜀，蜀王衍宴飲無度，內侍宋光溥咏先生所爲詩以諷之，詩曰：吳王恃霸棄雄才，貪向姑蘇醉綠醅。不覺錢塘江上月，一宵西送越兵來。衍聞之，爲罷宴。後權延唐令，有惠政。

是編雜咏史事，各以地名爲題，自共工之不周山，迄於隋之汴水，凡一百五十首。宋史藝文志錄爲三卷。

右參計有功撰唐詩紀事、尤袤撰全唐詩話、四庫提要、湖南通志、宋史藝文志。

作檄陳琳體例尊。旅獒越雉競稱蕃。江山百代存詩史。莫作尋常弔古論。

曹松詩集一卷

唐曹松撰。先生字夢徵，衡陽人。昭宗天復初進士及第，同榜王希禹、劉象、柯崇、鄭希顏，並先生年皆七十餘，時號五老榜。主文衡者杜公德祥也。值內亂新平，首求清俊之士，德祥以五人應詔，各授校書郎。制曰：念爾登科之際，當予反正之年，宜降異恩，各膺寵命。

先生詩格與賈浪仙近，集中有弔賈島、哭陳陶處士、哭李頻員外、送方干遊上元諸作，其一時交游，不乏名家。今存詩僅九十餘首，皆屬近體，而以五言律爲多。唐書藝文志著錄詩集三卷，宋史藝文志著錄一卷。

右參計有功撰唐詩紀事、鄭方坤撰五代詩話、湖南通志、唐書藝文志、宋史藝文志。

五老殘唐世寂寥。尙餘歌唱入風謠。遊人怯向臺城過。雲樹依依似六朝。集中石頭懷古詩有臺城空白雲句。

廖匡圖詩三卷

唐廖匡圖撰。先生系出江西，父爽，官韶州刺史，爲南越所攻，先生隨父率族人自韶陽奔潭州，遂占長沙籍。刺史馬殷以其豪而多侶，將拒之，或諫曰：廖者料也，馬得料必肥，是霸兆也。遂待以禮，於是表爽爲永州刺史，授先生江南觀察判官。因具陳南越可取狀，殷大喜，未數月，拔桂管十八城，遂晉爵楚王。子希範嗣位，置天策府學士十八人，一時才士如徐仲雅、劉昭禹、李宏臯、宏節兄弟，何仲舉、石文德等，咸被延攬，而以先生名居首。性既豪俠，復擅文翰，一篇之成，騰播遐邇。希範作會春園、嘉宴堂，營九龍殿，記敍文字，多出其手。

按宋史藝文志著錄詩集爲二卷，並改匡圖爲光圖，蓋避太祖諱也。

右參湖南通志、宋史藝文志。

策府文章吐鳳才。老爲賓客亦堪哀。楚宮信有亭園勝。多少新篇入翦裁。

白蓮集十卷

唐釋齊已撰。師益陽人，俗姓胡，家業農。七歲居大爲山寺，與諸童子牧牛。天性穎悟，嘗以竹枝畫牛背爲詩，造句出人意表。衆僧奇之，勸令落髮爲浮圖。居長沙道林寺，自號衡岳沙門。時湖南幕府號能詩者徐仲雅、廖匡圖、劉昭禹輩，皆聲名藉甚。而仲雅尤傲岸，雖王公不爲禮，每見師必悚然，不敢以衆人待之。嘗謂同列曰：我輩所作皆拘於一途，非所謂通方之士。若齊已才高思遠，無所不通，殆難及矣。適有禪客自德山來，述其理趣，師不覺神游，乃躬往參謁，遍禮藥山、鹿門、護國諸大叢林。梁革唐命，天下紛紜，高季昌奉梁帝命攻逐雷滿出渚宮，尋受節度。唐莊宗自魏府入洛，高氏遂割據一方，搜聚四方名節之士，旁及方外，於是得義豐於齊，師於南獄，以爲築金之始驗也。龍德元年辛巳，禮師於龍興寺，淨院安置，給月俸，命作僧正，然非性所好。雖入朱門，不移素履，閑辰靜夜，惟事篇章，賦渚宮莫問篇十五章以見意。頃之，唐秦王從榮，召入侍中秋大宴，師竊從榮蓄異志，獻詩有東林莫礙漸高勢，四海正看當路時之句，幾以諷刺得罪，已而脫歸荆南，賴高氏匿之，獲免。頸有贅瘤，時人戲指爲詩囊。破衲擁身，周歷山水自適，不謁王侯，亦不投以詩，有未曾將一字，容易謁諸侯句，其高潔類此。獨與隱士鄭谷、司空圖相契，時有唱和。晚偕慧寂、仰山禪師住豫章觀音院，卒於西山某寺，有示寂塔存焉。

徐仲雅贈師詩：有唐有僧號齊已，未出家時宰相器，爰見夢中逢武丁，毀容自學無生理。骨瘦神清風一襟，松老霜天鶴病深，一言悟得生死海，芙蓉吐出琉璃心。悶見唐風雅容缺，敲破冰天飛白雪，清塞清江却有靈，遺魂泣對荒郊月。格何古？天工未生誰知主？混沌鑿開鷄子黄，散作純風如膽苦。意何新？織女星機挑白雲。眞宰夜來調暖律，聲聲吹出嫩青春。調何雅？澗底孤松秋雨灑。嫦娥月裡學步虛，桂風吹落玉山下。語何奇？血潑乾坤龍戰時，祖龍跨海日方出，一鞭風雨萬山飛。已公已公道如此，浩浩寰中如獨自。一簞松風冷如水，長伴巢由伸脚睡。讀此可見推重之情。初、師往袁州訪鄭都官谷，投以詩云：高名喧省闥，雅頌出吾唐。疊巘供秋望，飛雲到夕陽。自封修藥院，別下著僧牀。幾許中朝事？久離鵷鷺行。谷覽之曰：請改二字，方得相見。經數日再往，謂已改作別掃著僧牀，谷大嘉賞，結爲詩友。後人論詩，稱其淸潤平淡，亦復高遠冷峭。一經都官點化，白蓮一集，遂駕出雲臺之上，智過其師，與唐末詩僧貫休並有聲於世。

右參釋贊寧等撰宋高僧傳、尤袤撰全唐詩話、計有功撰唐詩紀事、鄭方坤撰五代詩話、孫光憲撰序、毛晉撰跋、湖南通志、四庫提要。

一瓶一鉢垂垂老。貫休詩 空色空香曲曲傳。試展千年方外作。白蓮禪月共清妍。

邕州小集一卷

宋陶弼撰。先生字商翁，祁陽人。父岳，仕至職方員外郎，贈刑部侍郎。先生少倜儻不羈，客吳中，行山間，有雙鯉戲溪水上，竚觀之，旁一老父顧曰：此龍也，行且鬥，君宜亟去。去百步許，忽大雷雨，木拔岸圮。又嘗出大雲江，遇大風，同行廿餘艘俱溺，獨先生得濟，人以是異之。丁謂一見，妻以宗女，因從學兵法。慶曆中，楊畋討湖南猺，召與俱行，頗用其策。尋命領一軍往襲敵，大破之，以功授桂州陽朔縣主簿。儂智高反，畋爲安撫，辟掌機宜，使下英江會諸將，議擊未至，智高解去。先生舍舟從其徒數十人間關步出，次臨賀，大將蔣偕適戰死，餘衆恐亡帥被誅，多降賊，賊勢益張。先生矯畋命張布大書曰：招安蔣團練下敗兵，使十數輩持徇村落，收得散卒千五百人。會以府罷未錄功，畋每爲人言，湖南軍中，獨得陶弼一人耳。旋調陽朔令，課民植木官道。夾蔭數百里，行者無暑暍之苦，他郡縣皆效之。攝興安令，移書說桂守蕭固浚靈渠以通漕，不聽，至李師中卒浚之。師征安南，餽餉於是乎出，大爲民利。師中論薦其能，擢知賓州，詔換崇儀副使，知容州。以六宅副使知欽州，母老乞歸，詞極懇惻，不允。既丁內艱，徒行奉喪歸葬祁陽，奪哀以崇儀使知邕州。邕經儂寇，井隧蕩然，人不樂其生。至則綏輯惠養，使就耕食。諸峒獻土物，求內附，輒降意撫答，謝其贄，皆感悅，無犯邊者。邕地卑下，水易集，夏大雨彌月，先生登城以望，三邊皆漫爲陂澤，亟窒埧江三門，諭兵民即高避害，俄水大至，召吏役爲土囊千餘置道上，水果從竇入，隨塞之，城得不壞。而人乏食，則爲發廩以賑於內，方舟以饁於外，水不及女牆者三版，旬有五日乃退，公私無所失亡。移鼎州，章惇經理五溪蠻事，薦爲辰州，還皇城使，降北江彭師晏，授忠州刺史。郭逵南征，奏轉康州團練使，復知邕州。民再罹禍亂，散匿山谷，先生率百騎深入左江峒，民知其至，扶老携幼以歸。逵帥宣軍臨富良江，使先生殿，交人納款，逵欲班師，恐爲所襲，乃以計夜起，賊覘知殿者先生，戒勿追，逵賴以善還。進西上閤門使，留知順州，州去邕更二千里，多毒草瘴霧，戍卒死者十七八。先生嬰疾甚，然蚤暮勞軍，視其良苦，士莫不感泣。交人讐桄榔，揚聲欲圖邕，以先生深得人心，而卒不敢動。加東上閤門使，未拜而卒，年六十四。

先生不治細故，獨以文章自喜，尤號爲能詩，風韻絕似晚唐。事母孝謹，白首盡讙，所得俸祿悉以與人，家至貧不恤也，卒後其夫人僦屋鄉閭以居。所著詩文書奏十有八卷，今所存者僅此一卷，錄詩七十三首。宋詩紀事中所載詠藕、詠蝀二首，未見集中。

右參史傳、黃庭堅撰墓志銘、楊愼撰升菴詩話、厲鶚撰宋詩紀事、湖南通志、四庫提要。

少日湘軍識將才，晚膺民社益恢恢，書生緯地經天念，早自龍騰鯉躍來。

鄧紳伯集二卷

宋鄧深撰，先生字資道，一字紳伯，湘陰人。紹興間進士，試中教官，入爲太府丞，輪對論京西、湖南北戶及士大夫風俗，高宗嘉納，提舉廣西市舶，以親老求便郡，知衡州。茶陵安仁溪洞之盜，望風帖息，擢潼川漕使。鹽酒虛額久爲民害，請於朝，捐川引四千七百。守令貪，虛奏，劾之。虞允文貽書曰：不畏疆禦，思濟斯民，挺然之操，未見近比。後以朝散大夫終於家，愛東湖之勝，建閣曰明秀。文集十卷不傳，其詩散見永樂大典，裒集排纂，僅得二卷。

右參湖南通志、四庫提要、厲鶚撰宋詩紀事。

朝散才猷海內思。喜從舊典錄新詩。詩心恰似湖心美。明秀閣周烟雨姿。

雪磯叢稿五卷

宋樂雷發撰。先生字聲遠，號雪磯先生，寧遠人。少穎敏，書無不讀，長於詩賦，累舉不第。寶祐元年，其門人姚勉登科，上疏請以一第讓其師，理宗詔親試時務八事，條對切直，上嘉納之，賜特科第一人。先生志在康濟，因數議時政，不用，歸隱雪磯，遂以爲號，且名其詩稿。凡百五十餘篇，由其友人羅季海等爲之梓行。其詩舊列江湖集中，而風骨遒上，調亦瀏亮，無猥雜粗俚之弊，視江湖一派迥別。清同治間，其裔孫重刻此集，益以廷對策及遊紫瑄巖賦、象石銘諸篇，改題雪磯遺草。

右參湖南通志、四庫提要、厲鶚撰宋詩紀事、周洪謨撰詩集序。

堅蒼自樹雪中磯。浪說江湖有傍依。好是及門賢弟子。一科相讓古稱稀。

圭齋詩集三卷

元歐陽玄撰。公字原功，原籍江西，與宋歐陽修同所自出。曾祖新，官湖南轉運司，愛瀏陽山水，遂卜居其地。公生於至元二十年，幼岐嶷，母李氏親授孝經論語小學諸書，八歲成誦，始從鄉先生張貫之學，日熟數千言，知屬文。十歲，有黃冠至里塾，坐定，周視諸生，注目視公久之，曰是兒骨格不凡，神氣凝遠，耳白過面，目光射人，惜本朝未興科目，有則狀元何疑，然異日亦當文章冠世，聲名滿天下，廊廟器也。迹之，已失所之。父龍生，爲文靖書院山長，部使者某至州，謁之書院，公方與諸生講誦，使者異之，就坐命賦梅詩，立成十首，晚歸增至百首，使者詫爲奇才。自是每試庠序，必占高等。老師宿儒讀公所爲詞賦制藝，必戒子弟傳習焉。大德元年，李太夫人卒，哀毀成疾。龍生公旋遷道州路儒學教諭，公侍行。道州爲濂溪故里，儒風尤盛，公日從諸文士遊，學力銳進，境內勝景題藻殆遍。父卒於任，扶柩遄歸，築室墓側，居廬三年。至長沙，館於公孫氏。虞集爲國子助教，其父適分教於潭，繕公詩文成帙寄之，於是公之文名已由湖外遠達京師矣。延祐元年，詔設科取士，公以治尚書與貢，盧陵龍仁夫爲考官，夢神馬見於層霄，書公姓名於大旗上，果以天馬賦中第一。明年，賜進士及第，授岳州路平江州同知，調太平路蕪湖縣尹。縣多疑獄，久不決，公得其情，皆爲平反。豪右非法虐驅其奴，公俾之從良。貢賦徵發及時，民樂趨事。民有所爲，皆曰縣尹聞之，得無不可於意否？莫不忖度而後行事。飛蝗過境不入，歲熟民愉。父老相率上其狀，公堅止之，乃刻石吉祥僧舍。行臺憲司交章薦揚，泰定元年改武岡縣尹，縣控制溪洞，蠻獠雜居，撫字稍乖，輒弄兵犯順，釁生不測。公至逾月，赤水太清兩洞聚衆相攻，隣境告變，官曹失色，計無從出。公即日單騎從二人徑抵其地諭之，時則死傷盈道，戰鬥未已。獠人素耳公名，相率棄兵仗羅拜馬前曰：我曹非不畏法，緣訴其事於縣，縣官不爲直，反以繇役橫斂掊克之，情有弗堪，乃發憤就死耳，不意煩我清廉官自來。公喻以禍福，歸理其訟，獠人遂安。召爲國子博士，陞國子監丞，致和元年，遷翰林待制兼國史院編修官。時當兵興，公領印攝院事，日直內廷參決機務凡遠近調發制詔書檄，及改元天曆郊廟建后立儲肆赦之文，皆經撰述。復條時事數十事，實封以聞，多推行之。二年，置奎章閣學士院，設藝文監隸之，詔選任清望官，中書擬翰林修撰某爲少監，文宗不允，擬者莫測其故。久之乃問修撰品級，對曰六品。又問嚮蕪湖歐陽縣尹有廉聲今安在？對曰爲翰林待制。又問待制品級？對曰五品。曰何爲不擬待制而擬修撰耶？即取奏親署公爲藝文少監，特命左丞相伯顏，參政阿榮傳旨。公卿命入謝，帝大悅曰，汝爲廬陵族、長沙族耶？應對稱旨。至順元年，奉勅纂修經世大典，陞太監，檢校書籍事。

元統元年迄至元五年，累晉侍講學士兼國子祭酒，因足患風痺，乞南歸就醫，不允。拜翰林學士，仍懇辭，復不允，命免行朝賀禮。至正改元，更張朝政，每於廷議時極言無隱。科目之復，沮者尤衆，公力爭之。三年，詔修遼、金、宋三史，以公爲總纂，時公已南歸養疴在家，使者迫促就道。至則廷詢修史之要，公曰是猶作室，在於聚材擇匠，聚材則先當購書，擇匠必愼遴史官。於是用公言遣使購書，增設史官，立三史凡例，訂便宜數十條，俾論撰者有所準據。史官中有悻悻露才議論不公者，公不以口舌爭，俟其呈稾援筆竄定之，務歸於正。其論贊表奏，皆公屬筆。帝以公歷事累朝，且有修三史功，擢翰林學士承旨，乞致仕還鄉，復不允。六年，御史臺奏除福建廉訪使，行次淛西，疾復作，再請休致。隱居南山，優游山水，謝絕世務，日與昆弟故舊觴詠自適，有終焉之志。十年復起承旨，力辭不獲，陳情至再，乃特授湖廣行中書省右丞致仕，賜白玉束帶，給全俸以終養。將行，又降旨留之，仍前翰林學士承旨進階光祿大夫。十四年知貢舉，充廷試讀卷官。至是始知家罹寇禍，二兒一弟相繼去世，親屬四百指死亡大半，配冀國夫人避難郡城亦歿，公聞變哀甚，上深閔念，傳旨慰勞，官其從子給驛還鄉，使收聚所餘骨肉，遷寓武陵。十七年春，乞致仕，欲由蜀還湘，不允。値大赦天下，宣赴內府，病不能步履，丞相傳旨，肩輿至延春閣下，蓋異數也。是歲十二月卒，年八十五。追封楚國公，諡曰文。

公性度雍容，含弘縝密，處已儉約，爲政廉平，歷官四十餘年，在朝之日殆四之三，三任成均，兩爲祭酒，六入翰林，三拜承旨，修實錄、大典、三史皆大製作。屢主文衡，兩知貢舉及讀卷官，凡宗廟朝廷雄文大冊，播告萬方制誥，多出公手。金繒內醞之賜，幾無虛歲。海內名山大川釋老之宮，王公貴人墓隧之碑，得公文辭以爲榮。片言隻字流傳人間，咸知寶重，文章道德卓然名世。君子評公之文，意雄詞贍，如黑雲四興，雷電恍惚，雨雹交至，可怖可愕。及其雲散雨止，長空萬里，一碧如洗，可謂奇偉不凡云。所著詩文初刻百餘冊燬於兵，續刻廿四卷亦佚，此本除詩三卷外，另賦一卷、文十一卷，附錄一卷都爲一集，題宗孫銘鏞編集。並有拯荒事略一卷，四庫存目，認係僞作託名。

右參史傳、危素撰行狀、宋濂撰序、羅汝懷輯湖南文徵、四庫提要、湖南通志。

奕奕圭齋筆。縱橫定有神。文宜天府貯。勢若大河行。問系廬陵近。稱年潞國隣。生愁一官老。負却鑑湖春。

所安遺集一卷

元陳泰撰。先生字志同，別號所安，茶陵人。延祐二年進士，除龍泉縣主簿，栖遲簿官，惟以吟詠自適，竟終於是官。

初，先生與歐陽文公同舉於鄉，以天馬賦得薦，考官批其卷曰：氣骨蒼古，音節悠然，是熟於楚辭者，然不免悲歎意，疑必山林淹滯之士，天門洞開，天馬可以自見矣。今賦與批詞俱載集首，歐陽所作此賦亦載圭齋集中。其後歐陽公躋膴仕，文章震耀一世，此集乃幾至不傳，蓋人之遭遇不同如此。生前著作未成集，至其曾孫朴始裒輯以成此編，故曰遺稾。明成化中其來孫銓等重刊，爲前刻之殘本。四庫全書提要稱其才氣縱橫，頗多奇句，久晦終傳，其來有自。王阮亭則推爲筆力馳騁有太白風，在元人諸名家中，當居道園之下，諸公之上。

右參史傳，湖南通志、四庫提要。

薄宦龍泉隘。雄辭駿骨騫。萬言堪繼白。一賦欲凌玄。落日長安道。秋風貧女篇。集中有貧女行。又邯鄲道上詩：東風日暮邯鄲塵，去去共踏長安道。相期問眞賞。不爲俗夫姸。

傲軒吟稿一卷

元胡天游撰。先生名乘龍，以字行，別號松竹主人，平江人。生有俊才，七歲能詩，嘗游名刹，短吟一絕，咄咄有作者風力，名動一時。壯而博洽經史，將行所志，適元季兵塵搶攘，遂無宦情，養高巖谷，吟哦自怡，號稱高士。歲壬辰，郡邑萑苻蠭起，所過成墟，獨天游室倖存，因復號曰傲軒氏。姓少許可，雅善內兄余牧山，余亦軼宕爲時聞人，先生樂與往還，每泛航清溪，弄月佳夜，放歌岸幘，謔聲如雷，各持盌氣不下。邑人艾科爲撰傳並贈詩，有能酒能詩只兩翁之句。性好山水，邑有幕阜山，層巒勝景，屹然一方，逕往攀之，直躋危巔，以弔山翁羽客之遺蹟，韻多悲壯激烈。身當末季，睠想太平，俯仰今昔，嗚之歌什，其志苦，其行廉，迴有沉湘蹈海之概。作述志賦以寓恨，誦者哀之。豫章羅慄謂傲軒詩豪邁卓絕，與虞集趙孟頫相敵，而出處大節過之。內江鄧山繼申序此集，稱古詩有晉人風，律詩有唐人風，歌行詞賦有騷人氣骨，蓋亦祖陶謝李杜而得入戶庭者。顧遺作散佚，存者僅什一。沈德潛元詩別裁，錄先生七古楊花吟一首。

右參史傳、艾科撰傳、鄧山撰序、湖南通志、四庫題要。

君子當季世。所適惟深山。山靈不可躡。岸幘時追攀。清風天半來。愛此雲物閑。一軒一狂士。歸然烽燧間。

其二

厥辭騷之遺。厥行士之最。置身在雲端。托足於物外。把酒滌俗襟。彈琴發天籟。泠泠蹈海音。此意誰當會。

雲陽集詩二卷

元李祁撰。先生字一初，號希蘧，又號危行翁，茶陵人。元統元年癸酉進士，元制以漢人南人爲左榜，蒙古色目人爲右榜，先生列左榜第二，鄉人不敢斥名，稱爲狀元。既登高第，始應奉翰林文字，以母老就養江南，授婺源州同知，遷江浙儒學副提舉，丁母憂解職歸。值元季紛亂，隱居江西永新山中。明兵至，被刃僵臥道左，千戶俞子茂詢知先生，舁歸辟正舍禮之，得不死。元亡，自稱不二心老人。明洪武初，詔徵舊儒，力拒不起，年七十三卒。生逢國難，每與諸將言，必陳君臣大義，聞他將不守，輒憤切食不下咽。及談家國事，至流涕不自勝，雖無官守，而憂國之心不忘。子茂重其爲人，爲刊印遺稿十卷。李公東陽，其五世從孫也，特屬吉安守顧復重梓是集，見明史藝文志。東陽公弘治中歸茶陵，並刻石以表其墓。

四庫全書總目提要稱先生之詩，冲融和平，自合節度。尤盛推其惓惓故主，義不負元之大節。其同年右榜第二人余闕字廷心者死節，先生爲序其青陽集，以不得乘一障效死如廷心爲恨。且云世之貪生畏死，甘就屈辱，靦然以面目視人者，斯文之喪，益掃地盡矣！又以爲委質事人，不可終負，見諸詠王明妃及和王子讓之詩。提要稱：昔宋理宗寶祐四年榜，得文天祥爲狀元，又得陸秀夫、謝枋得二人；是榜得李黼爲狀元，而又得祁與闕二人。黼不愧文天祥，闕不愧陸秀夫，而祁亦不愧謝枋得。是二榜者後先輝映，亦可謂科名之盛事云。

右參史傳、李東陽撰墓表、錢謙益撰列朝詩集小傳、湖南通志、四庫提要。

一集雲陽氣象閎。況聞行誼復錚錚。科名左榜文俱貴。恩義前朝事每縈。擊竹慟爲皋羽誄。泣麻分享疊山名。精誠奕葉應相感。看起桐孫五世榮。

夏忠靖集六卷

明夏原吉撰。公字維喆，其先會稽人，徙饒之德興，祖希政，仕元爲湖廣行省都事；父時敏，明初爲湘陰教諭，始家焉。母夢三閭大夫入室而生公，生有異資，年十三喪父，力學不怠，以鄉薦入大學，選入禁中書制誥。諸生或喧笑，公危坐儼然，太祖詗而異之，擢戶部主事。曹務叢脞，處之釐然得當，尙書郁新甚重之。會大朝覲，執政大臣劾諸司怠事者，帝欲宥之，新持不可。有劉郎中者忌公能，因奏新實受公主使，帝怒，以問新，新頓首曰：臣愚實聽堂後書算生，帝乃下書算生於獄。劉計不行，復以公專部事爲言，帝曰：原吉能佐尙書理部事，汝欲陷之耶？命與書算生同棄市。建文初，擢戶部右侍郎。明年充採訪使，巡撫福建，所過郡邑，核吏治，咨民隱，人皆悅服。成祖即位，與蹇義同進尙書，二人齊名，中外稱曰蹇夏。與義等詳定賦役諸制，建白三十餘事，皆簡便易遵守。嘗語人曰：行之而難繼者，且重困民，吾不忍也。蘇松諸郡大水，有司治不效，永樂元年，命公治之，使僉都御史俞士吉齎水利書賜之，俾講究拯治之法。公乃博采周諮，盡得其要，疏請循禹三江入海故蹟，濬吳淞下流，上接太湖，而度地爲閘，以時蓄洩，從之。役十餘萬人，公則布衣徒步，日夜經畫，盛暑不張蓋，曰：民勞吾何忍獨適？事竣還京師。言水雖由故道入海，而支流未盡疏洩，非經久計。明年正月，公復行浚白茆塘，劉家河、大黃浦，九月工畢，水洩蘇淞，農田大利，三年還京。其夏浙西大饑，命公率俞士吉、袁復及左通政趙居任往賑。發粟三十萬石，兼配牛種，躬行督勸，散給有方，全活者甚衆。姚廣孝還自浙西，上問公政，對曰：夏某溫而不寵，威而不猛，古之遺愛也。亡何，郁新卒，召還理部事。首請裁冗食、平賦役、嚴鹽法錢鈔之禁、清倉場、廣屯種、以給邊蘇民，且便商賈，皆報可。朝廷方息靖難之師，賞功邮士、封藩益官，支費既繁，庫儲久竭。復發卒八十萬，問罪安南，中官造巨艦通海外諸國，大起北都宮闕，供億轉輸，以鉅萬計，皆取給於戶部。公晝夜焦勞，苦心綴葺，國用不絀。七年，帝北巡，命兼攝行在禮部、兵部、都察院事。有二指揮冒月廩，帝欲斬之，公曰：法過矣，假實爲盜，將何以加？乃止。八年，帝北征，命輔太孫留守北京，總行在九卿事。上諭公曰：朕以房玄齡待卿，卿宜盡心輔導，公頓首謝。時諸司草創，每旦入佐太孫參決庶務，朝退，諸曹郎、御史環請事，口答手書，不動聲色，北達行在，南啓監國，京師肅然。帝還，賜鈔幣、鞍馬、牢醴，慰勞有加。尋從車駕還南京，命侍太孫周行鄉落，觀民間疾苦，公取壟黍以進曰：願陛下食此，知民艱。九載秩滿，與蹇義皆宴便殿，帝指二人謂羣臣曰，高皇帝養賢以貽朕，欲觀古名臣，此其人矣。自是屢侍太孫往來兩京，在道隨事納忠，多所匡益。十八年北京宮殿成，使公南召太子太孫，既還，奏言連歲營建，今告成，宜撫流亡，蠲逋負以紓民力。明年三殿災，公復申前請，亟命所司行之。初以殿災詔求直言，羣臣多言都北京非便，帝怒，殺主事蕭儀。曰：遷都事與大臣議定，非輕舉也。科道因劾大臣，帝命當廷質辨，親御午門樓視之，而密遣中使詢公孰是，公曰：臣等罪也，科道言是。帝意解，兩宥之。或尤公背初議，曰：吾輩歷事久，言雖失，幸上憐之，若言官得罪，所損不細矣。衆始歎服。公雖居戶部，凡有大政，輒令詳議，帝每御便殿闕門，召語移時，左右莫得聞，退則恂恂若無預者。西域法王來朝，帝欲郊勞，公不可，及法王入，公見不拜，帝笑曰：卿欲效韓愈耶？山東唐賽兒反，事平，俘脅從者三千餘人至，公請於帝，悉宥之，谷王穗叛，帝疑長沙有通謀者，公以百口保之，乃得寢。十九年冬，帝將大舉征沙漠，命公與禮部尚書呂震，兵部尚書方賓，工部尚書吳中等議親征，皆言兵不當出，未奏。會帝召賓，賓力言軍興費乏，帝不懌，召公問邊儲多寡，對曰：比年師出無功，軍馬儲蓄，十喪八九，災眚迭作，內外俱疲，況聖躬少安，尚須調護，乞遣將往征，勿勞車駕。帝怒，立命公出理開平糧儲，而吳中入對如賓言，帝益怒，召公繫之內官監，並繫大理丞鄒師顏，以嘗署戶部也。賓懼自殺，遂並籍公家，自賜鈔千餘貫外，惟布衣瓦器而已。明年北征，以糧盡引還。復連歲出塞，皆不見敵，還至榆木川，帝不豫，顧左右曰：夏原吉愛我。訃至之三日，太子走繫所，呼公哭而告之，公伏地哭不能起。太子令出獄與議喪禮，復問赦詔所宜，對以賑饑、省賦役、罷西洋取寶船及雲南交阯採辦諸道金銀課，悉從之。仁宗即位，復其官。方公在獄，有母喪，至是乞歸終制。帝曰：卿老臣，當與朕共濟艱難，卿有喪，朕獨無喪乎？厚賜之，令家人護喪馳傳歸葬。尋加太子少傅，呂震以太子少師班公上，帝命鴻臚引震列其下。進少保，兼太子少傅尚書如故。仁宗崩，太子至自南京，公奉遺詔迎於蘆溝橋。宣宗即位，以舊輔益親重。明年，漢王高煦反，亦以靖難爲辭。帝夜召諸臣議，楊榮首請上親征，帝有難色，公力贊之，上意遂決，一舉而亂平。師還賚予加等，賜閹者三人，公以無功辭，不聽。三年，從北巡，帝取公橐糗嘗之，笑曰何惡也，對曰：軍中猶有餒者，帝命賜以大官之饌，且犒將士。從閱武兎兒山，帝怒諸將慢，褫其衣。公曰：

將帥國爪牙，奈何凍而斃之，反覆力諫，帝曰：爲卿釋之。帝雅善繪事，聞公生日，嘗繪壽星圖以賜。又嘗賜銀印，文曰，含弘貞靖。五年正月，兩朝實錄成，受賜金幣鞍馬，且入謝，歸而卒，年六十五。上方早朝，聞訃震悼，輟朝垂涕還宮。贈太師，謚忠靖。公性至孝，少失怙，太夫人守節，公終父喪，即出教里塾，取束脩以資養。及通朝籍，出必問候，居必依依親側。友愛諸弟，資其用度。與物無忤，受人之惠，雖微必報，周人之急，盡力所及。生有雅量，人莫測其涯涘。同列有善即採納之，或有小過，必爲之掩覆。吏有誤汚精微文書者，叩頭請死，公不問，自入朝請咎，帝命易之。呂震嘗傾公，震爲子乞官，公以震在靖難時有守城功，爲之請平江伯。陳瑄初亦惡公，公顧時時稱瑄才。或問公量可學乎？曰：吾幼時有犯，未嘗不怒，始忍於色，中忍於心，久則無可忍矣。立朝渾然不見圭角，然遇大事，明敏奮發，義無反顧。凡持論必歸仁厚，存大體，天下陰受其賜。嘗夜閱爰書，撫案而歎，筆欲下輒止，其夫人問之，曰：此歲終大辟奏也。與同列雪夜過禁門，有欲不下輿者，公不可曰：君子不以隱闇易其行，其愼如此。與蹇義皆起家太祖時，義秉銓政，公筦度支，皆二十七年，名位先於三楊。仁宣之世，外兼臺省，內參館閣，與三楊同心輔政，而公尤識量過人，有古大臣風範云。

遺集六卷，除卷一爲表、頌、賦、贊外，卷二至六皆詩，明史藝文志及四庫全書均著錄。

右參史傳、李東陽撰傳、丘濬撰傳、王鏊撰傳、焦竑撰皇明人物考、陳田輯明詩紀事、本集後附夏忠靖公遺事、羅汝懷輯湖南文徵、湖南通志、四庫提要。

仕有名臣譽。才由太祖貽。老成推碩輔。恩睞識清姿。不盡綢繆意。能酬感報私。嗣皇初御極。賜几話重熙。

其二

似海深餘量。爲霖遠作靑。嚴城當北鑰。警蹕護前星。鑄印疑頒諡。稱觴與繪形。五朝論相業。應不讓玄齡。

尋樂文集詩八卷

明習經撰。先生字嘉言，以字行，晚號尋樂。先世本臨江新喩人，父懷恭，以明經充湘潭教諭，遂占籍焉。先生自童子時，誦書屬對，已駕其儕輩。稍長，工詩歌，每命題，下筆立就，長老咸嘆異之。聞其姪侃舉進士，瞿然奮曰：我可以後耶？乃日夜刻苦嚮學。永樂十五年丁酉舉湖廣鄉試，明年登進士第，入詞林。詔選翰林庶吉士之優於文學者儲中秘以待用，與選十五人，先生其一也。會雲南守臣進黃鸚鵡，應制獻賦稱旨，擢授編修。時胡廣等奉勅編永樂大典，朝廷方重選儒臣，詔以先生編纂，並修通鑑直解。宣德改元，詔修太宗、仁宗兩朝實錄。旋丁父憂去，起復陞修撰。英宗立，詔修宣宗實錄，特超侍講，直經筵。九年夏旱，奉命祀泰山，將事虔恭，甫畢大雨沾足，有司爲勒石紀其事。十年典禮部會試；次年，主京闈鄉試，人服其公。景宗立，遷太常少卿，三年策立皇太子，陞詹事府詹事，越三月得疾，終於官，年六十五，賜祭葬。

先生官翰林三十餘年，所事惟備顧問，預纂述，考試士類。讀書既多，交遊亦廣。識優才贍，溫恭典重，不矜於人。雖渾無圭岸，而確然自守，不妄隨而苟止。永樂之際，力主還南，至仁宗時，發言下筆，猶稱燕京爲行在，及宣宗初尚持此議。時諸臣重遷，先生因上皇都大一統賦，擬班固、張衡之意，帝爲稱賞。讀書自經傳子史百氏外，凡陰陽醫卜，天文地理之說靡不究。爲文宏博無涯際，於詩尤長，閑雅可喜，求者接踵於戶，肆應裕如。嘗廷陳六事，曰：奉天道、崇人道，隆君道、重臣道、簡文職、修武事。蓋汲汲以康天下爲心，不但專文學而已。在太常二年，爲詹事僅數月，其僚屬久久稱思之。詩集除尋樂集外，另有溫樹稿、垣西稿。

右參蕭鎡撰傳、劉儼撰序、雷禮撰國朝列卿年表、陳田輯明詩紀事、湘潭縣志、四庫存目提要、國立中央圖書館善本書目。

一雨先占歲熟。勒石泰山山麓。安得先生禱詞。遍乞人間百祿。

其二

憶與班張爲伍。自是文章有主。網來大海珊瑚。賦得南天鸚鵡

其三

念念松筠別構。瀟洒庭階依舊。夜來同叩雲岑。携得風濤滿袖。松筠書屋爲公讀書處。

劉忠宣公詩集四卷

明劉大夏撰。公字時雍，號東山，華容人。年二十，舉鄉試第一，登天順八年甲申進士，選庶吉士。成化初，館試當留，自請試吏，乃除職方主事，轉郎中。明習兵事，曹中宿弊盡革，所奏覆多當上意，尙書甚倚之。尋遷福建右參政，以政績著。聞父訃，一宿即行。宏治三年服闋，遷廣東右布政使，田州泗城不靖，往諭服之。後山賊起，承檄親討，令獲賊必生致，驗實乃坐，得生者過半。遷浙江左布政。六年春，擢右副都御史奉命治河，築長隄起胙城歷東明、長垣抵徐州亘三百六十里，五旬工竣，水患絕，孝宗嘉之，賜璽書褒美。召爲左都御史，歷戶部左侍郎，兼左僉都御史，往理宣府兵餉。初，塞上糴買必粟千石、芻萬束乃得告納，以故中官武臣家得操利權。公令有芻粟者自百束十石以上皆許，勢家欲牟利無所得，不兩月積儲充羨，邊人蒙其利。明年秋，三疏移疾歸，築草堂東山下讀書其中。越二年廷臣交薦，起右都御史，總制兩廣軍務。敕使及門，携二僮行，粵人聞公至，鼓舞稱慶。至則清吏治，捐供億，禁內外鎮守官私役軍士，盜賊爲之輯止。十五年，拜兵部尙書。南京、鳳陽大風拔木，河南、湖廣大水，京師苦雨沈陰，公因奏請凡事非祖宗舊而害民者，悉條上釐革。帝命有司據實以聞，乃會廷臣條上十六事，皆權倖所不便者，相與力尼之。帝不能決，下公等再議得旨，制下，舉朝歡悅。再陳兵政十害，極言南軍轉漕北軍京操之苦，及邊軍困敝，邊將侵尅之狀。帝得奏，下詔嚴禁。時上銳意治平，察知公方嚴練事，尤親信，數召見決事，公亦隨事納忠。每被召，跪御榻前，帝左右顧，近侍輒引避。嘗對久憊不能興，則呼司禮太監李榮掖之出。一日早朝在班，帝偶未見，明日諭曰：卿昨失朝耶？恐御史糾，不果召卿，其受眷深如此。未幾孝宗崩，武宗立，正德元年，公請按治鎮守中官董讓等貪殘，帝不悅，因上章乞老。詔加太子太保，賜敕馳驛歸，給廩隸如制。時劉瑾竊柄，公素爲所惡，同朝劉宇焦芳亦嫉之，二人者本閹黨，相與媒孽萬端不得間，乃陰使人瞷公動靜及田園宅第貲貨，既見無所有，使者還報，瑾意稍解。當是時，大臣家居者，瑾輒命其爪牙藉端捕繫就鞫，相望於途，威焰薰灼，凌轢公卿，天下騷然，道路以目。公在東山草堂，雖知不可免，而夷然勿以爲慮，未幾而有岑猛之獄。先是，宏治十六年，田州夷岑濬謀逆，官師討平之。事下兵部議，公曰：去草不去根，終當復生，其從濬弟猛家屬於閩海，以流官守其地，制曰可。遂除謝某思恩府知府，謝畏猛不敢往，亡歸鄉里，猛因厚賂瑾黃金珍玩，求無徙。瑾得之喜曰：是可以誅劉某矣。於是遣執金吾往逮，公方鋤菜園中，入室携數百錢跨小驢就道。既至京師，要賂無所得，乃集諸大臣議致辟，羣相顧戰慄無敢出言者，獨都御史屠滽抗聲曰：劉公於國何罪？必欲致之大辟耶？瑾大罵曰：老畜黨劉某耶？彼遺我邊患，死不足塞責。明日，大臣以議奏，瑾乃署劉大夏輕議夷人遷徙，謫戍肅州。年已七十三，布衣徒步，過大明門下，叩首去，觀者如堵，皆唏噓流涕，爭前抱持，兒童婦女攜筐進食，所至爲罷市焚香，祝劉尙書生還。經歷郡縣，文武官吏聞風致賻，不遠千里，公一無所納，惟受食物少許。比至戍所，諸司憚瑾，絶餽問，儒學生徒傳食之。遇團操，輒荷戈就伍，所司固辭，公曰：軍固當役也。居戍三年，瑾以謀逆被磔誅，遂奉赦還。同時因忤瑾徙肅者千餘家，多薦紳之士，貧病力不能歸，公皆攜與同行，保護周卹，所活甚衆。西番暨韃靼氈幕周列塞下，公歸道所經，咸相與衞送出境，戒其黨曰：此天朝劉爺，無相擾。還朝復原官，致仕歸，教子孫力田謀食，散其贏於故舊宗族。有門下士爲巡撫來謁，道遇扶犁者，問孰爲尙書家，引以登堂，詢之引者即公也。朝鮮使者在鴻臚寺館遇公邑子張生，因問起居曰：吾國聞劉東山名久矣。安南使者入貢曰：聞劉尙書戍邊，今安否？爲外國所重如此。生前預爲壙志曰：無使人飾美，懷愧地下也。卒年八十一，贈太保，諡忠宣。後人論公勛業，比之宋李沆、司馬光。

公居酒泉戍所，得詩一卷曰西行稿，家居草堂，得詩二卷曰東山存稿，見湖南通志藝文第十。劉忠宣詩二卷，見明史藝文志。國立中央圖書館藏有東山詩集上下二卷，嘉靖丙戌五月屠應埈重刋本。清同治間公之裔孫乙燃裒合諸本並蒐集雜文定爲文集二卷、詩集四卷、附錄四卷、並年譜二卷，都十二卷總名劉忠宣公遺集，刋於長沙學署。

右參史傳、王世貞撰傳、焦竑撰皇明人物考、錢謙益撰列朝詩集小傳、陳田輯明詩紀事、湖南通志、吳廷舉撰序、王韋撰書後。

明宮昔日豢八虎。爲之倀者芳與宇。口含天憲日攫人。道路籍籍言酸辛。尙書東山老被繫。短衣急足同皁隸。可憐驢背欲吟詩。不似灞橋風雪際。天敎虎口留忠臣。荷戈還向肅州城。當公拜闕出京日。九衢觀者皆吞聲。風廻日轉罪人戮。賜環不覺瓜三熟。夷使咸來問起居。百姓乞年仰天祝。信乎公節淸且峻。能甘白水蹈白刄。死生端不繫胸中。豈畏區區爾一瑾。嗟夫瑾骨已朽事已遷。東山八十猶力田。

懷麓堂集詩稾二十卷詩後稾十卷

明李東陽撰。公字賓之，號西涯，茶陵人。先世於洪武初以戎籍隸燕山左護衛，後改金吾左衞，遂留居京師。四歲能作徑尺書，一時喧稱神童，景帝召見，親抱置膝上，命給紙筆書，賜菓鈔送歸。六歲至八歲，再召見，賜賚如初，送順天府肄業，受業華容黎文僖公淳之門。天順六年舉順天鄉試，八年成進士，殿試二甲第一，選庶吉士，授編修，累遷侍講學士。在翰林以文學名，前輩或忌而扼之，數年始與經筵，充東宮講官。弘治五年，憲宗實錄成，轉左庶子仍兼侍講學士。進太常少卿，兼官如故。五年大旱，下詔求言，公條摘孟子七篇大義，附以時政得失，累數千言上之，帝稱善。閣臣徐溥等以詔敕繁，請如先朝王直故事，設官專領，乃擢公禮部右侍郎兼侍讀學士，入內閣，專典誥敕。八年，以本官直文淵閣，參預機務，與謝遷同日登用，中外相賀以為得人。公感知遇，力持國事，知無不言。久之進太子少保，禮部尚書，兼文淵閣大學士。大明會典成，凡議例表奏皆出公手，加太子太保，戶部尚書，謹身殿大學士。十七年重建闕里廟成，奉命往祭還，上疏極言沿途所見災歉，差役頻煩，科派重叠，京城土木繁興，財力交殫。勢家鉅族，田連郡縣，猶請乞不已。親王之藩，供億至二三十萬，閭閻疾苦，官府蒙蔽，九重不得而知，乞取從前內外條奏詳加採擇，斷在必行。帝嘉歎，悉付所司。是時帝數召閣臣面議政事，公與首輔劉健等竭心獻納，閣中疏草多屬之，義正辭美，天下傳誦。明年，與劉健、謝遷同受顧命。武宗立，屢加少傅兼太子太傅。劉瑾入司禮，公與健、遷條陳十事指斥貴近，言甚剴切，因自劾求退，健、遷皆罷而公獨留，命下，據案涕泣，連疏乞歸不許。瑾既得志，務摧抑縉紳，而焦芳入閣助之，虐遇老臣忠直士，放逐殆盡。公悒悒不得志，亦惟委蛇避禍。芳嫉公位出己上，日夕搆之瑾，瑾威權日盛，狎視公卿，惟見公則改容禮敬。他人瑾前論事，唯諾無敢與可否，公獨事事辨析，瑾不能平，每切齒焉，卒不能害也。凡瑾所爲亂政，賴公彌縫其間，多所補救。尙寶卿崔璿，副使姚祥，郎中張瑋以違制乘肩輿，從者妄索驛馬；給事中安奎，御史張彧以覈邊餉失瑾意；皆荷重校幾死。公力救，璿等謫戍，奎彧釋爲民。劉健、謝遷、劉大夏、楊一淸及平江伯陳熊輩幾得危禍，皆賴公而解。其潛移默奪，保全善類，天下陰受其庇。而氣節之士有非之者，侍郎羅玘上書勸其早退，至請削門生籍，公得書，俛首長歎而已。五年秋，瑾伏誅，公上疏自列曰：臣備員禁近，與瑾職掌相關，凡調旨撰敕，或被駁再三，或逕自改竄，或持回私室，假手他人；或遞出謄黃，逼令落稾；眞假混淆，無從別白。臣雖委曲匡持，期於少濟，而因循隱忍，所損亦多，理宜黜罷。帝慰留之。寘鐇之亂平，加特進左柱國，蔭一子尙寶司丞，爲御史張芹所劾，帝怒，奪芹俸。公亦乞休辭蔭，不許。時焦芳、曹元已罷，劉忠、梁儲入，政事一新。然張永、魏彬、馬永成、谷大用等猶用事，帝巡遊如故，營豹房，建寺觀禁中，上疏極諫不聽。九載秩滿，堅以老疾乞休，家居閉門，非展墓不出。又四年卒，年七十。訃聞震悼，輟朝一日，賜祭九壇，贈太師，諡文正，明代文臣獲此諡者自公始。

公事父淳有孝行，初官翰林時，常飮酒至夜深，父不就寢，忍寒待其歸，自此終身不夜飮於外。痛母早世，語及恒哀不自勝。事繼母如生母，撫孤姪如己出。其爲文典雅流麗，朝廷大著作多出其手。工篆隸書，碑版篇翰，流播四裔。奬成後進，推挽才彥，學士大夫出其門者，悉粲然有所成就。自明興以來，宰臣以文章領袖縉紳者，楊士奇後，惟公是已。立朝五十年，清節不渝。既罷政居家，請詩文書篆者填塞戶限，頗資以給朝夕。一日，夫人方進紙墨，公有倦色，夫人笑曰：今日設客，可使案無魚蔬耶？乃欣然命筆，移時而罷。其風操如此。卒之日，貧不能治喪，門人故吏醵金爲賻乃舉事。鄭端簡嘗訪公之門，謂蕭然四壁，不足當後來嚴嵩輩一宴之費。然則以劉瑾之專橫，卒不敢加害於公者，豈有權術牢籠之哉，毋亦貞操潔履有以服其心耳。

據四庫總目提要：懷麓堂集一百卷，清康熙壬戌茶陵州學正廖方達所校刻。凡詩稿二十卷、文稿三十卷、詩後稿十卷、文後稿三十卷。又雜稿十卷，曰南行稿、曰北上錄、曰經筵講讀、曰東祀錄、曰集句錄、曰哭子錄、曰求退錄，凡七種。其中東祀錄一卷別有單行本，四庫存目。此外四庫登錄者有懷麓堂詩話一卷，存目者有燕對錄一卷、新舊唐書雜論一卷、及所編聯句錄五卷。

錢牧齋論公詩，嘗謂明代休明之運，萃於成弘，公以金鐘玉衡之質，振朱絃清廟之音，含咀宮商，吐納和雅，渢渢乎洋洋乎，長離之和鳴，共命之交響。其間雖受李夢陽輩之詆諆，刼持一世，然百五十年後，西涯一派，煥然復開生面，而空同之雲霧，漸次解駮云。又謂公詩原本少陵、隨州、香山，以迨宋之眉山，元之道園，兼綜而互出之。其詩有少陵，有隨州、香山、有眉山、道園，而其爲西涯者自在。

右參史傳、楊一清撰墓志銘、焦竑撰熙朝名臣實錄、錢謙益撰列朝詩集小傳、陳田輯明詩紀事、湖南通志、四庫全書提要。

鼎立顛危際。艱難此重臣。儻緣天祚漢。信是嶽生申。桂出南枝秀。駒來渥水濱。楊牢剛絕乳。劉晏早呈身。掞藻登華席。飄花上錦茵。陳謨殊侃侃。逐隊故振振。玉署宣名會。黃扉拜敕辰。苦心縫闕衮。正色表朝紳。顧命金縢密。經筵黼座親。協恭勞夾輔。淬厲秉純鈞。虺蜮方當路。豺狐更據津。周旋從毒螫。濡沫到枯鱗。門絕春申履。家除僕射巾。藥籠收百草。冰鑑拔奇珍。公於弘正間雍容台閣，操持文柄四十餘年，所識擢多知名士。如儲文懿公巏，邵文莊公寶、石文隱公珤、顧文僖公清、汪文莊公俊、魯文恪公鐸、喬莊簡公宇、羅侍郎玘、何侍郎孟春，並以文章氣節顯於世。四裔干球璧。殊方識鳳麟。士猶賫厦廣。客自飲醪醇。相業垂型大。詞壇祀像新。要盟堪作主。灑翰欲通神。浩蕩波瀾富。冲融氣象春。向來齊魯論。彌失品題眞。四庫提要擬公詩於衰周弱魯，而以李夢陽、何景明爲齊晉大邦，余細讀諸家集，覺其揚抑之間，非篤論也。

東溪詩稿十卷

明鄧庠撰。先生字宗周，號東溪，宜章人。祖本道，官刑部郎中，出知寧國府，有惠政。父紀，漳州府推官。先生九歲，母鄺夫人歿，鞠於外伯祖樸齋公家，甫弱冠，即名起諸生間。成化四年戊子領鄉薦，八年壬辰成進士，授行人。屢使諸藩，禮却餽贐，諸藩王賢之。陞浙江道監察御史，巡視京倉。尋按順天等府，時官屬多貪黷，因嚴繩之，羣戒不敢渝法，有弗便者欲中之，揣拾無所得，遂止。貴州苗亂，奉命往勘，廉得苗人爭地讐殺狀，單騎詣賊巢，曉以禍福，兩造感動，相率投誠，地方以靖。劾都御史謝某等妄生釁端，上嘉納，亟黜謝。未幾丁內艱家居，結廬於邑之東溪，日與朋儔采山釣水，寄情吟咏，服闋補本道御史，陞河南副使。適河決張秋，東山劉公檄先生問計，多所贊畫，事濟，加俸一級。轉本司按察使，治獄以廉能著。明年陞廣東右布政，廣西左布政，得旬宣體。擢都察院左副都御史，總督南京糧儲。會丁外艱，服再闋，被召巡撫河南，疏糾鎮守太監廖堂兄弟不法，有命逮治，朝野稱快。晉遷戶部右侍郎，以副都御史巡撫蘇松，擢南京戶部尚書，病乞歸，六年後卒，年七十八，賜祭葬。

性平直不設城府，事父孝，在官俸入恒緘致其家爲養。友愛諸弟，先人遺產盡分讓之，不私尺寸。御臧獲有恩，閭郃貧者優邺久不厭。服官公謹，不屈於權勢。比歸杜門清坐，惟日一徒步至東溪，觴咏自適。詩集存吟稿五卷，入覲聯句錄一卷、續稿三卷、別稿一卷，合爲十卷。前有徐節序，稱其詩渾然天成，中乎矩度，長篇短咏援筆立成，若不經意而各極其趣；陳田則讚其五言特疏爽。

右參張璧撰墓志銘、羅汝懷輯湖南文徵、陳田輯明詩紀事、湖南通志、四庫存目提要。

磊磊東溪翁。立官雄復峻。直節懾刑餘。淸名在藩鎭。隻身探虎穴。談笑解其忍。黜妄肅官常。士氣爲之振。掃廬長引疾。浩歌秋水涯。云辭世途險。眷此山色佳。我觀入覲篇。未信遇合乖。高咏不可接。空思濟物懷。

燕泉詩集四卷

明何孟春撰。先生字子元，先世廬陵人，遷於廣元，有爲都統鎭郴桂者，遂爲郴州人。祖俊，雲南按察司僉事。父說，刑部郎中。先生少有奇童譽，數歲聞人誦長篇，即能覆誦。稍長遊李文正之門，李公嘗稱曰：子當表吾楚。第弘治六年進士，將試翰林庶吉士，會丁父憂歸，服闋，授兵部職方主事。言官龐泮等下獄，疏救之。詔修萬歲山毓秀亭、乾清宮西室，役軍九千，費百餘萬，抗疏極諫。淸寧宮災，陳八事，疏萬餘言。進員外郎、郎中，尚書劉東山每有大政及邊防急務，必與先生商處，他司疑事亦咨決焉。及丁大父憂去官，東山念之如失左右手。嘗奉使山西陝西淸理馬政，條目畢張，還、上釐弊五事，並劾撫臣不職。正德初，請釐正孔廟祀典，不果行。出爲河南左參政，廉公有威，凡所施設，務在便民。初行部至鈞州，得公移，稱山東盜起，宜集民兵爲備，先生以傳聞未必審，農時不可失，持不行，既而果無警。時惟大梁一道免於騷動，先生之力也。民有失婢者，得尸井中，無所歸罪，窮治之，獲眞賊，人稱神明。旋擢太僕少卿，上言馬政利害，究其本末，兵部著爲例，晉正卿。駕幸宣府，馳疏諫。尋以右副都御史巡撫雲南，討平十八寨叛蠻阿勿阿等，斬獲逾萬，捷聞，降勅獎勵。因奏設永昌府，增五長官，司五守禦所。錄功蔭一子，辭不受。世宗即位，遷南京兵部右侍郎，半道召爲吏部右侍郎，會蘇松諸府旱潦相繼，而江淮北河水大溢，漂沒田廬人畜無算，條奏八事以濟之，帝爲嘉納，進左侍郎。尙書喬宇罷，代署部事。先是，大禮議起，先生在滇閱邸報，見進士屈儒奏請尊世宗生父爲皇叔考興獻大王，生母爲皇叔母興獻大王妃，得旨下部議。因具疏極論其非，請以漢宣、光武、晉元三帝爲法。及官吏部，則帝已尊本生父母爲興獻帝、興國太后。繼又改稱本生皇考恭穆獻皇帝，本生聖母章聖皇太后，先生三上疏乞從初議皆不省。於是上益入張璁桂萼等言，復欲去本生二字。璁方盛氣，列上禮官欺妄十三事，且斥爲朋黨。九卿秦金等抗疏爭之，先生發十三難以辨析。璁疏入，留中。其時詹事、翰林、給事、御史及六部諸司，大理行人諸臣各具疏爭，並留中不下，羣情益汹汹。會朝方罷，先生倡言於衆曰：憲臣朝，百官哭文華門爭慈懿皇太后葬禮，憲宗從之，此國朝故事也。修撰楊愼曰：國朝養士百五十年，仗節死義，正在今日！編修王元正，給事中張翀等遂遮留羣臣於金水橋南，謂今日有不力爭者，必共擊之！先生與金獻民、徐文華復相號召，於是九卿則有尙書金獻民等五人，侍郎則先生及朱希周等三人，都御史、寺卿、少卿、府丞等則有王時中等二十三人，翰林之屬則有掌詹事府侍郎賈詠，學士豐熙等二十二人，給事中則有張翀等二十一人，御史則有王時柯等三十人，六部諸司郎官則有郎中余寬等一百二十二人，大理之屬則有寺正毋德純等十一人，俱跪伏左順門。帝命司禮中官諭退，衆皆曰必得俞旨乃敢退，自辰至午凡再傳諭，猶跪伏不起。帝大怒，遣錦衣先執爲首者豐熙等八人繫詔獄，楊愼、王元正乃撼門大哭，衆皆哭，聲震闕廷。帝益怒，命收繫四品以下官若干人，而令先生等待罪。翼日，編修王相等十八人俱仗死，熙等及愼，元正俱讁戍。始下先生前疏責曰：朕嗣承大統，祗奉宗廟，尊崇大禮，自出朕心。孟春等毀君害政，變亂是非，且張璁等所上十三條尙留中未發，安得先知？其以實對。於是先生等具疏伏罪，云璁等所條者於未進之日先以私藁示人，且有副本存通政司，故臣等知之。臣等忝從大臣後，得與議禮之末，竊以璁等欺罔，故昌言論辨以瀆天聽，罪應萬死，惟望加明察，辨其孰正孰邪，則臣等雖死亦幸。帝怒不已，責先生倡衆逞忿，非大臣事君之道，法宜重治，姑從輕奪俸一月。旋出爲南京工部左侍郎。故事，南部止侍郎一人，時已有右侍郎張琮，茲任爲左，蓋賸員也。於是屢疏引疾，至嘉靖六年始得請。及明倫大典成，詔削籍爲民，久之卒於家，年六十三。隆慶初贈禮部尙書，諡文簡。所居有泉，每年以燕去來時驗盈涸，世稱燕泉先生。

先生性至孝，由京扶父櫬南歸，至黃州遇風，舟陷石崖中，船子皆奔走求免，先生誓與櫬共存亡，頃刻不離，翌午風定乃出。居喪哀毀骨立，弔者至，不忍見聞。母病痿不能言，意揣色候，求當其意。一夕有寇警，負母入山，翼以二僕，僕戀所携櫝，力命棄之，遂得脫寇，比還則棄櫝猶存，人以爲神庇。弟妹婚嫁以時，所以資給之皆厚。貌癯神暢，居恒手不釋卷，經史外旁及曆數兵法奇遁之術，並得其要。詩文清麗豐蔚，一時作者多推讓之。汝南趙賢序其集曰：公之忠亮，出自天性，至於反復駮難，援古證今，稽疑定是，批却導窽，又非他議禮所可及也。公歿後二十餘年，穆皇帝繼志邺錄，賢南歷洞庭，凭軾郴州，禮其廬而訊其後，泯然無有。古稱三不朽，子孫不與焉，豈不然哉。

遺詩四卷，乃嘉靖間署郴州事蔣文化選刋，非其全集。文集十八卷，明史藝文志著錄。又燕泉遺藁十卷，由其八世孫泰吉刋行於清乾隆二十四年。另有餘冬序錄六十五卷，閒日分義百卷，撫滇條約、軍中耳學、平夷錄、備荒書、恤刑書、奏議及舊稿等凡數十卷。並註孔子家語、陶靖節集、易疑初筮等書行世。

右參史傳、顧璘撰墓表、羅欽順撰墓志銘、王兆雲撰皇明詞林人物考、錢謙益撰列朝詩集小傳、陳田輯明詩紀事、羅汝懷輯湖南文徵、湖南通志、四庫存目提要。

世宗議禮御北闕。九廟喧豗哭聲發。老臣連袂伏青蒲。天子無心重黃髮。中官傳旨收鉤黨。逢君張桂彈冠上。國祀終迎興獻神。廷諍半死錦衣杖。屬目誰爲社稷臣。尙書何儆最斷斷。抗章首發十三難。養士躬逢百五春。左遷甘逐風塵走。置笏螭頭不回首。海內詩盟有笠車。湘南秋色宜樽酒。樽酒東籬一笑逢。松枝相對夕陽紅。盈虛大可徵泉燕。得失何須問塞翁。

靜芳亭摘稾八卷

明陳洪謨撰。先生字宗禹，別號高吾，世居武陵之東村。祖鏞，官海寧經歷。父良，以舉人終京學司訓。先生自幼體貌異常兒，頭骨間有肉角半寸許，足心有赤痣如豆。性穎敏，凝重寡言笑。年廿二，領弘治八年乙卯鄉薦，明年第進士，授刑部主事，轉員外郎，以鞫案明斷，為尙書屠公白公所重。丁外艱，服闋赴京，時正德初，巨璫劉瑾專擅，乃以母老乞便養，改南京戶部員外郎，遷正郎。奉差催督蘇杭等處逋負錢糧，劑量有法，公私賴之。擢守漳，虛心諏訪，下車旬日，得猾吏二人置諸法，人大驚服。郡有巨寇林廣周負海嘯聚數千人，為害屬縣，至是設策盡平之。選俊民百餘人肄習音樂，刻大成樂譜傳之，適琉球使者過漳，聞而來觀，皆合掌捧手稱嘆而去。開元寺後有朱文公祠，久敝壞，拓為芝山書院，遴庠生數十人讀書其中，士習丕變。仍兼祀文公，以陳北溪、黃勉齋、蔡九峯為配。郡父老相傳文公嘗遺一聯曰：十二峯送青排闥，自天寶以飛來；五百年逃墨歸儒，跨開元之頂上。蓋若有待云。郡志自文公纂修後，數百年無繼者，先生為廣徵文獻而續修之。濬龍溪陂，灌田萬頃，民呼陳公陂。甲戌，北上詣部報察課，以應對見賞有司，陞江西參政，漳人懷德，建生祠祀焉。適贛未久，擢貴州按察使，丁內艱歸。己卯，吏部扣滿，起雲南按察使，平十八寨夷民之亂。捷聞，賜文幣白金。又條列二十餘事通行按屬軍衞有司、土流衙門遵行，人知慴服。時鎭守太監史泰、金騰、分守太監劉玉肆爲貪虐，遠近被其荼毒，先生得泰等所屬用事參隨罪之，又屢上疏極言泰玉之惡，後俱召回，一省賴以安。嘉靖壬午，晉山東左布政，行之日，有百歲父老數人自尋甸山中送抵金馬關，先生謝遣之。過武陵嬰疾，上疏乞休，吏部難之，虛缺以俟。會山東撫按連章促赴任，先生辭益力，吏部乃奏請破外官養病例以處先生，溫旨病痊即起用。鄉居值江漲決隄，城鄉俱淹，先生預買二舟，貯湯粥薪米之屬，遣人分餽族人之棲避屋脊樹巔者，咸賴以無恙。癸未秋，起任江西左布政，涖事甫十月，陞都御史，命巡撫其地，越四年，政成事舉。嘗修滕王閣，兼祀文文山與謝疊山。疏表宋以方之忠，爲詩弔青尉祠，亟亟以表揚節義爲務，贛民誦之。適有太監吳猷奉詔爲張眞人修龍虎觀，以浮濫受先生抑制，訴於朝，中帝之嫉，放歸家居二年。言官暨督撫交疏論薦，己丑，起兵部右侍郎，尋遷左侍郎，復以事不慊於首輔張璁，摭事中之，再罷歸，年五十八矣。乃構高吾精舍居焉，日以教子弟掖後進爲事，卒年八十餘。摘稾八卷皆詩，別有文集二卷，見明史藝文志。

右參蔣信撰行狀、錢謙益撰列朝詩集小傳、羅汝懷輯湖南文徵、陳田輯明詩紀事、明史藝文志、湖南通志、四庫存目提要。

白房雜興三卷

陳洪謨　朱　袞

誰家騂角玉嶙嶙。骨相如君見未曾。小試優爲一麾守。半階老困九卿登。頻題白簡彈中貴。不獻青詞乞上昇。拂袖好歸精舍住。吟聲時落水雲層。

明朱袞撰。先生字子文，永州人。生十四歲而孤，舉弘治十五年壬戌科進士，選翰林庶吉士。以闡明正學爲己任，大學士李東陽深器之，擢監察御史。以忤劉瑾謫縣丞，瑾敗，起南京吏部郎中，出補雲南參議，轉按察副使，進參政。其文集中錄有先母太孺人劉氏行狀，附見生平事略。先生爲人樸茂而善談論，居官剛介，風節懍然，所至姦宄屛跡。爲文飈迴雲結，峯起瀾翻，人莫測其涯涘，爲當時名流所推慕。遺詩三卷，嘉靖間刋於永州原籍，見國立中央圖書館善本書目。

右參湖南通志、續四庫提要、著者自撰白房雜述文集。

在昔弘正間。能文似公少。續四庫提要稱同時詩文簡練如先生，實未多覯。豈惟辭筆健。志節亦皦皦。履虎困其咥。甘心茹荼蓼。公道有千秋。聿式斯文表。

八厓詩集六卷

明周廷用撰。先生字子賢，華容人。父樂山，爲慈利縣吏，先生生而聰異，讀書罔由師授，家貧力學，年十八，始出就外傅。既爲邑諸生，同儕率卑易視之，凡有酒食聲伎之讌，輒屛避之不使近。先生瞯其會，直入坐上坐，高論濶談，旁若無人，人嫉之而無如何。或謂諸生曰：若無輕周氏子，其才可得志，若咸非其敵也。於是諸生乃稍稍誦其文而加敬禮焉。無何，中鄉試。正德六年辛未，舉進士，出爲宣城令。城當繁劇，號難治，至則迎刄破節，排錯解棼，芟強抑豪，靡有遺缺。三年課最，入爲陝西道監察御史，會言事疏詆銓部，當事者怒，思有以扼之，未一載，補外爲浙江按察僉事。人或爲不平，先生坦然曰：此何足以困我？則益自砥礪，聲績日起，晉福建右參議。未幾，遷四川按察副使。時蜀西芒部不靖，撫鎮者委先生討之，芒居深僻窮絕境，有司罕至其地，蓋數十百年矣。先生冒險闢阻，宣德布惠，綏懷進勦，咸得機要，遂平芒部之亂。又攝試科，鑒衡精當，平日所期許者，鮮不第高第，列華要。編修楊名，給事中王繼宗皆所拔士。官蜀三載，擢江西按察使。江俗縉紳喜請託漁利，先生痛抑其弊，凡士夫以書問至者，令二吏於廳事公拆之，請囑皆廢不行。於是毀譏日至，衆矢集焉。三載入覲，都御史汪鋐首具疏摘其疵，遂被黜。既抵家，與鄉人邑老爲石磯八厓之社，品題詞翰，扶植風雅，嘉靖甲午徼病不起，年五十三。

吳縣顧璘輯國寶新編，以先生爲殿，極相推挹，稱其才禀超融，文鋒迅湧，兼能博涉強記，滋培詞本，故援筆長賦，爛然成章。明詩紀事錄七言近體三首，謂爲音調高華。

右參孫宜撰傳、錢謙益撰列朝詩集小傳、陳田輯明詩紀事、湖南通志、四庫存目提要。

國寶廷珍萬選餘。苦吟未改布衣初。共驚上客花生舌。誰省貧兒雪映書。墨勑除名辭薄領。青山結社問樵漁。謝公故有登臨興。新授宣城願不虛。

龍湖詩集四卷

明張治撰。先生字文邦，其先出江右永新，自高祖始徙茶陵。父伯誠，母譚氏。一夕夢大鳥朱顱玄吭縞羽，止其庭，忽縮化入袵，已而驚寤，父曰：此鶴祥也，得無有徵乎？踰年而先生生，秀慧天成，七歲揮翰成巨字。稍長，偶辭屬對，應聲而成，人大奇之。正德十一年丙子舉於鄉，居父喪，守制盡禮。邑有龍化湖，父老傳讖：龍湖坼，榜元出。先生嘗游賞其濱，因以爲號。庚辰北上應試，湖水忽涸，土龜裂，果以第一人捷南宮，值武宗南巡，廷試不克躬臨。嘉靖改元，入翰林爲庶吉士。未幾，張璁、桂萼以議禮漸用事，先生不樂就職，引疾告歸，屏交息營，奉母讀書，充養益盛。五年，起授翰林編修，越二歲，纂修大典成，擢左春坊左贊善，先生以舊秩未滿考遽遷，二親之封將格於例，固乞辭陞，願留職待封。疏入，上嘉其情，特畀封，弗聽辭秩，蓋異數也。其冬奉冊使榮藩，歸省堂上，不數日，母猝疾不起，君子以是謂天祐孝子，不使有貽悔云。是時政出貴倖，先生既終制，有超然之志，至十三年，有以大義勸之，迺起。奉命主試南畿，念江左士風浮薄，惟知雕琢，日入於弊，乃崇樸黜華，力矯頹俗。明年，任會試同考。十七年，主考武舉會試，十九年，再主南畿試，二十六年，以吏部左侍郎兼主會試，歷年稱得人。門下士如歸有光、薛應旂、楊繼盛等，極一時之選。廿七年，拜南京吏部尙書，未朞年，內召爲禮部尙書，兼文淵閣大學士，與嚴嵩、李本同預機務，嵩怙寵專擅，先生志不獲伸，復以臨事不阿，失帝旨，鬱鬱發病卒，年六十三，才未竟用，天下惜之。初諡文隱，隆慶初改諡文毅，萬曆初更諡文肅。

先生博聞彊識，性亢爽有氣節，立朝以不營私、不奸法、不阿權貴自矢。有徇俗以贄通，及以倖徑干者，必峻拒不假詞色。論政侃侃無顧忌，意有未當，詞氣激切，衆莫能屈，然胸無畦町，不宿怨，有犯而不校之風。引薦善類，喜同嗜飴，拯厄雪誣，不避時忌。留心邊務，知幾獨先，惜言不見用。疾作前夕，夢乘鶴上升，未久果逝。鄧湘臯論公詩，謂體大詞婉，可嗣西涯。語見沅湘耆舊集。

右參雷禮撰傳及國朝列卿年表、錢謙益撰列朝詩集小傳、陳田輯明詩紀事、湖南通志、四庫存目提要。

君意不可測。士心初有宗。豈甘爲伴食。時復見陶鎔。翩爾夢中鶴。矯哉湖上龍。吁嗟兩朝謚。何似及身庸。

元光漫稿五卷

明李徵撰。先生字誠之，號雲華，桃源人。嘉靖十一年壬辰進士，授行人，歷吏科給事中、江西副使、浙江參政。在浙力禁迎春觀潮陋習，時緝海賊，出無辜者數百人。時嚴嵩爲相，其家人奪民居爲塋，院司俱左袒，獨先生持不可，嵩啣之，嗾言官劾罷之。及歸，捐俸儲置義田三百畝以贍鄉族，建漳江書院造就邑人。結廬於元光洞，遂以地名其詩集。卒之日，家無餘貲。集前有序稱六卷，實僅五卷，蓋殘闕之本，浙江巡撫採進四庫，館臣據實有卷數著錄爲五卷，明詩紀事因之。另著閒閒亭錄已佚。

右參湖南通志、四庫存目提要、羅汝懷輯湖南文徵、陳田輯明詩紀事、明人傳記資料索引小傳。

當車蟲奮臂，將雛鳥張羽。一官歸去來。茲廬有千古。

其二

窮以成君詩。勞以勵君德。陰隲聽耳鳴。承芬信有得。父晃，官江寧主簿，平反某獄，釋囚八人，江寧民德之。

虛籟集詩五卷

明劉堯誨撰。先生字君納，號凝齋，臨武人。祖文相，由歲貢官璧山教諭。父明東，以貢生授東陽縣丞，同以義行見稱鄉里。先生生有異徵，九歲謁舜峯佛寺，甫頂禮，忽棄墮掌中，見者駭詫。年十九補諸生，嘉靖二十二年癸卯舉鄉試，屢躓春官。寄讀野寺，夜深猿鳴狼嘷，危坐勿休。嘉靖三十二年癸丑成進士，初知新喻縣，遷南京刑部郎，轉給事中。値東南倭寇爲患，汹汹且薄近甸，浙江統制胡宗憲師久無功，先生具疏糾其失策，且言朝廷功罪不明，賞罰惟貨，天下事大可憂。嚴嵩爲相，見疏深銜之。時浙省以備倭故，凡均徭銀俱先三年辦，名提編法，民困甚。因再疏論巧取民不若拙省費，並請罷興作，汰冗兵，裁覈內外供應及尙衣寺人冒濫。權貴爲之側目，羣排擊之，竟以是引疾歸。粵匪巨股犯縣城，親率子弟禦之，復募兵爲外援，從間道截之，拔其幟，賊驚引去。起上海同知，遷尙寶司丞，補順天府丞，萬曆元年癸酉晉僉都御史，巡撫福建。平海寇林鳳之亂，禽倭酋朶麻里，奏於南澳設總兵一員。移撫江西，疏蠲積逋二十九萬。六年，擢兵部右侍郎，總督兩廣，平轡林木頭等十砦，東西粵以寧。以佐軍興費功，晉南京兵部尙書，參贊機務，雅負重望。會張居正卒，朝廷方興大獄，有嫉者誣指爲江陵之姻戚者，先生不之辨，引疾求退，居衡陽鄉間，日坐小齋中，不以寸楮入公門。平生喜內典，尤契老氏，謂合養生之旨。學者聯講會，請爲主盟，輙欣然往，諄諄以躬行實踐爲教。十三年乙酉卒，年六十四，訃聞，賜祭葬，贈太子少保。

詩集有留垣吟稿、虛籟集，此五卷爲其六世孫心忠所編，合文集九卷刊行。國立中央圖書館藏有先生重修之蒼梧總督軍門志三十四卷。

右參曾朝節撰行狀、陳田輯明詩紀事、湖南通志、四庫存目提要。

衆臣皆渾渾。一士獨諤諤。欲撼鈐山堂。堂高力憂薄。

其二

帷中將略奇。嶺外官聲懋。詩興發蒼梧。鄉心託紅豆。

其三

曾啖安期果。花開不記春。休驚掌中異。應是再來身。

終太山人集詩二卷

明艾穆撰。先生字熙亭，一字和父，號純卿，平江人。嘉靖三十七年戊午擧人，署阜城教諭，旋補國子助教。張居正柄政，聞先生名，欲修鄉誼，用爲誥敕房中書舍人，先生耻入權門，不應。萬曆初擢刑部主事，進員外郎。錄囚陝西，居正法嚴，決囚不足額者罪。先生與御史議，止決二人，御史懼不稱，先生曰：我終不以人命博官也。還朝，居正盛氣譙讓，對曰：主上冲年，小臣體好生德，佐公平允之治，有罪甘之，揖而退。及居正遭父喪奪情，先生私居慨歎，遂與主事沈思孝抗疏請令居正奔喪守制，反復數千言，詞旨激切。時吳中行、趙用賢亦請令居正奔喪，葬畢還朝，而先生此疏直請令終制，故居正尤怒。中行、用賢杖六十，先生與思孝杖八十，加梏拲置之詔獄。越三日以門扉舁出城，先生遣戍涼州，創重不省人事，既而復甦。遂詣戍所，九年大計，復寘察籍。及居正死，言官交薦，起戶部員外郎，遷四川僉事，屢遷太僕少卿。十九年秋擢右僉都御史，巡撫四川。履任未久，引疾歸，卒於家。

集以終太名者，蓋謫戍時嘗游終南太華之勝，故以自號。全集十卷，錄詩二卷，摹擬少陵，得其神似，朱彝尊明詩綜盛推挹之。中央圖書館所藏及明史藝文志著錄皆熙亭集十卷，蓋名異而實同也。

右參史傳、王兆雲撰皇明詞林人物考、羅汝懷輯湖南文徵、陳田輯明詩紀事、湖南通志、續四庫提要、明史藝文志。

丞相聲威勢絕倫。郎官風骨自嶙峋。挺戈逐汝羆當道。受杖甘余玉碎塵。夢落烏頭偏戀主。書傳雁足幸回春。西行一事眞堪慰。太華終南入詠新。

九芝集選十二卷

明龍膺撰。先生字君御，武陵人，萬曆八年庚辰進士。授睦州推官，折獄明允，家祝戶誦，以績優晉擢部曹，上書陳時政，不稍顧忌。移國子博士，諫選宮女，幾達萬言，所稱縱情溺愛繁刑等語尤切直，帝大怒，將逮治甚危，賴首揆申時行力救得免。謫倅邊州，從大司馬田氏督軍青海，有鎮海、邊榨、松山之捷。其在湟中，飯酪眠雪，與士卒同甘苦，馳騎沙漠荒磧間，氣揚揚不懾。旋遷甘肅兵備道，拓地斬馘，頗著戰績。入爲太常卿，蔬布自甘，俸入盡濟親友。歸休後卜築灈園，號灈公。

先生官徽州時，入汪司馬徂中社，始交王世貞，世貞贈詩云：不嫌詩社累，仍傍酒人過，盖先生正因詩酒挂吏議也。晚與袁中郎善，詩才橫溢，惟與袁不類。是集初成，方備兵張掖酒泉間，以卷首有九芝賦，遂以名集。友人余羨長爲梓諸金陵，顧翰林太初撰序。按傳是樓書目作十卷。

右參湖南通志、四庫存目提要、朱彝尊撰明詩綜、羅汝懷輯湖南文徵、陳田輯明詩紀事。

事君與臨民。所遇有忻戚。廷憎耿直言。戶誦平亭績。

其二

玉關慶生入。飲馬過邊城。怪底平居詠。偏多塞上聲。

莊學士集詩三卷

明莊天合撰。先生字德全，亦曰得全，長沙人。萬曆十七年己丑進士，選庶吉士，授編修，侍講筵，晉宮僚，以端謹受知潛邸。及即位，是爲光宗，甫三十日而崩，故先生亦未能大用。

萬曆廿八年庚子，主試南都，三十一年甲辰，分校禮闈，所拔多知名士。左光斗、繆昌期、錢龍錫、吳宗達、梅之煥，其最著者也。累進至少詹事，天啓七年丁卯，丁艱歸。旋卒，贈禮部右侍郎，賜祭葬。子以臨，蔭授中書舍人。

遺詩三卷，合文五卷總爲全集八卷，子以臨校，孫潛重刻於清康熙三十七年戊寅。沅湘耆舊集稱其詩清婉有致。按國立中央圖書館藏有明末博古堂初刋本，兩版之卷目頗有差異。

右參湖南通志、羅汝懷輯湖南文徵、陳田輯明詩紀事。

莊生生有才。才命不相若。持衡眼最明。南北廣搜索。遂令賢傑士。如魚爭赴壑。生兒能讀書。辛勤校遺作。靑箱日以充。所業欣有託。

雪濤閣集詩五卷

明江盈科撰。先生字進之，號淥蘿山人，桃源人。生長農家，刻苦厲學，操行純篤，友于兄弟，推遺田以讓，而授徒自給。萬曆十二年舉於鄉，二十年成進士，知長洲縣，縣固劇邑，先生治以恩信，不爲掊擊，優禮寒士，分俸以遺。是時袁宏道爲吳縣令，政事之暇，從遊若昆季，行則並輿，食則比豆，兩人皆好詩，唱和特多。旋擢吏部主事，貧不能具裝，友人貸與數百金，復分餽孤寒，一日都盡，後有人中傷之，遂改廷尉。居京師，與名流結社崇國寺葡萄林內，詩名籍甚。每出拜客，御款段馬以行。體素羸，有血疾，以苦思加劇。既而主蜀試，晉按察司僉事，竟卒於任，得年五十。生前清寒自守，歿後其子禹疏撙節賻金以償宿負，尙不足十二三云。

先生詩力雄健，與袁宏道力矯七子之弊，世稱江袁。宏道瓶花齋集讚其詩窮新極變，物無遁情。居濱白馬江水勢奇偉，故以雪濤名集，見集中自序。全集十四卷，卷一至五詩，卷六至十一文，卷十二十三尺牘，卷十四小說。又仿世說例撰皇明十六種傳，閩人鄧原岳汝高爲之序。

右參湖南通志、袁中道等撰序、朱彝尊撰明詩綜、羅汝懷輯湖南文徵、陳田輯明詩紀事、鄧原岳撰西樓集。

楚客江陵傳檄。頓起騷壇沉寂。共廻七子狂瀾。公是李王勍敵。

其　二

坐與雪濤相對。宜月宜晴宜晦。愛他景幻聲奇。悟得詩中三昧。

其　三

秉燭聯遊夜永。憑軒一覽秋澄。檢點琵琶殘帙。高歌長揖青藤。袁中郎極力表彰徐文長詩，謂足爲北地敵手。公有句：杜詩不長身前價，班史偏高死後名。又曰：文長殘帙委琵琶。

碩邁園詩集二卷

明蒲秉權撰。先生字度之，號平若，永明人。萬曆四十一年癸丑進士，授江西建昌令，大洽民心，以卓異薦。天啓初，擢吏科給事中，會閹人魏忠賢等方得寵，有詔：司禮監太監王體乾、宋晉、魏進忠等從事青宮，贊襄勤勞，特將原蔭錦衣衞指揮僉事王之棟等，正千百戶魏良弼等俱准加世襲，仍給應得誥命云云。進忠、忠賢初名也。先生上疏請收回成命，言極切至，事得寢。又劾閹臣史繼偕貪位固寵，干熹宗怒，傳旨廷杖，降級外調。輔臣葉向高、韓爌力救得免，旋丁艱歸。及魏璫敗，正人多起用，或勸自白於上，先生曰：若假斥璫爲身圖，與媚璫希富貴者何異？竟不言。未幾，擢西寧兵備道，歷肅川副使。俺答入寇，督死士夜傾其巢，斬首七百級。尋以病謝歸，卒於家。

詩二卷，首卷錄五七言古詩五十首，次卷錄五言律詩四十七首，七言律詩一百三十餘首，五言絕句五十餘首，七言絕句百首。連文七卷，友四軒清話四十六則一卷，合爲碩邁園集十卷。清修四庫，此集列入應燬書目，故傳本絕少。至光緒元年，其六世族孫蔭枚始重爲刊行。

右參湖南通志、續四庫提要、徐日省、王振奇等撰本集序、羅汝懷輯湖南文徵。

話友言辭雋。論兵意氣雄。范韓同慨慷。元柳異窮通。（二句本王振奇序，元謂次山、柳謂子厚，蓋二人宦蹟皆近永明。）
幸賁批鱗罪。微遲躍馬功。大風求猛士。衰病迫匆匆。

些庵詩鈔十五卷

明郭都賢撰。先生字天門，號些庵，益陽人。天啓二年壬戌進士，授行人，由部郎出爲江西提學，稱得士。累遷僉都御史，巡撫江西，黜貪墨，獎循良，風骨凛然，人不敢犯。張獻忠擾贛，寇騎充斥，左良玉屯兵九江，所部淫掠，先生檄歸之，自募士兵爲守。晝夜策劃，大會屬僚，籌兵餉。凡官司一應供給，皆捐以資軍。事多掣肘，賊陷吉安、袁州，被議，棄官入廬山。逾年北京陷，思宗殉國，北嚮流涕，悲恨不食。宏光時，史可法開閫揚州，薦授南京操江不赴，史公故先生會試分校所得士也。桂王立肇慶，以兵部尚書召，而先生已祝髮浮邱山。洪承疇昔坐事革職，先生嘗奏請起用。及承疇降清，經略西南，謁先生於山中，餽以金不受，奏携其子監軍，亦堅辭。先生見承疇時故作目眯狀，承疇驚問何時得目疾，先生曰：始吾識公時，目故有疾，承疇默然。法號頑石，茹苦行脚，流寓嘉魚沔陽間凡十九年，客死於江陵之承天寺。生有至性，工詩善書，兼擅繪事，寫竹尤入妙。此集錄詩千六百餘首，初刻已佚，再刋於咸豐辛酉，僅其著作之一部。另有些庵全集，撫江疏稿，補山堂十種等均未梓行。

沅湘耆舊集錄先生詩，譽爲雄篇鉅章，凌厲一世。湖南文徵姓氏傳記先生於沔陽築補山堂，前後十九載，歸結草廬桃花江，復以詩累客死江陵承天寺。又王船山南窗漫記稱，丙戌屯兵湖上，未能前進一咫，而賦斂之重十倍，少司馬天門郭公都賢詠雪詩曰：四望郊寒連島瘦，一天白起奈蕭何。督師聞之怒，嗾悍帥害之，會潰敗未果，公卒以文字取禍，卒於江陵云云。是先生之死，疑非善終也。

有女名純貞，許字黔國公沐天波之子，明亡，沐子亡命，音問梗絕，女誓不嫁。幼從父學，工於詩，嘗坼驛梅驚別意，隄柳暗傷情十字作詩，其坼柳字云：木葉山花向晚幽，夕陽歸雁斷南樓，耳邊不接雲南信，柳鎖寒烟一樹愁。初署郭貞女，後爲尼，結庵浮邱山以終。

右參史傳、徐鼒撰小腆紀傳、羅汝懷輯湖南文徵、陳田輯明詩紀事、湖南通志。

浮邱山寺頑石師。哦咿甓甓江之湄。伊何人斯詩畫癡。師昔巡疆當劇寇。咄嗟兵餉兩不就。傷哉君父無人救。九州日黑天沉陰。鼎隳龍隱摧臣心。逃名誓入深山深。啓扉不識洪經略。眯目爲辭謔而虐。貳臣聞之無地著。

榮木堂詩集十卷續集六卷

明陶汝鼐撰。先生字仲調，一字燮友，號密菴，寧鄉人。幼慧，甫齔應童子試，學使者驚爲異才，取冠湖南數郡。崇禎元年拔貢，帝幸太學，廷臣請復高皇帝積分法，祭酒顧錫疇奏先生文甚佳，特賜第一，詔題名勒石太學，以五品官秩留監肄業。詩文書法，名動海內，有楚陶三絕之目。六年舉於鄉，兩中會試副榜，官廣東新會教諭。甲申變後明室南渡，授翰林院待詔，尋遷兵部職方司郎中。永曆時復授翰林院檢討，佐何騰蛟監五省軍，屢禦清軍，捍衛鄉土，力圖規復，明亡不仕。天性忠孝，親喪哀毁逾禮，處昆弟宗黨無閒言。嘗爲人雪奇枉，及冒兵刃，活難民千餘人，事見甯鄉舊志。順治十年，罹叛案論死，陳名夏密囑洪承疇寬之，羈繫年餘釋出。晚祝髮號忍頭陀，隱居縣境之潙山，康熙二十二年卒，年八十二。弟汝鼐，字幼調，張獻忠竄湘時，僞檄舉名士，汝鼐與先生子之典名最著。汝鼐曰，兄止此子，吾有三子不憂死。乃佯應命，而蠟書乞師贛撫郭都賢，不得達，竟死虔州。先生早入復社有名，紓懷狀物，聲情並茂。易代之際，志節皎然，不肯苟降其志，寧遁方外以終老。國變後諸作，音轉激越，不勝江關蕭瑟之思。工於長賦，所撰哀湖南賦，仿庾信哀江南賦，敍明季湖南被寇事，慷慨凄楚，最爲著名。朱彝尊靜志居詩話稱其淒戾過於蘭成，詩歌英爽絕倫。五古中湖南寇事詩，述崇禎癸未張獻忠寇湘事，長累千言，鄧湘皋沅湘耆舊集稱爲不愧詩史，良爲允確。所著榮木堂全集，含文集十二卷、詩集十卷、續集六卷、樂府三卷、憶京華曲一卷、若蕃集杜一卷、律陶一卷、詩餘一卷、密翁聲律一卷，凡三十六卷。詩集行世者，有清世綵堂刻本榮木堂詩集十卷、續集六卷，列入四庫應燬書目。民國後，寧鄉廖樹蘅嘗爲重刊。又綠斐園刻樂府噓古集三卷。按湖南通志錄有寄雲樓集，明詩紀事錄有褐玉堂集，然先生無此集，或係書名偶異耳。

右參史傳、徐鼒撰小腆紀傳、羅汝懷輯湖南文徵、朱彝尊纂明詩綜、陳田輯明詩紀事、鄧文成撰清詩紀事、湖南通志、續四庫提要。

舊社重來世已更。風流誰更續前盟。恩深祭酒題佳卷。力盡監軍樹義旌。望闕興歌劉越石。哀江作賦庾蘭成。焚香且向溈山拜。此是東南第一聲。

石村詩集三卷

明郭金臺撰。先生字幼隗，湘潭人。本姓陳氏，名湜，字子原。父嘉謨，戹於豪猾，盡奪其產，父子散居。先生年十五，匿於舅氏郭家得脫，郭初無子，遂子之。生而狀貌奇偉，見者咸目爲異人，弱冠有聲黌序，吉王禮聘之，監司牧令爭延請，問政事，慷慨厲節，與蔡道憲友善，以忠義相期許。中崇禎十二年己卯、十五年壬午兩屆副榜。會舉行積分法，朝士屢以名薦不赴，例授官亦不就。思宗殉國之明年，弘光新敗，隆武建號，先生應鄉試獲雋。督師何騰蛟，巡撫堵允錫先後論薦，授職方郎中，再起監司、僉事皆以母老辭。張獻忠陷湖南，李闖潰卒復相繼蹂躪，縣境百里無人烟，先生請於督師，命偏裨練鄉勇，爲守禦，全護者以萬計。既知事不可爲，乃隱衡山，著書授徒，絕口不談時事。惟論及當時殉難諸人，輒唏嘘流涕。及卒，自題其阡曰：遺民郭金臺之墓。初，先生無子，以從弟陳元鼎之子式穀爲子，從郭姓，入縣學有聲。其後先生生子式典，式穀乃復姓陳氏，郭氏田產悉推與弟，文行翕然爲時所稱，是爲陳恪勤之父。世有以恪勤爲先生孫者，從其始也。

詩集三卷，上卷曰代古詩，凡百四篇，初刻於崇禎壬午間。其後復增益二卷刋之，郭都賢、陶汝鼐等爲之序。另有石村文集三卷行世，清乾隆間，列爲應燬書目。

右參徐鼒撰小腆紀傳、湖南通志、湘潭縣志、羅汝懷輯湖南文徵、四庫禁燬書目。

磨蝎身多難。嗷鴻世正艱。九歌抒楚怨。一碣表殷頑。淚盡駝眠陌。名成驥伏閑。無人訊芳躅。薇蕨老空山。

九煙先生遺詩二卷

明周星撰。先生字景虞，號九烟，湘潭人。祖之屛，嘉靖進士，由溧水知縣累遷至浙江右布政。父逢泰，萬曆舉人，教授南京。先生生於上元，母早卒，育於黃氏，遂易姓黃。六歲能文，七歲善眞行草隸，江南盛傳周郎帖。所臨黃庭經，曹娥碑，端勁秀逸，爲董其昌所驚服，有老夫當焚硯之語。十二入南監，稱黃周星。以崇禎十三年舉進士，補戶部主事未就，丁父喪歸、仍居上元。值甲申之變，更姓名曰黃人，字略似，布衣素冠，寒暑不易。南都立，遂無縱迹之者。福王敗沒，先生流寓湖州，江浙稍定，乃頗與遺民文士相往還。文詞沈博絕麗，而語言若狂易，東南名士甚重之，衆口揄揚，詩歌傳播一時，與海內勝流相抗，朱竹垞靜志居詩話曾載其事。年七十自撰墓志，賦解脫吟十二章，五月五日與妻孥談訣，縱飲大醉，投南潯水死。先是，先生登雨花臺嘗有句曰：去國屈原同婞直，無家李白只佯狂，懷沙捕月之志，即肇于此。道光二十九年，其族孫詒樸蒐求所遺詩文輯爲六卷刋於揚州，未窺全豹，蓋國變前詩稿，兩爲盜刼，藏書亦毀，事見卓爾堪逸民詩選中。清末有正書局排印詩鈔二卷單行。續四庫提要稱其詩才氣橫逸，歌行尤別開生面，縱橫跌宕，一往奔放，風馳雨驟，不可端倪。痛家國之變遷，澆胸中之塊磊，非尋章摘句之徒所能望其項背云。

右參羅汝懷輯湖南文徵、陳田輯明詩紀事、湖南通志、湘潭縣志、續四庫提要。

景虞稟異資。奇窮亦殊衆。把筆驚老宿。期爾雲中鳳。蒼黃家國變。所遺疑噩夢。披髮爲佯狂。無人諭其痛。

其二

世間有訣墓。欺人亦自苦。先生躬綴辭。不受俗儒侮。言從屈大夫。地下作重五。潯湘兩水通。騷心契終古

薑齋詩集十卷

明王夫之撰。公字而農，號薑齋，國變後號雙髻外史，及一瓢道人。先世於明永樂間，自蘇之高郵來官衡州衛，遂家衡陽。代以軍功顯，父朝聘字武夷，始以文學知名，中天啓辛酉副榜，公其季子也。少負異才，讀書十行俱下，年廿四，與兄介之同舉崇禎十五年壬午鄉試，以道梗未赴會試。明年張獻忠陷衡州，設僞官，招降士紳，不屈者縛而沉諸湘。公走匿南嶽雙髻峯下，賊執其父以爲質，公引刀自刺肢體，舁往易父，賊見其重創也，釋還，父子慶更生。甲申，李自成陷北京，思宗殉社稷，聞訊北嚮悲泣，爲輟食數日，賦悲憶詩。次年，清兵下金陵，唐桂二王相繼建號。督師何騰蛟屯長沙，制相堵允錫駐常德，二人者頗不相能，公以爲憂。上書監軍章曠調和兩軍，防潰變。其言未見用，諸鎮卒敗覆，曠亦以憂死。清兵下湖南，公走桂林，大學士瞿式耜疏薦於桂王，公以父憂請終制，服闋，授行人。是時桂王駐肇慶，旋移武岡，走靖州、柳州，大學士嚴起恒等從。廷臣互爲黨羽，綱紀廢弛。獨給諫金堡、丁時魁、劉湘客、袁彭年、蒙正發五人志在振刷。而內閣王化澄、悍帥陳邦傅、內豎夏國祥等相緣爲奸，深嫉此五人，目爲宮廷五虎。起恒居其間，莫能匡正。王在梧州，化澄等十四人合疏攻五虎，下堡等於獄，將置之死。公聞之，走告起恒曰：諸臣棄廬墓，捐妻子，崎嶇從王，而以黨人殺之，則志士將解體，誰與共危亡者？起恒感其言，跽於王前，力救得免。化澄黨並惡之，復參起恒，公亦三上疏參化澄，化澄恚甚，必欲殺公，會有降將高必正者救之得不死。返桂林，復依瞿式耜，聞母病間道歸省，至則母已前卒。其後式耜殉節桂林，起恒被害南甯，公知事愈不可爲，遂決計老牖下矣。已而聞桂王遇害緬甸，則益自晦匿，浪游郴、永、漣、邵間，所至人士慕從，輒辭去。最後歸衡陽之石船山，築土室曰觀生居，或題敗葉菴、湘西草堂。杜門撰述，學者稱船山先生。論學以漢儒爲門戶，以宋五子爲堂奧，所作大學衍、中庸衍，最能羽翼朱子。而於正蒙一書尤有神契，謂張子之學，上承孔孟，如皎日麗天，無幽不燭，惜其門人未有殆庶者。而當時鉅公如文富司馬諸公，張子以布衣貞隱，無由資其羽翼，其道之行，曾不逮邵康節之數學，是以不百年而異說興。於是究觀天人之故，推本陰陽法象之原，就正蒙精繹而暢衍之，與自著思問錄二篇，皆本隱之顯，原始要終，炳然如揭日月。至其扶樹道教，辨上蔡、象山、姚江之誤，或疑其言稍過，然議論精嚴，粹然皆軌於正也。公生當鼎革，抱宗社之痛，竄伏窮山四十餘年，一歲數遷，恐爲人知。康熙十八年，吳三桂僭號衡陽，僞僚有以勸進表相屬者，公曰：亡國遺臣，所欠一死耳，今安用此不祥之人哉！遂逃入深山，作祓禊賦。吳亂既平，大吏聞而嘉之，屬郡守餽粟帛請見，以疾辭，受粟返帛。未幾卒，葬大樂山之高節里，自題墓碣曰明遺臣王某之墓。當是時，海內儒碩推容城、盩厔、餘姚、崑山，公刻苦似二曲，貞晦過夏峯，多聞博學，志節皎然，不愧黃顧兩君子。然諸儒肥遯自甘，聲名亦炳，羔雁充庭，干旌在野，雖隱逸之薦，鴻博之徵，皆以死拒，而公卿交口，天子動容，其志易白，其書易行。公則竄身猺峒，絕迹人間，席棘飴茶，聲影不出林莽，門人故舊，又無一有氣力者爲之推挽。歿後四十年，其子敔抱遺書上之督學宜興潘太史宗洛，因緣得入四庫，上史館，立傳儒林，而其書仍不傳。道光庚子，族孫世佺始刻行，咸豐四年燬於兵。同治二年曾忠襄公復捐俸重鋟，總爲船山遺書行世。

所著有周易內傳十二卷、發例一卷、周易大象解一卷、周易稗疏四卷、周易考異一卷、周易外傳七卷、書經稗疏四卷、尙書引義六卷、詩經稗疏四卷、詩經考異一卷、詩廣傳五卷、詩譯一卷、禮記章句四十九卷、春秋稗疏二卷、春秋家說七卷、春秋世論五卷、續春秋左氏博議二卷、四書訓義三十八卷、四書稗疏二卷、四書考異一卷、讀四書大全說十卷、四書箋解不分卷、說文廣義三卷、永曆編年錄二十六卷、蓮峯志五卷、讀通鑑論三十卷、宋論十五卷、張子正蒙注九卷、思問錄內篇一卷、外篇一卷、俟解一卷、噩夢一卷、黃書一卷、識小錄一卷、老子衍一卷、莊子解三十三卷、龍源夜話一卷、愚鼓歌一卷、相宗絡索一卷、楚辭通釋十四卷、薑齊文集十卷、詩集十卷、詩餘三卷、詩話三卷、外集四卷、文堂永日八代文選十九卷。書中輒自題亡國遺臣，語觸時忌，故四庫多不收。其著錄者，僅有周易稗疏、考異、尙書稗疏、詩稗疏、考異、春秋稗疏共六種。存目於四庫者，曰尙書引義、春秋家說二種。續四庫著錄者，有周易內傳六卷、發例一卷、周易外傳七卷、詩譯一卷、春秋世論五卷、續春秋左氏傳博議二卷、四書稗疏二卷、讀四書大全說十卷、四書考異一卷、四書箋義不分卷、四書訓義三十六卷、永曆實錄二十六卷、蓮峯志五卷、讀通鑑三十卷。其存目於家而稿不傳者尙有尙書考異、老子衍、莊子解等十餘種。

鄧湘皋輯沅湘耆舊集，稱公之詩，詞旨深敻，氣韻沉鬱，讀之如觀夏鼎商彝，如聞哀猿唳鶴，使人穆然神肅，翛然意遠。梁啓超氏著近三百年學術史，於兩畸儒特致表章，即公與朱舜水是也。錢穆氏論近三百年學術有曰：明末諸老，其在江南，究心理學者，浙有梨洲、湘有船山，皆卓然爲大家。

然梨洲貢獻在學案，而自所創獲者不大。船山則理趣甚深，持論甚卓，不徒近三百年所未有，即列之宋明諸儒，其博大閎括，幽微精警，蓋無多讓云。

右參史傳、耆獻類徵錄清國史館本傳、余廷燦撰傳、李元度撰事略、唐鑑輯學案、陳田輯明詩紀事、徐鼒撰小腆紀傳、徐世昌撰清儒學案、晚晴簃詩滙、梁啓超、錢穆分撰近三百年學術史。湖南通志、四庫提要、續四庫提要。

衡山蒼然深。湘水泠然泚。觥觥薑齋翁。毓彼山水美。其文塞兩間。其事備群史。楚材斯稱雄。所造竟何止。豈徒冠一代。要可師百紀。

其二

茫茫身世愁。皓皓江天雪。迹公平生行。無愧古之烈。巖棲四十載。志履何勇決。坎壈甘終窮。迍邅歷九折。天眷此畸儒。完髮以全節。

其三

先聖有述作。賴公大厥緒。未隨秦火燼。幸免蟲與鼠。精詣燭衆瞶。燦若金蓮炬。嗤爾天祿藜。見小而遺巨。不表夷夏防。模稜欲何語。

其四

明室當末造。勢若隄潰河。諸王事補苴。力欲挽頹波。奈何艱難際。乃操同室戈。有才不自安。有事當如何。莫讀三藩傳。讀之涕滂沱。

了庵詩集二十卷

清王岱撰。先生字山長，一字九青，號石史，又號戈山，湘潭人。明崇禎十二年舉人，入清後屢赴公車不第，選安鄉教諭，遷隨州學正，後官京衞教授。康熙十八年舉鴻博，時湖南被徵者，惟先生一人。越三年，擢澄海知縣，勵精民事，修葺廨宇。凡學宮、縣治、文昌閣、城隍廟及韓愈、陸秀夫諸祠，咸爲一新。嘗榜其堂曰誠求，聯其楹曰：無厲民以自養，無枉道以事人。好讀書，工詩善書畫。少客金陵，與顧炎武、王士禎、施閏章、高珩等友善，所至賢豪名宿莫不傾倒納交，而獎掖後進如不及。任澄海數年卒，祀名宦祠。王晫今世說稱其嶔崎磊落，以氣節自命。愚山序先生集稱：博涉羣籍，卓犖自負，不隨俗俯仰，爲詩文多自成杼軸，不假繩削。朝脫於腕，夕鏤於版，終日累數千百言，怒嬉歌哭，筆墨淋漓。或以爲憤時嫉俗，而不知其胸中鬱結積累使然，可謂傾倒甚至。平日交遊自漁洋，愚山諸人外，有杜濬、黃周星、陶汝鼐、尤侗、宋犖、申涵光、龔鼎孳、毛奇齡、魏禧、魏象樞、周亮工、胡承諾、湯斌、陳維崧諸人，蓋其縞紵投贈，雅極一時之選，同時湘上文人聲氣之廣，殆未有過於先生者。其詩初刻者爲了菴詩集二卷，曰山書、皆順治初傷亂之作。有湖南災異詩，自注甚詳。楚招詩皆死於兵者，哀逝十二章則悼家人也。曰客簪，爲乙未赴試時作。旋有且園近詩、燕邸日錄、浮槎詩文集、溪上草堂詩文集、白雲集等家刻單行。後詩增爲二十卷，合文集十五卷總爲了菴全集。由其曾孫恪編次於乾隆十二年印行。又以上各集內涵及板刻，詳見湖南通志藝文志。

右參湖南通志、湘潭縣志、李元度撰傳、鄧文成撰清詩紀事、徐世昌撰晚晴簃詩滙、四庫存目及續四庫提要。

王郎頭白猶放歌。砍劍鳴玉聲相和。少年筆騁戈山戈。文場偃幟嗟蹉跎。何年詔舉登鴻科。奎光閃灼碧樹柯。南官澄海聲峨峨。誠求二字書擘窠。賢哉令尹勤民疴。惠政近僾瓊之坡。曰鋤異種理則那。幸不罣名文字羅。卷三鋤園詩有物類故並育，非種終相妨之句。康熙文網嚴密，此詩大觸時忌，未遭株連，亦云幸矣。江南人物才調多。如唐四傑爭江河。新詩日日同研磨。蒼頭突起湘山阿。氣凌鮑謝降陰何。我觀此卷重摩挲。再拜稽首爲公哦。恍飲美酒顏先酡。醉中仗爾驅愁魔。

陳恪勤集三十九卷

清陳鵬年撰。公字北溟，別字滄洲，湘潭人。母羅太夫人夢入彩雲吞月華，有大鳥負青衣童子來，故命曰鵬年。九歲著蜻蜓賦，詞驚長老。康熙三十年進士，授浙江西安（今衢縣）知縣。時當兵後，戶口流亡，豪強率佔田自殖。公履畝按驗，復業者數千戶。烈婦徐，枉死十年，爲雪其寃，得罪人，寘諸法，建祠表墓，浙人爲演鐵塔傳奇。禁溺女，民感之，女欲棄復育者，皆以陳爲姓。河道總督張鵬翮，薦調赴江南河工，授山陽知縣。會霖潦將溢河堤，總兵欲啓東岸閘洩水，公曰：奈何以東岸七州縣爲魚乎？請以身禱。河堤動，左右却走，公山立不變色，取民籍沉之，水陡落五尺，不爲災。尋遷海州知州。四十二年，聖祖南巡，閱河，以山東饑，詔截漕四萬石，令鵬翮選賢幹吏，運兗州分振，以公董其事，全活數萬人。上回鑾，召見濟寧舟次，賦詩稱旨，賜御書一軸。尋擢江寧知府。四十四年，上復南巡，總督阿山召屬吏議增地丁耗羨，爲巡幸供億，公力持不可，事得寢。阿山嗛之，令主辦龍潭行宮，侍從徵饋遺，悉勿應。或陰置蚯蚓糞於簟席間，忌者中以蜚語，上怒。會致仕大學士張英入對，上問江南廉吏，舉公。復詢居官狀，英言：吏畏威而不怨，民懷德而不玩，士式教而不欺，廉其末也。而織造使曹寅亦免冠叩頭爲公請，血被額。同官某恐觸帝怒，曳其衣，曹請益力，上意乃釋。阿山復上疏，劾以受鹽商年規，侵蝕龍江關稅銀，又無故枷責關役。坐奪職，繫江寧獄，命漕督桑額，河督張鵬翮與阿山會鞫。公嘗就南市樓故址建鄉約講堂，月朔宣講聖諭，並爲之牓曰：天語丁寧。南市樓者，故狹邪地也，因坐以大不敬，論大辟。江寧民呼號罷市，諸生千餘，建旛，將叩閽。上與大學士李光地論阿山居官，光地言阿山任事廉幹，獨劾陳鵬年犯清議，上頷之。讞上，坐奪官免死，徵入武英殿修書。四十七年，以江督邵穆布之請，復出爲蘇州知府。禁革奢俗，清滯獄，聽斷稱神。值歲饑疫甚，周歷村墟，詢民疾苦，請賑貸，全活甚衆。四十八年署布政使，巡撫張伯行雅重之，事無鉅細，倚以裁決。總督噶禮與伯行忤，因並忌公。已劾布政使宜思恭，糧道賈樸，因坐公嚴報不實，吏議奪官，遣戍黑龍江，上寬之，仍命來京修書。未及行，噶禮復密奏公虎邱詩，以爲怨望。曲解詩文，逐句旁注，文致其罪，摘印下獄。禮復與伯行互訐，屢遣大臣按治，議奪伯行職。上以伯行清廉，命九卿改議，詔復公官。並諭曰：噶禮曾奏陳鵬年詩語悖謬，詩人諷詠，各有寄託，豈可有意羅織以入人罪？宵人伎倆，大率如此，朕豈受若輩欺耶？因出其詩畀閣臣共閱，羣臣皆頓首謝。五十六年，出署霸昌道，仍回京修書。六十年，命隨尚書張鵬翮勘山東河南運河，時河決武涉縣馬營口，自長垣直注張秋。命河督趙世顯塞之，議久不決。公疏言：黃河老堤衝決八九里，大溜直趨溢口，宜于對岸上流廣武山下，別開引河，更於決口稍東，亦開引河，引溜仍歸正河，乃可堵築，奏入稱旨。諭曰：覽陳鵬年奏，皆與朕前頒諭旨相合，下部知之。世顯罷，命公署河道總督。疏薦余甸、陸師、張杓爲監司，皆以名績著。六十一年，馬營口既塞復決，奉詔兼攝漕運總督。時漕渠歲淤，遣幹吏直溯淮源，疏其上流，使清水暢達。會黃濟運旗丁數千人，以道梗乏食，呼號載路，公先給帑金六萬，後奏聞，聖祖嘉之，謂得大臣任事體。時南北壩尾合而復潰者四，公爲文禱河神，以死自誓，是夕水驟退八尺。旋聞聖祖升遐，方治官書，驚慟筆墮地，淚盡見血，遂得疾。時惟馬營口尚未塞，公止宿河壖，寢食俱廢，寖羸憊。雍正元年，疾篤，遣御醫診視，尋卒，年六十一。上聞諭曰：陳鵬年積勞成疾，歿於公所，聞其家有八旬老母，室如懸磬，此眞鞠躬盡瘁，死而後已之臣。褒錫甚至，賜帑金二千，錫其母封誥，視一品例蔭子，謚恪勤。子樹芝，樹萱，聖祖時，以諸生召見，令隨公校書內廷。樹芝官至平越知府，樹萱官至戶部侍郎。

方公之任江寧府也，下車前一日，訊輿夫，知某僧以勢奪其妻，訟不得直，公命訴於新知府。詰旦，拘僧至。僧故總督所暱，役以計誘而後至者也。至則庭立稱無罪，公出民詞示之，乃慴伏。將立斃杖下，總督爲請，公曰：知府初行法，奈何即格於一僧？總督固請，令罰鍰輸廟工，僧僅得脫死。江寧俗，父母死，子必親訃，公頒士喪禮禁之。並諭諸生有毀廉隅證訟者，檄諸縣籍其名，歲終報府，俟督學按試時上之。於是終公任，諸生無證訟者。米踊貴，請發官米四萬石，設九廠平糶。松江富民某，捕盜卒心利其貲，嗾盜誣之，蠭擁入室，至窘逼女婦自縊死，事發，將援赦以脫。公曰：贓吏無赦，況誣盜刼殺乎！根纒其黨五人，置之死。常州守某，文致所部諸生吳廷立等十餘人於死，公與會勘，雪其寃。吳獲更生，易名曰復，字念滄。聖祖南巡，駕幸金山觀水師，先期一日，大吏檄公壘石爲步者三，欲以困公。屬吏皆惶急，公曰：吾自辦之。乃率諸子弟躬運土石，士民從者屬路，爭撤屋材濟工。然江溜急，下石則捲浪去。有估人子坐木筏上，知其事，請緪筏疊石，層緪層疊，筏出水面，有基即甃石如平地。鼓四下，工竣，如有神助。聖祖臨視，益奇之。御舟發，命公督挽舟者。舟入淮，山陽民趨之，曰：此陳父母也。壺餐載路，上微窺之。既渡河，溫旨令公還。阿山之計終不售，遂以事誣公，命繫江寧獄。守者李丞絕公食，獄卒憐之，私哺以餅。為李偵知，怒杖卒四十，曰通一勺水入獄者如之。公自分命絕矣，會士民揭帛鳴鉦環制府，問太守見劾之由。門者重閉，叫呼不退。有司械繫數人，制府欲釋之，使謂曰：汝偶行過此被繫耶？皆曰非也，願入獄與太守同命！諸生俞養直等繼至，大呼請保清廉太守，呵禁之不止，則懼之曰，即擒治矣，養直即挺身就擒。吳復乃入獄弔養直曰：此我當為者，君竟先我為之耶？時學使者方按試句容八邑，生童譁曰：讀書應試何為也？皆火其卷去，且向使者請申救，養直遂得出。及會鞫，百姓夾左右道，人火一束薪，燭公去來，夜明如晝。讞者以三木訊商人，商人曰：歲餽自督撫及州縣皆有之，惟太守不受一錢耳。既捃摭無所得，則以公嘗逐羣娼建亭南市樓，宣講聖諭為大不敬，獄成論斬。以李光地一言，得從寬減，而有內召修書之命。及再官蘇州，上命以書局自隨。公抵蘇手書牓門曰：求通民情，願聞己過。時大饑且疫，公所在疫斷，民書公名鎮於門。於是議賑貸，勸捐輸，刱義塾，濬河修山。初至，滯獄三百有奇，未一月判決俱盡。過維亭鎮，見水浮漚，心動，跡之得尸。鞫其鄰，乃某村婦手絞其夫也。洞庭山豪陸某殺人匿尸，躬往發掘得之，斃豪於獄。博徒萃窟室，局誘良家子，公闔其室，械其人，如熟遊者，皆聞風駭散。噶禮任總督，公謁之白事，不跪。噶禮怒呵曰：知府生死我手，何敢爾！公曰：果有罪，雖幸賜寬假，寸心具有鈇鉞。如其不然，君主之，百姓安之，生死不在公也！徐步出。噶禮乃必欲死公，遂有虎邱詩之密奏。及奉修書命，瀕行，百姓遮留，閉十二城門，凡九月不得行，公泣諭乃就道。五十六年，署覇昌道，上命得乘傳奏事。在昌平，有冠花翎者數人，稱某王遣來索修城者金，勢張甚。公僞遜辭延之入，而陰伏健步縛至獄中，因馳奏。適某王入對，上示以公疏，曰無之。曰：然則可聽陳鵬年處分。公杖斃一人，枷四人，徇於城，自是畿甸肅然。嘗進瓜熱河，上命傳諭家僮：汝主官清，不必以常例進奉，可將瓜帶歸以賜汝主。其見知如此。

公長軀虎項，美鬚髯，目光閃閃如電。而胸有定力，不以榮辱毀譽生死動其心，慨然以澤不被於民，道不伸於己爲恥。在官廉幹得民心，於上官左右親近視之蔑如，用此毀言日至。每褫職按問，民相聚巷哭，持醪糒相遺。禁之則攘臂而詬，或門鍵則毀垣入。滿洲駐防兵亦率男婦踵門求一見陳青天狀貌，好事者繪爲圖，又繪九學哭廟圖，有披圖泣下者。後會勘於山陽，從集者數萬，忽一人突出，大呼請保留陳青天，則江寧武生朱寄略也。從而入者十數人，山陽令大驚，以數人攫一人閉諸室。公既入獄，百姓張黃旗城上，書曰如喪考妣。忌者因誣以大逆，而聖祖怡然曰：民愛如此甚好。赦詔下，士民數萬焚香北向跪，呼萬歲，聲若雷，其得民又如此。

生平於故人子弟，孤寒後進，汲引如不及。稱善廣坐，訓過密室，人銜感次骨。嘗表東海孝婦廟，建狄梁公祠，立陸績廉室，復劉蕡後人租徭。在蘇昇鬱林石於郡學，遊焦山，遣人泅水出瘞鶴銘，爲亭覆之。方被逮入都時，除夕，市米潞河，主人問客何來？曰陳太守。是湘潭陳公耶？曰然。曰是廉吏，安用錢爲，反其值，問寓何所。次日，門外車饋米十石，附一函稱：天子必再用公，公宜以一節終始，毋失天下望，紙尾不署姓名。問擔夫曰，其人姓趙，訪之則閉戶他出矣。

始吳三桂稱逆犯湘，公全家避亂山中，讀書五年不出，學問之基以立。初之西安任，即爇香自誓曰：自今伊始，鵬年服官行政，有不若於天理，不順於人心者，明神殛之！惟能以誠待人，故得其死力。任河督時，馬營口久不塞，公晝夜住宿河壖，蒙犯霜露，心籌口畫，叢脞百端，遂至肌骨羸孱，諸病交作。時南壩尾甫修合，而北壩尾合而復潰者四。公憂惶勞瘵，輾轉不支，歎曰：力竭矣，病劇矣，可奈何！遂集在工效力文武官弁及椿掃夫役誓之曰：是役也，事成則諸君之力，不成則使者之罪，吾生吾死，卜於今日。發言慷慨，淚隨聲下，衆亦泣莫能仰，皆應聲曰：有不盡死力者，有如此河！公見萬衆奮心，遂覺病有起色。是夜五鼓吟詩自慰，俄聞聖祖崩，方秉筆治官書，驚悸筆墮地，沉迷委頓一晝夜始甦。乃伏地大哭曰：臣蒙聖上不殺之恩，以有今日，鼎湖可攀，臣願以身殉也。躃踊三日，淚盡見血。既病且篤，數日復力疾強起合壩，十二月已合，旋又潰，欷歔曰：吾數盡此矣！爲文禱河神慟自責曰：來此五閱月矣，成功無日，有一死而已。祭畢病愈篤，衆哀且憒，咸誓捐軀效死。十二月廿一日北尾壩竟合。翌年正月五日，公薨，哀動千里。喪歸，過南北壩尾，兵民繞棺哭者數萬人。河南、江寧、西安、皆祀公名宦。河內之民惓懷業績，更建專祠於武陟以祀。維時大河上下，亘數千里，水患隔絕，民慶安瀾，而公已不及見矣！

公嗜讀書甚，雖顛困疾苦，未嘗釋手，百家諸子，靡不窺究。內修本於程朱，心存仁義，與敬庵張伯行同患難，相契最深。勁節浩氣，雖出本性，亦由所學能成之也。於詩尤篤好，自言年四十後，天機所發，自然成韻，視沈約之拘於八聲五病者異矣。放衙之暇，與賓客吟詩角藝，談論終日。其在官，輯宋金元明全詩若干卷、月令輯要若干卷、物類輯古略若干卷、韻府拾遺若干卷。同何焯纂分類字錦若干卷，自著滄州文集八卷、詩集五十四卷、喝月詞一卷。自訂年譜一卷、歷仕政略、河工條約各一卷。詩集已刊行者：滄洲詩集，分水東集三卷、武夷集二卷、蒿菴集三卷、耦耕集五卷、于山集二卷、香山集二卷、浮石集七卷、淮海集三卷、朐山集二卷、秣陵集四卷、共三十三卷，詩凡一千五百五十九首。附喝月詞六卷、凡二百十九闋。合爲四冊，康熙四十七年自序刊本。其秣陵集末詩，乃官江寧知府被議聽勘時作，蓋康熙四十五年以前詩均收入此集。又道榮堂近詩十卷，雍正四年跋刊。首行及版心稱滄州近詩，得詩一千三百餘首，自康熙四十九年至六十年，爲公手訂。此集另由潘似山太守刻行，板藏湖州，傳世甚少。內補遺一卷，微與原本異。另有道榮堂全集，與近詩合爲二十冊者，光緒間曾由其裔孫印行之。又紅梅唱和詩，刻本無年月，郭金臺序，爲臨川汪秉乾柳公首唱五首，和者爲公及湘潭人石屹等共二十五人。時當康熙初期，板藏湘潭郭氏。

徐世昌晚晴簃詩話，謂公詩以沉鬱頓挫抑揚排盪見長，蓋得於工部爲多。錄虎邱詩如次：雪艇松龕閱歲時，廿年蹤跡鳥魚知。春風再掃生公石，落照仍銜短簿祠。雨後萬松全還市，雲中雙塔半迷離。夕佳亭上憑欄處，紅葉空山遶夢思。其二：塵鞅刪餘半晌閒，青鞵布襪也看山。離宮路出雲霄上，法駕春留紫翠間。代謝已憐金氣盡，再來偏笑石頭頑。楝花風後遊人歇，一任鷗盟數往還。

右參史傳、張伯行撰墓誌銘、鄭任鑰撰墓誌銘、曹一士撰神道碑、方苞撰武陟廟碑、宋和撰傳、余廷燦撰行狀、李元度撰事略、張維屏輯國朝詩人徵略、徐世昌撰清儒學案、晚晴簃詩滙、隨園詩話、湖南通志、四庫存目、江蘇國學圖書館總目、日本內閣文庫目錄。

元精降青童。盛藻鋪黃絹。陳公古勞臣。嶽嶽邦之彥。零辭偶諷詠。顏色照詩卷。始作神明宰。分符應廷薦。衢邑與山陽。斗大易爲縣。三遷海東州。春脚行殆遍。治行本儒修。化洽輿情忭。撫赤注精誠。弊蠹絕胥掾。豈不解逢迎。其如賦性狷。南巡盛供張。請命節餘羨。以此忤大僚。群小復搆煽。捃摭薏苡嫌。死獄成鍛鍊。小民憤覆盆。輟市釀奇變。萬口狴戶號。一日鷄竿現。始知賢牧績。幸獲乘輿眷。有詔隨入京。修書武英殿。黃河天上來。滾滾飛匹練。一朝失約束。城郭爲泥澱。國家糜巨貲。河臣恣游讌。坐視蟻穴穿。曾不事修繕。忽報馬營潰。倉皇議部院。獨公排紛綸。高論廻衆眄。帝曰汝惟賢。往矣行所便。持節出都門。周巡遍隄堰。短褐汗潦間。波飛塵浣面。夜宿工寮內。寒風利如箭。百慮縈一心。眠損食不嚥。三祀禱河神。願以身受譴。臨流誓衆擎。萬畚爭一線。隄成人亦瘁。九死復何戀。心痛鼎湖龍。攀呼血俱濺。部庶聞公喪。驚走如中電。雨泣百萬人。哀聲動河汴。

或執紼以臨。或遮道為奠。靈車挽不前。行行止郊甸。感深有如此。讀史亦罕見。再拜鄉賢祠。三復循良傳。偉哉頳尾魚。力與波濤戰。程此疏鑿功。群生出昏墊。藐余太倉鼠。竊祿良自賤。時屯才益艱。事棘人多倦。遺愛渺難逢。長歌淚如霰。

恒齋詩集三卷

淸李文炤撰。先生字元朗，號恒齋，善化人，世居長沙郡城南之雷田村，為善邑望族。其大父洪甫公有隱德，生子五。父恪人公，序居三，為邑庠生，高才博學，見重於郡人士。母周氏，孕先生十有六月不娠，舉家疑以為血疾也。及生，呱聲如洪鐘，里人咸詫異之。幼時父掇蜻蜓與戲，忽吐紅涎數口，先生驚投蜻蜓於地，時尚未滿二齡。父摩其頂曰：此兒來日孝子也。甫十歲適郡城，隨父遊文廟，詢知羣賢配享從祀之故，忻然慕之。日就塾課，夜歸質疑，常出父意表。年十四補博士弟子員，學使者姚公以可也簡命題，文中暗用漢唐故事，姚公評曰：雄辯高談，幾於胸羅全史。前輩郭一齋見而奇之曰：此子神童，與訂忘年交焉。康熙二十九年省試，與同里熊超、邵陽車旡咎識，瀕行論濂洛關閩之學，乃知為學之門。遂購二程遺書及朱子所輯著諸家及濂溪圖說通書，沈潛其中。三十二年省試，又獲交甯鄉張鳴珂、邵陽王元復，書疏往來，質疑剖異。自後理學益邃，而舉業稍荒。至五十二年恩科始以第三人舉於鄉，公車再上不售，迺杜門著述，不願就吏職。既而改授湖北穀城學博，亦以疾辭。居家奉親，晨昏定省，出告反面，未嘗或違於禮。母得乳巖疾，先生親吮之。訪醫數百里外，用蓡至四五斤。或勸之曰：此疾不可起，須節費以爲後計。先生泫然曰：爲人子豈有知其難爲而即不下藥者乎？母病數載，日侍湯藥，衣不解帶。母逝居喪，苫塊糲食，拊心泣血，未嘗見齒。父續娶楊氏，事之如本生。及卒，服喪盡禮亦如之。未幾父亦見背，尤哀毀骨立。越險逾岡，徧覓吉壤，既卜葬，復營置墓田各數十頃，始免喪。祠四代神主於正寢，愀然以未有宗祠爲憾，於是始卜雷田祖基，建祠致祭，四時罔懈。又設祭田付嫡子承祀，永垂不朽。賓朋聚談，歡飲盡醉，閒居則悉屏不御。尤惡博奕，以爲敗家之媒，家人有犯者必痛誡之。親友或以之娛賓，聞先生至輒急藏之，其不嚴而肅蓋如此。待族黨姻戚必厚，歲時問遺，慶弔不缺，羣從昆季多賴匡輔教導以至成立。姊丈黃某嘗售產於恪人公，姊氏來奔喪，即稱遺命以契畀之。黃之子病，即先生甥也，其家復售產以供藥餌，又代贖還之。黃卒，撫諸甥如己子，爲之平其家難，理其恒產，篤其教誨。卒賴舅氏之力，未墜家聲。其他篤於鄉黨故舊，不以窮達死生易視多類此。獎善惜才，誘掖後進，里中子弟爲其所成就者甚多。爲嶽麓書院山長時，四方聞而景從者達數百人，悉訓以聖經賢傳之旨，修己治人之方，從遊者皆親炙而有所得焉。勉人讀書，博涉而究其奧蘊，雖子史梵書，亦必批其根柢。嘗言不察二氏之所以非，安知吾儒之所以是；不觀諸子之有純有駁，安知吾儒之醇乎其醇；不審秦漢以下之成敗得失，安知三代以上帝德王猷之盡善盡美也。所著周易拾遺六卷、周禮集傳六卷、春秋集傳十卷、太極通書拾遺後錄三卷、西銘拾遺後錄二卷、正蒙集解九卷、近思錄集解十四卷、感興詩解一卷、訓子詩解一卷、家禮拾遺五卷、恒齋詩文集十二卷，均傳於世。其未刻者有語類約編、聖學淵源錄、四書詳說、楚辭集註拾遺增刪、儀禮經傳通解、古文醇、古詩的、嶽麓書院學規、續白鹿洞書院學規等書。湖南自王船山以學術聞天下，先生繼起，名與之埒。雍正十三年卒，年六十四，入祀鄉賢祠。

右參周正撰墓誌銘、李元度撰傳、李芳華撰行述、唐鑑輯學案、徐世昌纂清儒學案、續四庫提要。

恒齋生來異。故事傳衆口。姙期憂家人。啼聲驚里叟。純孝出天性。吮癰侍病母。走筆雄且懿。取法自韓柳。主司賞奇文。相看呼小友。以此博功名。宜若劵在手。如何數見絀。一衿將白首。譬如孟氏女。內美而外醜。世鮮伯鸞識。落落竟難偶。公文不合時。烏足爲公咎。鹿鳴意闌珊。遲之廿年久。蹉跎學易歲。言歸鍵戶牖。正襟圖史間。左宜而右有。理窟恣奇探。掃粃持大帚。諸生從問難。懸鐘任汝叩。叩之鳴不已。良由所積厚。今看等身業。光燄照南斗。臯比矜一世。接軌鵝湖後。吟詩聊自適。亦足傳不朽。贅矣跋尾辭。吾其類鳴缶。

聽濤園詩集四卷

清曹耀珩撰。先生字鳴佩，號暢庵，益陽人。父景星，歲貢生。康熙十三年甲寅，吳三桂叛軍至湘，挈家避難，浮舟蘆葦中，先生生焉。五歲授書，六歲善屬文，一縣驚神童。十一入學，十三補廩，結廬松林中，名其園曰聽濤。杜門掃榻，肆其力於學業及詩古文辭。古文法漢魏，詩取唐音。然業愈勤，命愈困，淹滯秋闈者卅餘年。三十七年戊寅，以選拔貢入成均。雍正十三年乙卯，任寧遠縣教諭，當事者以鴻博薦不就。乾隆二年丁巳，主嶽麓書院講席。五年庚申春臥病，亟棹舟歸，未至家卒，年六十七。生於舟，卒於舟，居以聽濤名，亦舟也，聞者稱異焉。

此集卷首有乾隆四年己未胡繼虞序。目錄後自識云：十五年前妄以詩百首開雕，癸丑病後取閱，嫌多穉蕪不足存之篇，商友人汰去大半。近作復夥合前刻者乞胡君芝廬、張君湘門、王君廷鑑等論定。三年來主講嶽麓，刪詩凡五易稿，合訂得一百三十首有奇。按益陽縣志錄先生詩集，載有陳恪勤鵬年序稱：歲丙寅曹子鳴佩，纔十六，食餼有聲云。此編無之，當即自識中所謂妄以百首開雕之初本。惟據謝濟世撰墓表，言聽濤園詩十二卷，豈先生逝後其子紹僎所增刊歟？

右參謝濟世撰墓表、湖南通志、益陽縣志、徐世昌撰晚晴簃詩滙。

吾愛曹公勇。偏師出上游。規唐初盛格。現世去來舟。老戀書堪伴。貧縈稾待讐。蕭寥詩百詠。磨洗見天球。

墨香閣詩集五卷

清彭維新撰。先生字石原，號餘山，茶陵人。康熙四十五年進士，改翰林院庶吉士，授編修。累遷贊善諭德，典山西、陝西鄉試。督山東、浙江學政，遷少詹事，出爲直隸、河南按察使。遷浙江布政使，內擢禮部右侍郎，調刑部、吏部右侍郎。雍正七年，奉命往察江南積欠錢糧，條奏民間疾苦，疏請蠲免民欠，署江蘇巡撫。賑江北水災及審理浙江疑案，躬履郡邑，全活數十萬人，平反寃抑，吏民讋服。內轉吏部左侍郎，遷都察院左都御史，署刑部、戶部尚書，協辦大學士。爲果親王劾奏落職下獄，乾隆元年詔免罪，署左都御史。父憂歸，三年，復授左都御史，被劾再落職。六年授戶部侍郎，擢兵部尚書。充三禮館副總裁，會試副考官，尋充經筵講官。亡何，以議事違例仍奪職。十四年再授左都御史，次年兼協辦大學士，復坐事免。先生博聞強記，在官綜覈民實，清操毅然。屢起屢躓，不少貶抑，三十四年卒，年九十，蓋優游林下十九載矣。茶陵自明季李文正以文章相業蔚爲一代主盟，數百年來，鄉里後生奉爲準的，顧未有能繼其業者。至先生出，復以文學見重於時，雖文章位業不逮懷麓，然虎賁中郎，猶存前輩典型也。續四庫提要評其詩宗法甚正，古體尤多沈博瓌麗之作。徐世昌詩話亦稱，其詩文視李公具體而微，不失先正軌範云。墨香閣集，彭氏後裔刻行於道光二年，卷首爲頌及和御製詩應制諸作，卷九至卷十二爲古近體詩，餘爲文集及雜著。

右參清史大學士及疆臣兩表、清耆獻類徵轉錄國史館本傳、湖南通志、茶陵州志、徐世昌撰晚晴簃詩滙、續四庫提要。

按部雙熊起萬譏。橐衣歸去繫謳思。兩朝際遇憐三黜。衆口浮囂訟四知。懷麓音徽今未遠。雲東材略果何爲。龍大有，號雲東，茶陵人，明正德間進士。歷任州郡有惠政，由廣西副使，河南布政使累遷副都御史，巡撫大同，戮力禽寇，邊圉晏然，晉兵部右侍郎，以剛直忤權璫戍全州，旋赦歸。長楊珥筆愁回首。想像承明著作時。

鋤經餘草十六卷詩略六卷

清王文清撰。先生字廷鑑，甯鄉人，雍正二年進士，授九谿衞學正，學者稱九谿先生。轉岳州府教授，丁母憂，服闋，舉鴻博。奉詔分修三禮，次年選寶慶府教授。大學士朱軾奏留，改中書，分修律呂正義。遷宗人府主事，詔校勘經史。撰儀禮，分節句讀，以句讀爲主，略有箋註，不欲其繁。又撰周禮會要六卷。旋考取御史，乞養歸。乾隆十七年再舉經學，以父喪未赴，遂不仕，益殫力撰述，著書數千萬言。桂林陳宏謀撫楚，勒碑於所居曰經學之鄉，聘主嶽麓書院，門下士成就者四百餘人。先生熟精三通，著有考古源流四百二十八卷，存某門人家，久之佚亡，後復得之藏于家。年九十二卒，嘉慶十七年附祀屈原祠，二十一年祀鄉賢。著有周易中旨三禮圖五卷、喪服解十卷、祭禮解十卷、樂制考十卷、樂律問對四卷、校訂五代史一卷、行己錄、諺語省心錄四卷、王氏家訓、治生要術四卷、壽世叢書十卷、醫方小錄八卷、考古原始六卷、考古略八卷、考古略補四卷、陰符經發微一卷、鋤經文略六卷、歷代詩滙一百卷、典制大文二百卷、古今梓玉詩文話八卷。詩集已刻行者，有鋤經餘草十六卷，鋤經詩略六卷。

右參李元度撰傳、湖南通志、唐鑑輯學案、張維屏錄詞科掌錄、徐世昌撰清儒學案、四庫提要。

後起南强一幟張。船山遺緒得公昌。九谿派衍波濤遠。三禮書成卷帙香。屈子祠堂瞻俎豆。鄭公鄉境肅冠裳。可知梓玉鋤經外，更有仙翁肘後方。

斯馨堂詩集二卷

清劉暐澤撰。先生字芳玖，一字茗柯，號芋田。先世由青田遷江寧，數傳至某，挈家探戚湖南，遭吳三桂之亂阻隔，遂落籍爲湘潭人。兄暐潭，雍正八年進士，授戶部主事，治軍需以才辦著。歷任潯州、梧州諸府，皆有政績。先生亦於雍正八年成進士，兄弟同榜，鄉里榮之。乾隆元年舉博學鴻詞，官興文、宜賓及奉賢、鎮陽知縣，松江、海防同知，四川敍永寧道。工詩古文辭，與兄並擅文名，有一時軾轍之稱。

所著詩文集曾自刋行世，咸豐間版燬於火。前有曾忠襄敍云：文浩瀚淋漓，橫掃千軍，詩則清新卓犖，抗追六朝。先生自序稱：文章自司馬相如後有兩人，唐李太白、宋蘇東坡是也。太白之後坡繼之，坡之後，予小子何多讓焉。又其文集卷一張月塘詩序略謂：唐李、杜同時，韓、柳同時，宋歐、蘇、曾、王同時，而余今與月塘同時，殆無異李杜韓柳。其自命之高，可以想見。此本爲嗣孫紹昌於親眷家搜得舊本重刋者。據紹昌序，原刻若干卷已佚，蓋殘闕非完本矣。

右參湖南通志，曾國荃撰序，劉淓錫撰序，徐世昌撰晚晴簃詩滙，續四庫提要。

昔當清晏際。民牧數君賢。餘德青田相。高吟玉局仙。春瀾生浩渺。秋月吐新妍。雁塔雙題處。聲名動日邊。

蕉園詩二卷

淸熊國均撰。先生字秉揆，長沙人，乾隆間貢生。續四庫錄其詩二卷，文七卷。文集第二卷覆劉侯論文書，有函示斯馨堂集之語，知其爲湘潭劉暐澤之友。據湖南通志藝文志載：蕉園草、愛竹山房詩草，長沙熊夢昌撰。夢昌或即先生之别名，生平事蹟，尙待續考。

右參湖南通志，續四庫提要。

先生愛蕉兼愛竹。耳目愉愉日不足。夢裡風傳一枕韻。醒來雨送半庭綠。急摹好景入新詩。洗盡世間俗與熟。

寒香草堂集四卷

淸劉元燮撰。先生字孟調，號梅垞，晚更號理齋，湘潭人。父松，字友竹，以歲貢補臨湘訓導，乞養不赴。後補漵浦，復辭曰：昔不欲以祿養，今何官乎？居瀕靳溪，獨建大橋，行者頌之。先生雍正八年庚戌進士，選庶吉士。兩爲考官，雍正十三年乙卯使浙，乾隆元年使蜀，所取多知名士。由編修改監察御史，究心政弊，伉直敢言，性急喙硬，多否少可，面叱人過，中無城府。嘗疏請增四川劍閣弁兵，以嚴守禦；減夔關稅則，以便商民。廣博學鴻詞薦舉之途，申直隸佃田滋弊之禁。湖南米價昂貴，請以常平倉穀減價平糶。俱報可，擢蒼梧道。志在獻納，具疏固辭，觸上怒。會義寧苗不靖，乃命調南丹州。時吏議剿撫莫決，先生請決策盡殲其衆。芙蓉九寨苗蠢動，親至四五峒相視險要，密偵苗情，逕詣巢穴諭以禍福，其酋感泣，相率出降。越數年，父母相繼逝，回籍居憂六年。故事左遷官服闋，必仍詣原處補用，遂復之粤。尋以議事觸忤上官，被劾遣戍貴州。子亨地，字寅橋，性篤孝，以父遠戍，遙望悲思，每讀書至夜分，輒涕泣禮斗，祝父生還。及乾隆廿二年丁丑，得成進士，入詞林，陳情請替父罪。上知先生以戇直獲譴，初無大玷，遂令釋旋。歸湘後爲嶽麓山長，積束脯資，築枕江樓、冠石亭於舍旁，課兒孫其中。吟詠外泊然無營，流連山水，自寫懷抱而已。

所著有耨學齋稿、梅垞吟，篇什頗多，今俱無考。是編僅收古今體詩二百餘首，乃其晚年手訂。據紀曉嵐序云：余年十一二時聞人稱劉侍御，懍懍若相避者，時先生已外謫，不及識風采。癸巳得與先生之子寅橋侍講共事四庫館編校，乃以先生詩集見示。竊疑先生剛直之氣凜不可觸，其文必風號雨溢，雷驚電掣，又或坎坷抑鬱，多幽憂牢騷之音，及受而讀之，溫厚和平，悱惻忠愛，求其一語之囂張，一字之尤怨，不可得也。

右參陳兆崙撰墓誌銘、諶瑤撰述聞、湖南通志、湘潭縣志、四庫存目。

憲臺分察簡生霜。奉使刁江野燧長。特許馬周陳至計。不聞陸賈辦歸裝。芙蓉九寨群苗格。梅萼孤吟老樹香。獨有思親眞孝子。通天一表耿輝光。

雪舫詩鈔八卷

清周宣猷撰。先生字辰遠，號雪舫，長沙北鄉人，先世自江西之豐城徙居。母蔣氏生子五，先生行三。年十七，以文冠邑士，受餼學宮。周氏爲郡中名族，羣從子弟以文行著者頗多，而先生特秀出。雍正十年舉於鄉，明年成進士，選授浙江桐廬知縣，調海鹽，尋遷分司嘉松鹽運判官。所至以敏練著，在任十餘年，政績卓異，吳越人雖不隸部下者，久猶謳思之。桐邑吏民樸厚，訟牒稀少，先生一意噢咻之，與之休息。唯典妻一節，斂俗相沿，恬不爲怪。凡鄉民無後者，得典人妻，生子後則歸之。年限屆而無子，則價贖如其數。君痛切出榜示禁，數數召耆老申誡，曉以廉恥禮義，此風竟革。大吏才之，以爲簡缺不足煩先生，特調海鹽。是邑多奸民猾吏，每一獄起，輒陰主其事，持官短長，攬納愿民租賦，朦朧影射，無所不至，歷任無滿二歲不罣議者。先生鉤考積弊，勝以嚴威，先罰後賞，滯案一空，以故吏畏民懷，循聲大著。兩浙轉運分司之缺，世所謂美官，所轄皆富商大賈，歲奉有例，事逸而享厚。松所故事，必鹽政親蒞監掣，不以屬司。獨先生在任，則兩所悉以委之，蓋上峯恃其清白無他故也。乾隆十二年秋，松江海溢，漂沒竈丁居民三千餘戶口，奉文督賑。胥役伺隙染鼎者相環也，先生先期使民自占戶口，揭帖於門，家至而戶給之，不以勞瘁自惜，人人皆慶更生。桐邑有虎災，旬月中傷七十餘人，先生爲文牒蘆茨鄉之神，三日後，獵人報獲虎甚衆，其患寖息。其於官司無難易皆健於治，公餘以文會友，多所獎掖。先生之配，娶自萬氏，爲當地甲姓，故得與全謝山厲樊榭諸君遊，皆極推重。而杭之士大夫知名者俱投分成契好，酬唱不倦。兩司分校，所選多秀俊，不時集諸生考訂甲乙，文名益張。奉命掌會城書院，以勁直無所假借，遂有以蜚語中傷者，曰某某黨也，竟以是罷去。時雙親就養任所，既罷官，貧無以奉甘旨，於是就館維揚吳氏，歲一歸省。十六年，高宗南巡，迎鑾獻詩，詔復原銜。後歷遊吳越燕趙諸名山水，南抵黔陽，垂橐而歸。凡所遊涉，一寓諸詩，晚歲杜門却掃，惟事授徒講課，卒年六十一。手著史斷、史記難字、南北史纇、古文柯椽、眠雲集、禾中雜詠、迎鑾祝嘏詩及皇太后萬壽詩各三十首，卷葹小草等。有雪舫詩鈔八卷行世，以上各詩均收入集中，音節琅然，得大歷十子之遺。其柯椽集一卷亦付刻，內雜文五十七篇，駢文及賦亦參錯其間，係先生卒後其後人錄之成帙者。

右參陳兆崙撰傳、王昶撰蒲褐山房詩話、張維屏輯國朝詩人徵略、湖南通志、四庫提要。

尖風夜織雨絲絲。移鐙起誦雪舫詩。詩魂精悍動心魄。掩卷令我低徊思。自來吳越文之藪。公以客星據奎斗。鮚埼亭長樊榭翁。廣坐揄揚不去口。錢塘滙海天下矜。物華人傑交相乘。洞庭之鱗赴大壑。遂令騰踔如鯤鵬。閒徜冷宦飽餐粟。眼前景物吟未足。籃輿出郭百里行。挹遍常山玉山綠。（集中有常山至玉山輿中即事五十韻）太平車駕渡河來。十全老子眞雄猜。窮儒獻頌寄調侃。擧頭却見天顏開。亦有田園賦歸去。漉巾雅擅陶公譽。一徑霜林落木深。尋詩更向蕭蕭處。

陳文肅公遺詩一卷

清陳大受撰。公字占咸，號可齋，祁陽人。父綵，好施與，屢出粟賑饑，夢神授緋衣兒，遂生公。兒時行仆市中，逸馬羣至，止焉，人以爲異。性沈敏強記，初授內則，退而習其儀。既長，家益貧，兄弟躬耕山麓，同舍漁者每夜出捕魚，公爲候門，讀書不輟。雍正七年以拔貢舉順天鄉試，十一年成進士，選庶吉士。乾隆元年授編修，二年大考詹翰諸臣，帝臨乾清宮御座以待，日午，公成詩賦論各一篇，最先奏，上喜，置第一。遷侍讀，累擢左庶子，侍讀學士，晉少詹事。三年，遷內閣學士，典試浙江。四年，授吏部右侍郎，充經筵講官、三禮館副總裁。尋授安徽巡撫，初視事，決疑獄，老吏駭其精敏。廬、鳳、潁諸府多盜，有司或諱匿不報，蠹役表裡爲奸，公定限嚴緝，月獲盜五十輩，得旨褒美。淮南北洊饑，發倉穀賑之。穀盡，購麥以濟，又分糴江南、廣東，且發且儲。六年，壽宿水災，民無食，乃食之以所買糴者。時歲饑多盜，捕獲六十餘人，訊之，乃盜米麥者，公哀其情，爲奏原之。又以高阜斜陂，不宜稻麥，福建安溪有旱稻名畬粟，不須浸漑，前總督郝玉麟得其種，公教民試蓺有穫，因遣購數十石分給各州縣爲種，俾民因地栽植。事聞，手勅嘉獎。是年，調江蘇巡撫，値太、常、鎭、揚患潦，秋稼盡淹，公先令賑饑者一月。乃糶倉穀、疏溝澮、修廬舍，斂浮莩，糴隣穀，次第俱興，並請緩是年之徵。水平，恐遺蝗入地，乃募民先冬掘之，種遂絕。疊諭褒勉，並以搜蝻子法令直隸總督高斌仿行。江南隄堰被水後多潰敗，工鉅費重，民力不能勝。公出官粟借之，召民與築，計時而成。於江浦繕三合、永豐、北城諸圩，於句容復郭西塘、黃堰，蘇州、太倉疏劉家河，灌漑瀦洩，諸工畢舉。七年秋，黃河決古溝、石林，高、寶、興、泰、徐諸州當其患，公馳勘以聞。上命截漕米協濟，則徵集空船以候，米至分載四出，舳艫數百里，一日而遍。丹陽運河口藉潮水灌輸，淤沙需疏濬，公奏定六年大修，每年小修。後高宗南巡，御製反李白丁都護歌曰：豈無疏濬功，天工在人補，輪年大小修，往來通商賈。蓋嘉其奏定歲修法，利於漕運也。十一年，加太子少保。嘗行縣至海沭，見食蒿實者，取嘗之，苦澀甚，乃趣散粟，借以種。蘇揚俗尚侈靡，力禁之，習尚為一變。蠲牛稅及魚蝦稅以惠貧民，廣置義學，割俸佽助廣仁、育嬰、普濟三堂，置產以經久遠。九月，調福建巡撫。故事巡臺御史出巡南北二路，派所屬臺灣、鳳山、諸羅、彰化四縣輪備伕輿、廚傳、犒賞之用，又濫準詞訟，致奸民挂名胥役，生事厲民，公奏劾之。勅自乾隆五年以後，巡臺御史均交部嚴議。又疏言臺灣番民生業艱難，向漢民重息稱貸，子女田產，每被盤折，請撥穀六萬石分貯諸、彰、淡水等屬，照鳳山例按濟，其不願借者聽。上報可。閩人來臺者與番雜處，土音非譯不通，有奸民殺人，賄通事移坐番罪，公疑之，再鞫，竟得白。十二年十月，授兵部尚書。十三年春，上東巡，公詣行在，召問東土饑饉狀，盡以所見對，即命於行營前議賑事。還朝典會試，轉吏部尚書、協辦大學士，充軍機大臣，其秋攝戶部。時金川用兵，軍書如織，雖夜分必達御覽，公日數被召見，夜宿值廬，凡樞密重事皆與焉。十四年金川平，晉太子太保，加軍功三級，御書熙績良謨賜之。秋署直隸總督，嬰疾，帝遣醫存問，賜蔘藥。十五年春，授兩廣總督。兩粵去京師遠，官偷民哤，公治之以猛，舉劾不法吏無虛月，政風乃肅。十六年八月以病乞解任，溫詔慰留，未幾薨，年五十。遺摺至，上大悼惜，命祀賢良，謚文肅。

公器宇端凝，每正視，眉目上翹，豐髯有威。朝廷倚為重臣，清節見推海內。微時極貧，及達而父母云逝，不及奉養，則愈自刻苦儉約，雖位至公輔而寒素如布衣。事長兄盡恭，能曲承其意。與人交，助之不吝力。性坦夷無城府，不爲矯激之行，亦不洪泂隨俗。嘗及方苞門，望溪集中多與往還尺牘，所言皆吏疵民瘼，方氏輒以湯文正相期，謂足繼其美。遺集早散佚，光緒十六年公之玄孫文騄始綴輯詩文各一卷刋於素園。

右參史傳、朱珪撰傳、李元度撰事略、徐世昌撰晚晴簃詩滙、江蘇國學圖書館書目、日本京都大學漢籍目。

熙良譽望冠班聯。樞密承宣曳履前。上相深心調玉鼎。王師捷羽報金川。南來岳牧聲華重。老誦恩勤涕淚先。幸得友于情有託。怡怡還似麓耕年。

其二

董生三策表瓌琦。得意臨軒校士時。麟角生來天上種。馬蹄解護道旁兒。帝頒大藥爲占病。民頌甘棠自詠詩。未許精光銷百刼。欣看片羽出孫枝。

陶園詩集二十二卷

清張九鉞撰。先生字度西，號紫峴，湘潭人。高祖次朗，當明季流寇起，築朝王城，練鄉兵守之，尋抗張獻忠不克死。曾祖熹宦，以武昌參將從明督師何騰蛟於長沙，招降李自成餘黨劉體仁等，敗獻忠衡永界，積勳至左都督同知，武岡總兵。騰蛟殉節，熹宦奉屍瘞湘潭，誓守不去，留十七年卒，遂爲湘潭人。祖文炳，文登縣知縣。父垣，舉人選桂陽州學正，俸滿升河西令，以老辭。初無子，禱於南嶽而生先生。生有異禀，七歲能詩文，九歲通十三經及史鑑大略，十二補弟子員，十三從父北遊采石，登謫仙樓賦長歌，豪宕奇逸，袁枚見而歎曰：謫仙人也。遂以詩鳴大江南北，老師宿儒、名公鉅卿得其所手製，輒咋舌稱天才，莫能瑕疵。乾隆六年，以選拔貢太學，廷試第一，時年廿一。考授官學教習，期滿乞假歸。二十二年復入都，值征西之師凱旋，朝廷行郊勞禮，總督方觀承於畿輔築郊勞臺，先生爲賦樂歌，大書其上，才名震動遐邇。知貢舉者爭欲致之門下而卒不遇，二十七年始舉順天鄉試。兩年後以教習循資得知縣，揀發江西，歷官南豐、峽江、南昌三縣，母艱去官。服闋知廣東始興、保昌、海陽三縣，復以父憂去。坐海陽盜案，部議鐫級，然先生到任實不滿四月也。既爲縣令，論者多惜之，先生慼然曰，令豈易言哉？則日夕講求農田水利荒政不稍懈。初攝南豐，值歲歉，饑民萬餘，命糴公儲之半以濟之。部例大縣限糴三存七，以此奉嚴檄切責。幕僚以爲病，先生曰：積貯民命也，吾能墨守舊例坐視民餓死耶？倉米絀則勸邑紳捐助牒買，鄰境米麕至，全縣無一餒者。其在南昌，城西北濱彭蠡洲渚，民築圩爲田，三十二年，秋潦爲災，先生力請賑，親履勘散給，勾稽綜覈，晝夜駐圩上凡六閱月。見水際積骸纍纍，惻然憫之，捐廉購棺以瘞。是役動帑十二萬有奇，隸胥無毫髮侵隱，邑人建生祠祀之。豫章諸水循城而下，勢甚急，潦則衝齧爲患，城內有湖恒氾濫。唐觀察使者韋丹築捍江堤，疏爲斗門，置閘啓閉，以洩內外水，曰十門九津。宋時開爲長溝，甃以磚，名曰豫章溝。明寧藩奪民地爲苑囿，溝盡塞，後遂爲豪猾所踞，水患益鉅。先生屢請疏濬，新城民陳守訓願捐私財修復，先生喜曰：此百世利也。而豪猾輩惡其不利於己，百口阻撓，當事幾搖動，先生以十二利九便議抗爭於行臺省，卒賴其力成鉅工。在保昌，有希大吏旨爲民蠹者，擒治之，同官惴惴，先生不爲動。所知皆劇縣，政事之暇，惟與學官弟子講求小學經義，成就甚多。前後俱以禮去官，所得廉俸，皆以濟三族貧乏。既以海陽案牽連落職，無以爲家，徧遊嵩、洛、偃、鞏間。至武昌，畢沅爲總督，大會賓客，先生詩先成，四座歛手，秋帆深重之。晚主昭潭書院。子世津，字雲岑，性篤孝，嘗再割臂和藥愈父疾。先生年七十有八，其友姜晟來巡撫湖南，強邀至長沙，歸經昭山舟覆，父子俱溺。世津行水中抱父立，遇救得起，視所立處，水深沒篙，衆驚以爲神助。晟聞先生覆舟曰：有孝子在，必無恙。晚歸湘潭，以教授終，年八十三。

先生生長名家，羣從兄弟多致通顯，己獨屈於縣令，未竟其才。乃舉其磊落抑塞之氣一洩於詩，與酒人逸士相唱酬，同時負重名居顯位者或不能致，乃退而求其陶園詩集。當乾嘉間，聲名之隆，莫有其比。性好褒揚節義，闡幽發潛，汲汲如不及。爲文宏博浩瀚，縱其力之所至而一軌於正。所著有陶園文集八卷、詩集二十二卷、詩餘二卷、六如亭院本二卷、歷代詩話四卷、峽江志、偃師志、鞏縣志、永寧志、晉南隨筆若干卷，俱刋行。嘗以先世居襄陽，告其家人死後當葬峴山之麓，而號紫峴者以此。紫峴之名最著，天下識與不識，皆稱紫峴先生。世傳先生爲南嶽吡盧洞僧後身，事具弟九鐔傳中。卒之日，世津自外入，瞥見其父脫儒冠，出懷中僧帽戴之，飄然而去，追之不及。亟入省視，先生伏枕如故，惟口吟云：擔柴運米百無能，自讀楞嚴自翦燈，夜半萬緣鐘打盡，前身南嶽一枯僧。吟畢而逝。

右參戴熙撰傳、鄧顯鶴撰傳、李元度撰事略、張維屏撰聽松廬文鈔、湖南通志、湘潭縣志、徐世昌撰晚晴簃詩滙。

詞客江南謝與顏。詢名須向搢紳間。生餘衣缽留衡嶽。死有精魂傍峴山。大呂黃鐘鐃吹曲。金樽釆石謫仙班。文禽自煥雲中錦。悔逐游鱗點額還。

其二

孤忠幾葉奉蛟祠。老慰庭前犀角奇。一孝果然消百沴。微官端不忝咸熙。彭蠡島上臨河績。黃鶴樓頭壓卷詩。八十枯僧緣已了。蕭蕭瓢衲更何之。

笙雅堂詩集十四卷

清張九鐔撰。先生字竹南，號蓉湖，湘潭人。初以孝廉獲選內閣中書，乾隆四十三年成進士，改庶吉士，授編修，年已六十，詞垣以耆宿推之。居京師二十年，閉戶著書，留心正學，病世之注疏家輒不慊於朱子，多所辨正。年四十喪偶不再娶，亦不置妾媵。子世浣知曲沃縣，遣人迎養，欣然曰，吾父前任曲沃縣，人爲建三不朽祠，今吾子復官斯邑，吾當往謁先祠也。後世浣調知河津縣，先生卒於官署。治學於周易致力最深，獨多心得。兄九鉞，詩名噪海內，年七歲，隨父遊衡嶽毘盧洞寺，寺僧異之曰，郎君貌何類吾師？出句屬對曰：心通白藕，九鉞應聲曰，舌湧青蓮。僧大駭，言其師圓寂時留此偶句，云後有脗合者即其後身，因鳴鐘聚徒膜拜。先生之才不逮乃兄，然從容大雅，不矜詭異，於羣從中爲最醇。集中十四卷各以行迹區之，居湘潭爲洗硯草，往來楚粵爲嶺雲草，居長沙爲麓苑草、東園草，居柳州爲黃岑草，省侍山西爲陟岵草、晉遊草，遊吳越爲春帆草、秋帆草、海南草，居京師爲研京草。其後三卷，衡雲草爲居衡山時作，竹南草亦居長沙時作，龍門草則去晉就養梓舍時作也。嘉慶十七年有家刻本行世。

右參畢沅撰墓志、李元度撰事略、張維屏撰松軒隨筆、徐世昌撰晚晴簃詩滙、湖南通志、續四庫提要。

機雲未出早知名。入洛翩翩並有聲。晚住詞垣驚老大。閒尋經旨辨紛爭。瞻依父廟重來喜。跌宕奚囊萬里行。爲弔阮生臨廣武。飛雲落日不勝情。集中晚次滎澤句：飛雲來廣武，白日下鴻溝。

羅洋詩草一卷

淸郭焌撰。先生字昆甫，別字壺莊，善化人。居縣北之羅洋山，故自號羅洋山人。幼孤露，偕稚弟依外氏讀書。雍正十三年乙卯拔貢，乾隆九年甲子舉鄉試第一，參總督鄂彌達幕，與彌達子素亭，名士陳奇聖、朱宸、吳觀海等交遊，爲生日會，具酒饌爲壽。嘗爲素亭敍其詩，素亭則爲先生作抱犢圖。平生植志行身，取與然諾，一追古人。博極羣書，而以所製時藝最負盛名，初貢成均，七試皆首選。國子祭酒爲江陰楊文定，數示先生以平生得力處，且謂彝倫堂同學曰：此生必爲天下有數人物。

而司業胡宗緒嘗邀共坐國子槐樹下，與深論古今人物道義、文章氣節、天官河渠、兵防經世大略，皆曲盡其義蘊。時桐城方望溪當士林重望，宗緒與望溪善，游揚先生名，欲令往見。先生曰：某士也，若趨謁公卿之門，非冒名即附勢，何取焉？辭不往，望溪益重之。先生自謂生平脚跟堅定，得力於楊公；而授業解惑，傳詩古文之道，則聞之司業緒論者爲多。乾隆十七年因方氏之薦，授國子學錄，遷助教。所與交遊者，惟彭晉函、何忠相、顧備九數人。約爲文酒會，月必一再集，拈題角藝，蘄進於古，然竟不得成進士。三十年乙亥寢疾，都御史楊錫紱素重先生，數來視疾。有某以千金爲壽，託言於錫紱貸其鄉人某死罪，先生頓足起拍案自責曰：斯言何爲至於我也？我死不憾，憾不早與子割席耳！叱之出。是歲卒於京，年四十二。

先生所著制藝文集，名羅洋草，士林珍賞，一時紙貴。紀曉嵐灤陽消夏錄載事一則：一士子雪中過蘆溝橋，憩小茶肆，見壁間小軸題詩：驟綱對對響銅鈴，侵曉衝寒過驛亭，我欲停鞭玩殘雪，馬蹄踏碎亂山青。款識羅洋山人四字，士子疑焉。忽空際有人語云：羅洋尚不識耶？一日舉以告人，或曰此近日湖南名士郭昆甫別號也，君未讀羅洋草乎？按所記事雖近誕，亦可覘先生聲氣之廣矣。姚姬傳惜抱軒詩集有贈先生詩云：君才磊落天下奇，四海賢儁誰不知？五年見子銅駝陌，淡沲東風吹鬢絲。朝爲石鼓詩，暮奏鹿鳴雅，先生且臥鴻都下，絳帳譚經澹瀟灑。又姚氏嘗與先生同遊歷城小千佛寺，先生既歿，姚再過其地，賦詩述感：去年重九天氣佳，城角黃花倚風動。精廬偶與故人來，却眺晴雲出烟洞。竟塡溝壑且無論，自此雲龍吐豪縱。今年重九故人死，濁酒盈尊強誰共？蕭蕭風雨動秋城，席帽短驢時獨鞚。晝陰荒寺更無人，臥地殘英杳如夢。寒蟬哀雁共吟秋，縱有新詩向誰諷？

除制藝外，詩古文亦卓然成一家言。所著羅洋文集，未分卷，凡三十一篇。卷首有湘潭胡師亮序，同懷弟燦序，稱先兄以乾隆乙亥春卒於國子官署，時日夜刪定所著時文，趣付剞劂。至詩古文輒隨手散去，其有存者，則云俟桐城劉耕南先生決擇之。往年以兄命繕其稿郵寄京師不遇，原稿遂浮沉不返，其存者僅十之五六，今二十餘年，編次鐫之梨棗。按燦此序作於乾隆四十九年，胡序作於三十三年，而詩文集之付梓，實爲嘉慶十八年癸酉。詩集錄詩三百六十餘首，續四庫提要許爲天才橫溢，古風尤爲擅場。晚晴簃詩話則推其隱秀有深致。

右參余廷燦撰傳，李元度撰事略，湖南通志，姚鼐撰惜抱軒詩，徐世昌撰晚晴簃詩滙，楊鍾羲撰雪橋詩話，續四庫提要。

修刺侯門意未安。肯因識面作衙官。憐才仍出桐城薦。介節冲懷表二難。

其　二

青袍射策揣摩成。且把金鍼度後生。晚似却棉陳正字。不緣貧病累修名。

其　三

九日黃花繫客心。一壺曾共故人斟。名山古佛都如昨。愁絕重遊惜抱吟。

其四

軼事流傳歲月賒。灤陽信筆或非誇。何人踏雪蘆溝驛。驚起詩魂唱鮑家。

詒穀草堂詩集一卷

清余廷燦撰。先生字卿雯，長沙人，晚號存吾，學者稱存吾先生。父嚴庭訓，棄産課子，築詒穀草堂，購書延師，聚先生兄弟三人誦讀其中。未幾草堂燬，兄弟皆廢讀。先生乃走四方與諸名士相淬礪，乾隆十八年登賢書，年二十五。二十六年恩科成進士，改庶吉士。聞父病，乞假歸省，待醫藥者四年。父卒，哀毁盡禮。三十三年入都，散館授職檢討，充三通館纂修官。三十六年聞兄歿，時弟已先逝，母年七十有八，侍養無人，迺引疾歸。田少食指多，則藉束脩爲仰事俯蓄資，家徒四壁，取與不苟。主講城南書院，平居衣冠必整，終日危坐，講讀不倦，士宗仰之。母卒，執喪一如喪父時，啜粥寢苫，值暴雨，廬地沮洳，家人藉以片板，麾去之。服闋，患鼽嚏，不復作出山想矣。又十年，乾隆五十五年，高宗八旬壽誕，入都祝釐。其年九月，仍乞假還里，主講石鼓書院，論學益精進。嘉慶三年二月卒於里第，年七十，士林悼之。先生學有根柢，力敦六行，雖貧約不廢其志。本身所得封典，貤贈其兄嫂。與宗祠，培遠墓，立祀田，撫兄遺孤四人，婚嫁成立。館其弟遺女之壻於家，以父遺業三分之一推與昆季。承父志，從父兄弟，常周濟之無匱乏，隨分推解，戚鄙無間言。篤於友誼，劬於講學，撤瑟之前辰，猶手荅余慶長論學書，亘千餘言。凡諸子百家，象緯句股，律呂音韻，皆能提要鈎玄。嘗與紀文達書扎往返論學。主講各書院，以兼通漢宋爲宗旨。著有存吾文集四卷，咸豐五年雲香書屋重刻本。詩集先於道光廿七年鄧輔綸刻行，續四庫提要稱其詩眞氣流轉，雖不尙雕飾，而音節自然。晚晴簃詩話稱其詩雖不多，而有法度可觀。

右參史傳、湖南通志、唐仲冕撰傳、李元度撰事略、徐世昌撰清儒學案、晚晴簃詩滙、續四庫提要。

亦有飛騰意。其如親老何。著書爭日晷。得句在巖阿。苦塊生餘痛。簞瓢志不磨。殷勤睦婣誼。九族被恩多。

劉文恪公詩集四卷

清劉權之撰。公字德輿，號雲房，父暐澤，叔暐澤、事蹟見前。公舉乾隆二十五年進士，選庶吉士，習清書。謁學士秦澗泉，倒屣迎之，一見定交，語人曰：此湖南第一人物也，後當以文章政績名天下。次年散館，授編修，晉中允洗馬。三十八年，開四庫全書館，調充纂修兼協刋總目官。四十九年總目告成，晉授翰林院侍講，轉左庶子，累遷大理寺卿，都察院左副都御史。五十二年大挑直省舉人，條陳積弊，請派出王大臣於命下之日，即赴朝房住宿，各部寺院司員俱廻避不持稿入閣畫諾，並請派科道四人稽查，上嘉納如所請行。晉禮部右侍郎，嘉慶初擢左都御史。時湖南采買爲民累，公奏請赴隣封采買，朝旨准行。通諭各省督撫嗣後遇應買補倉穀年份，務飭令所屬在豐稔鄰縣按市價公平採辦，不許向本地派買。自是民免派累，而胥吏亦無所售奸。尋以編修洪亮吉投遞書扎，語涉悖罔，未即呈奏，降旨查詢，公自請嚴議，上知其人品端正，從寬改爲留任。旋擢吏部尙書，賜紫禁城騎馬。故事部院截取人員祗歸單月銓選，公議增京陞一班。庶常散館以知縣用者，五缺後選用一人，公議令到班即選，選畢始及各班。大挑舉人，除新科不計，仍截止近三科不與挑，公請合新科併計。皆著爲令。七年，授軍機大臣，管理戶部三庫事務。出勘河南河工，差還，改禮部尙書，協辦大學士，加太子少保。尋因保舉軍機章京，戶部侍郎英和劾以瞻徇情面，欲將中書袁煦列入，諭交廷議，降編修。後二月，補侍讀，旋晉侍讀學士、內閣學士、左都御史、兵部尙書，復太子少保，拜體仁閣大學士。十六年，駕幸木蘭及五臺，並命司留鑰。十八年以目疾致仕食半俸，歸里後猶蒙賜福字如意。二十三年六月卒，年八十。前一夕，有大星隕於湘江，照江水皆赤。賜祭葬，謚文恪。

公性精明，寓以寬厚。敭歷京秩數十年，老成謀國，雍容密勿，眷注優隆。疊典文衡，計視學安徽、山東、江蘇各一，主禮部試一，典江南鄉試二，貴州鄉試一，順天鄉試二，分校順天鄉試三，監臨順天鄉闈再，讀殿試卷四，衡平鑑空，所至稱得士。嘉慶十年乙丑，以禮部尙書爲殿試讀卷大臣，是科狀元彭浚、探花何凌漢皆湘人，人誣爲徇庇，公有詩賦其事。意謂向來鼎甲恒屬吳越，不聞煩言，湖南士子偶得狀頭，遂遭妬嫉，頗爲不平云。是編爲其嗣孫紹昌刻於光緒五年，凡四卷，首爲進呈集二卷，皆奉和御製之作。次爲剩存詩草一卷，係生前手定。末爲剩存詩續草一卷，則先生之甥丁善慶所搜輯也。其詩和平澹雅，彌見承平宰輔之度。

右參史傳、清耆獻類徵轉錄國史館本傳、李元度撰事略、歐陽厚均撰行略、湘潭縣志、湖南通志、徐世昌撰晚晴簃詩滙、續四庫提要。

燃藜世業後來新。倒屣曾爲掌院賓。地接光華瞻日近。山居宛委愛官貧。紓籌獨契丹宸慮。留鑰親宣白髮臣。乞得閑身湖海返。驚聞赤角隕湘濱。

其二

樂遊應詔日傳呼。手答天章寵遇殊。司馬高文誠美富。呂端小事偶含胡。花開九陌巡闉靜。燭燼三條讀卷劬。最喜春官兼座主。榜頭龍虎出枌榆。

知恥齋詩集六卷

清謝振定撰。先生字一齋，一字薌泉，湘鄉人。少穎悟，十歲畢十三經，善屬文。弱冠爲諸生，名籍甚，乾隆四十二年與兄振著同舉於鄉。四十五年成進士，改庶吉士，尋以父喪歸，復丁母憂。五十二年授編修，五十三年充江南鄉試副考官。五十九年，考選江南道監察御史，巡視南漕。漕艘阻瓜洲，先生禱於神，風轉順漕艘，人稱謝公風。六十年，遷兵科給事中，巡視東城。有乘違制車騁於衢者，執而訊之，則和珅妾弟也。語不遜，命痛答之，遂焚其車，曰：此車豈復堪宰相坐耶？居數日給事中王鍾健希和珅意，假他事劾先生落職。管御史世銘聞之笑曰：今日二公各有所失。人問之，答曰

：謝公失官，王公失名。失官之患，不過一身；失名之患，貽誚千古矣。遂出都，遍遊東南諸名山水。肆力於詩古文，學益進。和珅敗，嘉慶五年，起授禮部主事，遷員外郎，典試陝西，兩秉文衡，所得多知名士。旋出爲通州坐糧廳，監收漕糧，裁革陋規，兌運肅然。會夜半漕船火，官吏多束手，親率僕徒步往救，火遂熄。康家溝向苦黿患，鎮以鐵釜，爲文祭之，患息而隄合。所修張灣故道，開果渠溫榆河，皆利漕運。張君士元，先生典試江南所取士也，來謁於天津館舍，見先生治事勤劬而顏色憔悴，非復往時寬樂之容，詢諸門下客，知先生正憂倉米之陳腐。蓋天津漕糧年輸歲斂，司事者常以陋規之納，不究米色，積弊難改，心焉念之，以至於病。十四年卒，年五十七。子興嶢，道光中官河南裕州知州，以卓薦引見。循例奏姓名里貫，宣宗問爾湖南人，乃能爲京師語，何也？興嶢對臣父振定官御史，臣生長京師。上曰：爾乃燒車御史子耶？因褒勉甚至。明日語軍機大臣：朕少聞燒車御史事，昨乃見其子。命擢興嶢敘州知府。

先生罷官後作東南汗漫遊，所至士大夫虛左相待，酒痕墨瀋中獲其片紙，珍爲拱璧。詩筆清遠，五七古自寫懷抱，動合自然，尤爲擅勝。近體亦饒新意，在揚州有酒痕紅到綠楊城之句，士林傳誦。所著知恥齋文集二卷、詩集六卷、道光十二年家刻本。

右參史傳、湖南通志、秦瀛撰墓誌銘、吳雲撰墓表、黃楷勝撰傳、張士元撰湘鄉謝公述、吳敏樹撰書事、宗室昭槤撰記事，楊鍾羲撰雪橋詩話、續四庫提要。

力竭鹽車望八垓。廿年蹭蹬泣龍媒。晚傳天語褒賢梓。早有霜威撼大槐。誠格石尤江驛暢。心縈漕弊漏卮哀。行人指點城東道。親見焚車御史來。

陶山詩錄十四卷

清唐仲冕撰。先生字六枳，號陶山，善化人。父煥，由舉人歷官知縣，有惠政。晚年著述，發明聖賢之旨。生子三人，先生居次，幼承家學，明體達用。年十二應童子試，學使盧文弨大奇之。舉乾隆三十九年鄉試，五十八年成進士。歷任荆溪、吳江、吳縣知縣，擢海州、通州知州，權松江、蘇州知府，升福甯知府。以道員留兩江勘河海淤灘地畝，督濬吳淞江，遷江寧河庫道，三權江蘇按察使。道光元年，授福建按察使，五月抵閩，九月擢陝西布政使，履任一年，三護巡撫印。四方想望風采，庶幾大用，而先生以衰病乞退。三年正月得請，遂致仕，僑居金陵。

先生年四十，始釋褐爲令，積勞至監司。爲政持大體，勤懇練達，有古名臣風。督撫如岳起，黎世序，張百齡皆深倚重，顧清羸善病，常懷去志，諸公輒勉留之。所至興利除弊，勤求民瘼，申士氣，修治古蹟，接禮賢俊。在州郡屢平疑獄，擒劇盜。刱石室書院於海州，親授讀書之法，文風丕振，爲江北冠。州城不通舟楫，米薪無市，鑿渠自新浦口達城門，長千餘丈，民呼爲唐公河。量移通州，民攀轅留者近萬，去後爲建生祠，祀名宦。吳門滄浪亭有五百名賢像，石刻首吳泰伯，中歐蘇諸子，，以先生爲殿，其受地方慕重如此。服官三十年，未嘗一日廢書，布衣幅巾，蕭然儒素，海內識與不識，皆稱陶山先生。性至孝，父爲平陰令，貧甚，母歿不能歸櫬，即葬肥城之鵾夷山，山故陶山麓，因以爲號。結廬墓側，孜孜著作，以寄哀思。撰岱覽三十二卷，較聶鈫道里記爲詳，校刊於海州。輯湖南詩徵，著五禮六聯表、儀禮蒙求、家塾蒙求。晚歲撰退閒錄、經學錄、泰階六符。又擬撰衡疏未竟業，道光七年卒於金陵寓邸，年七十五。

陶山文錄，另已行世。此詩集前錄二卷爲未第前作，姚鼐刪定，存詩凡一百四十首。餘十二卷爲乾隆五十八年以後至嘉慶十六年辛未間詩，自訂於辛未年，隨即梓行。據湖南通志藝文志著錄陶山詩錄二十四卷，鄧湘臯沅湘耆舊集卷一百十八則稱先生詩凡三十卷，蓋此集後續有增訂，由其子鑑總輯開雕。南通王藻曾據以選輯陶山詩鈔一卷，列入崇川各家詩鈔彙存中。又先生官吳中時，曾修葺明唐寅桃花塢，賦詩八首，同人和之，輯爲花塢聯吟二卷，刋附六如居士遺集後。另有紅梨花館詞二卷，見善化縣志。

卷首錢大昕序，稱其詩筆力橫絕，字字心花結撰，不肯拾人餘唾，而實無一字無來歷。抒寫懷抱，能達難顯之情，而不入俚鄙佻巧之習。晚晴簃詩話稱：陶山躬際承平，起家牧令，清時美政，流播吳中。詩通於政，集中如元結春陵賊退之篇，藉民事以通諷諭者，多不勝選。筆橫才高，實能鎔鑄衆長，自成機軸，有轉酪成酥之妙。

右參陶澍撰墓誌銘、英和撰神道碑、李元度撰事略、張維屏輯國朝詩人徵略、錢大昕撰序、湖南通志、徐世昌撰晚晴簃詩滙、楊鍾羲撰雪橋詩話、續四庫提要、江蘇國學圖書館總目補編。

古有二千石。今看五百賢。政成循吏傳。人誦牧民篇。岱色廬東秀。桃花醉後妍。江南好崖石。幾處認新鐫。

其二

巍科吁晚掇。拔萃桂林枝。百里趨庭際。三年泣墓時。優優賢聖域。耿耿顯揚思。未滅歐公興。紅梨寫小詞。

其三

一自金陵別。重游且當家。關河千里鴈。城郭六朝鴉。得印輕三護。催詩鬬八叉。愛伊風貌古。字字茁心花。

萸江詩存三卷

清陶必銓撰。先生字士升，號萸江，安化人，陶文毅公澍父也。乾隆間優廩生，有隱德。性奇偉，幼時刻苦自勵，家貧，嘗拾薪擷茗自給，而好學不倦，於書無所不窺，詩古文卓然名家。肄業嶽麓城南兩書院，院長羅典、余廷燦均器之。母李病劇，嘗糞以驗甘苦，及歿，哀毀逾禮。乾隆四十四年歲大饑，道殣相望，先生倡義募資具棺斂葬之。近村有虎患，爲文牒土神，七日而虎遁。隣有屋病祟，或乞文驅之，祟遂絕。嘗慨邑中科第不振，用形家言，募建石塔於城南，以培學官，經晝數歲乃就，而安化科名自是果盛，其慷慨任事多類此。嘉慶十年卒，年五十一。集中錄古今體詩止百三十五首，蓋全稿舊爲人竊去，存者十不逮二三耳。附崇祀鄉賢錄一卷，朋舊詩一卷，嘉慶二十一年陶氏合刻本。另有批點杜少陵、韓昌黎二集刻本。

右參吳廷琛撰神道碑、湖南通志、徐世昌撰晚晴簃詩滙、續四庫提要、江蘇省立蘇州圖書館書目。

我誦贈翁詩。規撫自老杜。寥寥百卌篇。爽氣撲眉宇。眞情時一露。音節自蒼古。孝行世所難。不數南齊庾。從來明德後。子孫必公輔。嗣君天下才。東南久開府。凝然國重器。文字亦步武。水石標靈奇。印心有君父。公齡已云暮。喜見月初吐。燈帷自課讀。吟聲透庭戶。老來偶捉筆。力足驅猛虎。討鱷傳檄辭。咄哉刺史愈。

樂園詩集六卷

清嚴如熤撰。公字炳文，號蘇亭，漵浦人，系出浙之桐廬，宋末遷湘。祖應鼎，國學生。父君極，貢生。生母李夫人方娠，嫡母何夫人夢大星墜於懷，光四溢，公生，因小字滿星。年十三應童子試，賦酉陽懷古，田園雜興各詩，爲學使褚廷璋所激賞，補縣學生。少師事羅典，嘗自云：熤自遊羅愼齋先生之門，脚跟始站得定，蓋得力一思字。其詩古文辭之學，則受自姚頤、張姚成兩學使。乾隆五十四年己酉優貢，時海内承平，武備久弛，公獨研治兵法，旁及輿圖、星卜諸書。六十年乙卯，黔苗爲亂，據黔州，犯鎭筸，辰沅震動，詔以雲貴總督福康安討之。湖南巡撫姜晟，湖廣總督畢沅均以師會於辰，公艸平苗議十二則上之姜，姜善其議，以阨於黔師，未能遂行。居姜幕四年，多所贊畫。嘉慶初，川、陝、湖北教匪方熾，羣匪以南山爲窟穴，進退自如，裹脅坐大，癬疥將成心腹患。南山之地，起西羌，踰隴阪，走秦分野，絡關中漢中以東訖商洛，旁薄數千里，與漢江以北之巴山相連。巴山則自秦階折而東，經川東、川北、與陝之興安，湖之鄖陽、宜昌犬牙交錯。皆千峪萬箐，懸棧複嶂，據兩戒之中，自漢暨明，爲羣盜逋逃藪。天下有事，常先叛後服，故自古梁州自爲一道，明季專設鄖陽巡撫以轄之。入清後劃其地分隸陝、川、鄂三省，其遠者距省會二千里，鞭長駕遠，王師四載無功。五年，詔舉孝廉方正，廷試平定川、楚、陝三省方略，公策對近萬言，略謂軍興數載，師老財匱，以數萬疲憊之衆，與猾賊追逐數千里長林深谷中，投誠之賊，無地安置，則已降復亂。流離之民，生活無資，則良亦爲賊。鄉勇戍卒多游手募充，慮一旦兵撤餉停，則反思延亂，如此則亂何由弭？臣愚以爲莫若倣古屯田之法。三省自遭蹂躪，叛亡各產，不下億萬畝，舉流民降賊之無歸，鎭勇戍卒之無業者，悉編入屯，團練捍衛，計可養勝兵數十萬，餉省而兵增，化盜爲民，計無逾此。疏上，仁宗親擢第一，傳旨次日赴軍機處詳陳屯政方略。復上十二事，召見圓明園，褒勉有加，以知縣發往陝西，並其疏交三省大帥及督撫采行。既至陝，總督長齡委赴南鄭、褒城、城固三縣地，結寨團勇。六年，補洵湯知縣，抵任勤於聽斷，日坐堂皇治事。或因公下鄉，有赴愬者，立馬訊結，民間有嚴不再炊之頌。縣宅萬山中，袤延七八百里，與鄂之鄖西、竹谿，陝之鎭安、白河毗連，犬牙相錯。官兵追賊急，往來折錯，皆道洵陽。公乃相險要，置砦堡，選勇團練，且耕且守且戰。謂百姓可勝不可敗，戒賊至勿迎擊，惟堅壘固守，使野無所掠。又多出奇兵抄其尾，擾其疲，使不得休息。又念賊以刦奪爲生，所至飄忽，而官軍行必待糧，故追常勿及。乃擇堅砦適兵衝者，峙糗糧，備供給。由是聲息連絡，賊勢大蹙。其年四月，公督砦勇入山追擊，生擒賊帥陳朝觀。五月，殲徐天德、彭人傑。六月，會同官軍夾擊張天倫、張三標、熊翠兒七股賊於太平砦，衆至萬餘，一戰平之。晉加知州銜，賞戴花翎。嗣復擊潰湖北股匪於蜀河口，斃衆二千餘，斬其魁王祥，擒方孝德，誅之，自是賊震慴不敢入境。奉旨以同知直隸州用，八月，補定遠廳。是時賊窮蹙甚，分竄山林，而西鄉縣界川境多深箐，初設廳，以公守之。公以地爲全陝門戶，乃刱建新城。復於廳之西南各百餘里擇險要曰黎壩，曰漁渡壩，分築二城爲犄角，賊至輒殲。先後擒陳心元、馮世周等，巡撫方維甸奏加知府銜。旋丁生母憂，僉議援金革例奪情，固辭，扶喪歸。服闋入部，特旨授漢中府知府。先是甯陝新軍改駐郡城，兵驕民困。公視事，聯營伍，立保甲，朔望周歷城郭，宣講科律，問民疾苦。農事興，撤蓋行赤日中，獎勤懲惰，行區田法，製紡車式，俾民務耕織，饒生計。漢郡田疇向資渠堰灌溉，小堰不下百餘，大者如南褒之山河堰，城洋之五門、楊鎮二堰，各灌田數萬畝。公履勘形勢，與紳耆講求疏蓄啓閉，水利均霑。郡城舊有漢南書院，軍興後改爲行館，公首出廉俸，並勸捐數千金，充脩脯月米之資，拓基址，建講堂齋舍。倣鹿洞、蘇湖學規，五日一臨，躬親講授，文風丕振，所成就士以科名起家官侍從牧令者數十人。在南山既久，亭障要隘，村砦徑路曲折，無不口講指畫而心誌之，窮鄉邃谷老兵婦孺皆識公姓字。勞於治民，而拙於事上。嘗奉巡撫董教增檄勘察甯陝新舊二城，是年秋雨連旬，所轄鳳留等處山田歉收，道殣相望。公自甯陝返郡，請賑過時，請展期，董難之。明年元旦，躬往謁撫轅，納印綬曰：某治郡無狀，致天災，宜劾。且十數萬人待死溝壑，請賑勿得，亦無面目還郡也！因伏地流涕。董為破例轉奏，且以是重公，凡諸要政，多就商焉。及董去，繼任者恒掣肘，公益勤懇飭吏治，人心帖服，南山大治，名滿秦楚間十餘年，而官卒不遷。宣宗即位，元年，特旨授陝安兵備道。會廷臣有奏南、巴二山情勢者，下陝西、四川、湖北督撫議。三省會奏，委公總勘。公自川入楚反陝，數千里相度形勢，析官移治，增營改汎，條列井井，奏入報可，邊防遂密。公又嘗言山中州縣距各省遠，鞭長莫及，宜倣明設巡撫例，專設大員鎮撫，而割三省州縣以附益之，庶事專權一，百世無患。以更張重大，未竟其議也。三年，帝以公在陝年久，熟於南山情形，任事以來，地方安靖，特詔嘉獎，加按察使銜，以示旌異。巡撫盧坤尤重之，採其議，增廳治於盩厔、洋縣界，增營汎於商州及略陽。廣漢中之法於全秦，安修水利，檄視澧、涇、灞、滻、渭、汭、諸川。鄭白、龍首各廢渠，疏鑿蓄洩，規制大備。而全陝社倉義學諸法，亦次第倣行。十一月，詔授貴州按察使，未到官，調陝西，入京覲見凡三次，溫語慰勉，詢及十年不調之由，上為嗟歎久之。歸途感微疾，抵任七日卒，年六十八。秦民巷哭，如喪慈母，請比朱邑桐鄉故事，留葬南山，勿得。乃請祀名宦，湖南亦祀鄉賢。

公自縣令歷府道以至臬司，皆由特簡，故忌之者亦憚於清議，不敢動搖，但淹滯之，然公終不稍貶損。宣宗與廷臣論疆吏才，每及公。特以保障南山，非公莫屬，不能他遷。三覲之後，將大用矣，而不及待，論者惜焉。其在少年，意氣自矜，三十後痛自砭抑，折節爲儒，於所致劉楓山書中述之甚詳。居西陲時，服膺范希文二語，故自號樂園，取後樂意也。性豪邁，去邊幅，澹榮利，視之若田夫野老。對山川險要，如聚米畫沙，所規畫常在數十年外。政事之暇，吟詠自遣，不忘民瘼。集中如從軍行，憫農行等，眞摯悱惻，論者擬之杜少陵前後兩出塞，元次山之春陵行。晚晴簃詩話，稱其七律命意沉雄，結響高亮，有明七子風格，雖專家無以過云。此集爲家刻本，湖南通志藝文志著錄樂園詩鈔爲八卷，疑係其子正基搜輯遺詩補刻之足本。此外生平措施見之著作者：嘗佐那彥成籌海寇，有洋防備覽。佐姜晟籌苗疆，有苗防備覽。佐傅鼐籌屯田，有屯防書。又有三省邊防備覽、漢江南北三省山內風土雜識、漢中府志。其三省山內風土雜識，已輯入問影叢書內。

右參史傳，清耆獻類徵轉錄國史館本傳，李元度撰事略，陶澍撰墓誌銘，湯金釗撰神道碑，湖南通志、徐世昌撰晚晴簃詩滙，楊鍾羲撰雪橋詩話，續四庫提要。

卓爾關中績。伊誰與鴈行。一鞅秦以相。五羖楚之亡。處士孫無忝。長庚夢有芒。發硎從牧令。宏濟在巖疆。智每先幾燭。身爲後樂倡。早籌邊計稔。不放海波揚。豈落民方慊。蓮開匪復猖。大廷求俊乂。天子詔賢良。策獻屯田趙。才嘉博物張。元圭邀特達。玉尺出親量。西去膺分陝。南歸阻泝湘。路隨朱轂迴。目送白雲長。亂後篇章富。戎間檄牒忙。春陵多感慨。同谷劇哀傷。作縣寧辭僻。行春正及芳。鵬搏千里外。龜照百年強。裕國農爲本。崇儒教乃昌。建黌添講舍。買犢勸耕桑。盡啓蕪疇利。咸謳樂歲穰。繁生原自賈。厚死尚思黃。寇絕逋逃藪。軍嚴旦夕防。碉營通蜀鄂。屏障及荊襄。蕩滌連諸郡。搜尋走萬岡。銳同鷁伺爵。勢若虎驅羊。振旅陳京觀。提刑到鬼方，再遷情詎愜。三覲寵非常。帝眷心猶簡。臣痡鬢已霜。材豐增困頓。體大礙騰驤。拜笏星辰近。傳綸姓氏香。虁龍行見重。鵬鳥遽成殃。隴上新碑矗，祠前古木蒼。遺甿瞻峴首。故事續桐鄉。世遠聲彌著。時移蹟未荒。君看漢江堰。流水日湯湯。

趙文恪公詩集三卷

清趙慎畛撰。公字遵路，號笛樓，晚號蓼生，武陵人。生有異稟，風度端凝。甫冠，補郡庠生，時昆明錢灃南園爲湖南學政，一見奇之曰：此子人英也，取充拔貢生。嘉慶元年丙辰成進士，改庶吉士，散館授編修，充國史館纂修，兩爲順天鄉試同考官。七年，上親考御史第一，補山東道監察御史，適教匪初平，奏川楚善後事宜，帝韙之。旋轉京畿道，巡通州漕，裁革陋規，劾楊村通判廖雯菁昏憒不職，縱令胥役家人勒索糧船起剝規費，鞫實褫職。十二年丁卯任江南鄉試副考官，榜發，聞母訃，即日奔歸。十五年起補禮科給事中，充會典館纂修。湘省督學徐松以矜愎失士心，欲附公自固，按試常列其弟子優等，公仍列款劾罷之，遣戍伊犁。兩廣總督蔣攸銛，薦公品識兼優，才可大用，特授廣東惠潮嘉道。至則因俗爲治，嚴治主謀械鬥者，又擒豪暴爲民慝者三十餘人誅之。復檄南澳、澄海、潮陽雇商船時巡海口，於內河亦增設舦船。沿海島民多寮居，藏匪消贓，公悉編入保甲，毀其棚寮，獲盜尤衆，三郡以寧。踰年，擢廣西按察使。莠民假天地會結黨歛財，迫有貲者入名其中，公惟嚴罪匪首，不坐脅從。屬郡解囚至省，遠或二千里，近亦五六百里，每一囚往返費六七十金，州縣苦之，多匿案不報。因酌給公費，或錄囚不發回，緝捕乃力。二十年，遷廣東布政使。時各縣多積欠，輾轉相承，悉心鉤稽，除其轇轕，庫儲頓增。南海高要瀕河，隄防多圮，民苦水患，爲之籌款生息資歲修，遂爲永利。又屯田五千餘頃，賦重爲民累，請減糧額，攤抵於沙坦輕則之地，督撫如議奏行。念海寇未平，夷商詭譎，互市爭利，久必生釁，請於大嶼、澳門、虎門、鎮遠諸要地增建礮臺控扼之，議上，總督蔣公均采行之。粵俗固奢靡，官民不知務本，公爲重刻陳文恭從政、訓俗二種遺規通頒之，躬行節儉以示勸。二十三年，擢廣西巡撫，冬、至桂林，習知地勢建瓴，旬月不雨即旱竭，首以農功水利爲務，宣諭守令平疇修陂塘，造龍骨車以挽水。山田開蔭井，設井筒架以汲水，皆頒式，使民仿行。省境毗連雲、貴、楚、粵諸省，羣盜出沒邊區，公咨會四省搜捕，不分疆域。其腹內州縣，查保甲、置望樓，練民壯互相守望，縣建卡房數十座，府各督屬會營巡緝。柳州至省千里，河道紛歧，舊設水汎有相去數十里者，增腰卡四十三所，守以提標五營兵，寇至則捕，地方團練咸出堵禽，前後獲盜一千七百餘人。盜多出於流匪，編客民籍，驅其單身游蕩者出境。礦廠、窯棚傭丁，皆立冊，有保者留，否則逐，刊爲省例。故事，梧、潯二關，巡撫例得動用盈餘，公曰：吾家衣食贏足，身爲大臣，取盈將安用之？當爲國家布仁澤耳。乃於桂林設預備倉，增設書院，柳州、慶遠、思恩三府，並創設之。繕城濬河，廣置棲流所，皆取給焉。道光二年入京，覲帝乾清宮，諭曰：卿誠實不欺，故皇考簡用朕，其益勉之！公頓首泣謝，至昌陵行禮還。其年八月，授閩浙總督。十二月再入京，奉召見。三年二月至閩，將懦兵驕，則嚴申軍律，課諸鎮營汛，身自考校奏劾。浙江提督沈添華縱逸乖張，不稱職守，命浙江巡撫帥承瀛鞫實褫其職，手扎司道諸鎮，令所屬文武密陳優劣，驗之以事，信賞必罰，故所用得人。上游延平、建寧、邵武、汀州四府地僻山深，舊爲盜藪，遣兵搜山，誅捕其魁。福州閩安鎮外有琅琦島，長三十餘里，居民二千餘戶多爲奸利濟匪，訪聞禽治之，移駐水師，建礮臺望樓，省城門戶益重。泉、漳二府械鬥之風未已，刊故教諭謝金鑾治法論，頒守令行之，大要以重士親民爲本。漳州府周鎬，賢守也，以老乞去，公手書慰留，擢汀、漳、龍道。尤以臺灣爲慮，盡選賢能以治之，平亂民，減賦稅，與民利，蘇兵困，朞年而大治。臺人不知蓋藏，生齒日繁，米價騰貴，稍歉即思爲亂。公命於港口稽出海米船，酌豐歉爲限制，常留有餘。疏請以漳浦明儒黃道周從祀文廟，儒行之士，歿後舉祀鄉賢，旌表義烈，以振風俗。五年，調雲貴總督。貴州彌望皆童山，近歲大吏勸民種橦樹，放蠶、收繭、織紬，甚有利，而守令或以爲迂。公察所屬多未行，手教勸之，且捐給工本。抵滇南，值銅產日微，塩課常絀，皆變通成法行之。以防邊莫善於屯田，方與滇撫考地圖、察形勢、經營屯政及安撫土司、建設碉堡、練丁防守諸制，未成疾作，自知不起，亟拜疏劾貪黷不職者數十人，越一日遂薨，年六十五。代者急遞追回原疏，滇人惜之。事聞，優詔賜䘏，贈太子少保，謚文恪，祀名宦鄉賢祠。

公少受詩於母舅王敬禧明經，所作雅飭有法度，後益博覽儒先格言，史傳雜記，凡有助修身與致用者，無不潛心體驗。聞友輩嘉言善行，則惕然自警，通籍後用力尤勤，每日言行必省察後記之，晚年佩一玉章曰養心戒性。性純孝，其母好施與，官京師日，嘗迎之北來，遇雨雪嚴寒，輒携錢以周凍餒，博堂上歡。曩値歲飢，母謂公曰：吾家粗可自給，視此轉溝壑者竟無術拯之，心滋疚矣，汝後有力當圖之。後公撫粵西，遂建義倉於桂林，市穀萬石備糶，於里中亦設社倉，貯穀三千石。設敬節堂，置三千金爲舉本，歲以子錢贍嫠婦之賢且窶者。顏其室曰省諐，及服官，每舉陳文恭以自律。好善嫉惡，體恤屬僚，訓誡懇切，如師之於弟子。遇事關民生疾苦，國家禍福者，思之輒竟夕不寐，必得當乃已。而於一己之是非喜怒不藏於心，曰吾於人無私愛憎，何必使妄相揣度哉？所至於文武官吏常能識別其才否，故能得其用。著有奏疏八卷，從政錄八卷、載筆錄四卷、榆巢雜識二卷、省諐室續筆一卷、讀書日記四卷、惜日筆記二十卷、雜文三卷、詩三卷。

右參史傳、李桓輯耆獻類徵錄清國史館本傳、楊彝珍撰傳、姚瑩撰行狀、李元度撰事略、湖南通志、徐世昌撰晚晴簃詩滙。

一顧應增價。南園譽有眞。盛儀何秩秩。淸句亦嶙嶙。驄馬正當道。椎牛寧及辰。昌陵悚回首。雨泣簡貽身。

其二

八閩開府地。心繫此孤懸。檄吏東甌外。籌防左海先。鯤身欣在目。馬腹儻能鞭。民食滋爲慮。調盈計已全。

其三

佐粤民情獷。臨滇吏習深。獨堅除歷議。猶是省誓心。政舉雙規肅。身哀一疏沈。威稜誰復嗣。莫更問官箴。

磵東詩鈔十卷

清歐陽輅撰。先生原名紹洛，字念祖，一字磵東，新化人。父基文，乾隆三十年拔貢，有重名於鄉，詩文操筆立就。先生幼秉庭訓，九歲補縣學生。雅嗜吟詠，凡足所涉歷，身所感受，悉付之詩。所作無常師，若有天授。書一過目，終身不忘，以是博學多通。家貧甚，傭貲以養。乾隆五十九年舉於鄉，頻上春官不得意。南走粤，北爲薊代山海關之遊。歸後閉門不復出，躬耕奉母，非力不食於人，有梁伯鸞徐孺子之風。一時名公雅重之，或不遠數千里殷勤致禮，不至。韡冠草履吟嘯清泉白石間，牆宇自峻，與人少可。南豐潭光祜守寶慶，歙縣程恩澤充學使，按試至郡，二人皆名宿，折簡至，始一出與雙清亭之會，好事者至繪爲圖。垂老卜築邑城東，遁跡沉冥，兀兀鮮共語者。惟與寶山毛嶽生、東鄉吳嵩梁相知善。嵩梁詩才罕匹，嘗謂人曰：僕畏磵東，不敢與敵也。臨川樂鈞素昧生平，貽詩表敬慕；錢塘吳清鵬寄詩求論定，稱先生爲韓蘇而後一人，其服膺如此。同邑鄧湘皐少先生十歲，兄事之，每有篇什，輒就商訂，先生鉤擫瑕疵，不少寬假，湘皐卒無以易其言也。道光二十一年卒，年七十五。子棻，邑廩生，亦能詩，奇情幽思，不愧名父之子。

先生性躭野逸，不修威儀，衣履皺垢，岸然公卿大夫間，劇談豪飲，旁若無人，人亦無與忤者。常與海內名宿以詩相接納，所至折服，少能頡頏。其詩灝氣流轉，含章內映，精思壯采，搏結無迹。然持律矜嚴，嘗言作詩務苦吟，戒自恕。或屢改而不安，則竟削之。著有磵東詩鈔十卷，初刻於道光六年，爲陶文毅官兩江時序刊。後先生取原刻再加删削，並增益近作於卷末，以寄鄧湘皐，重刊於寧鄉，時爲道光十年。湘皐輯沅湘耆舊集，錄入先生手訂詩三卷。光緒十五年，王益吾氏取陶刻本與耆舊集三卷相校勘，删存爲二卷，序刊而行之，是爲第三次刻本，刻成並寄國史館編修廖筱珊以備文苑傳之參考。至光緒二十三年，新化陶氏三味堂曾就原刊覆刻印行。又同邑舉人李洽，曾手錄先生平日論詩語，爲夜談追錄二卷。

右參王先謙撰傳、葵園自訂年譜、鄧顯鶴撰本集序、湖南通志、羅汝懷輯湖南文徵、徐世昌撰晚晴簃詩滙，楊鍾羲撰雪橋詩話、續四庫提要。

我聞先生苦吟飯顆形日孱。新詩千首刪復刪。一心嘔出古斑斕。其韻險以艱。其情蕭以閑。別有意境非人間。詩人狡獪爾許奇。盍與腐學袪冥頑。東鄉烟水足漁釣。清溪濯足聲潺潺。梅花百本松百株。自鋤明月芟茅菅。歲月付與丹黃老。聲名乃到青紫班。忽傳村南村北人喧犬亦鬧。一軺五馬來款關。門前蹄轍交廻環。不見主人誓不還。雙清亭上百壺酒。但見嘉賓賢主高談奮袂俱開顏。何人好事寫入丹青內。苦將畫本遺塵寰。資江之水水幾灣。青峰之雲雲滿山。緬茲高躅兮。邈不可攀。

麋園詩鈔一卷

清毛國翰撰。先生字大宗，號青垣，長沙人。性純孝，幼讀書，穎悟強記，能闇誦佩文韻府，不遺一字。嘗赴縣試，縣令陳光詔深器之，其子沆尤奇先生文，願納交，招之不往，親至其家，結歡而去。旋補縣學生，而屢絀於鄉試，年五十絕意科名。長沙城北有黑麋峯，水西南流入於湘，其水會謂之麋湖口，嘗卜宅以居，顏曰麋園。地當山水間，苦吟遐眺，以抒其侘傺無聊。其詩多幽憂之思，悽苦之響。與鄞縣沈道寬爲文字交，道寬宰酃縣，延爲西席，課其子十餘年。道寬權知茶陵州，虧帑數千金被劾勒追，先生赴酃稱貸，人以道寬廉惠，又見先生勇於爲義，咸感奮，競致金穀，不一月而集事。道寛得復官，走謝先生，先生曰：公澤在鄙，其邑人急父母之難，吾何力之有？湖廣總督裕泰招致幕府，居數年，道光二十六年丙午，以微疾卒於署，年七十五。裕泰經紀其喪，歸葬長沙。復序其詩，稱爲鑱心研神，朝吟而夕琢，月成而歲易，人知好與否舉勿顧，可謂勤篤。新建夏廷楨所製麋園詩序，則盛推五古清越醇雅，出入陶謝江鮑間，七古雄盪有奇氣，約束矜貴，不涉奔放。近體步唐賢，無沾滯之音，佻縟之氣。徐世昌晚晴簃詩話謂：長沙毛氏世以經學稱，青垣力學不遇，寢饋於詩，年七十，應東巖中丞裕泰之招，薄遊江漢，爲節署塾師。作詩苦心研鍊，稿成屢易。其論近人詩絕句末首：十年寥落坐湘臯，自理朱絃和楚騷，彈遍猗蘭千古操，春風誰奏鬱輪袍。殊有東莞知已難逢之歎云。麋園詩鈔八卷，先生卒後，裕泰爲編次付梓，傳本絕少。光緒十六年長沙王益吾就集中刪取最精粹之作凡詩百餘首，爲序而刋之。另有麋園詞二卷傳世。所著天顯紀事三十二卷，青湘樓傳奇若干卷，稿藏於家。

右參王先謙撰傳及本集序、湖南通志、符葆森輯國朝正雅集、徐世昌撰晚晴簃詩滙、續四庫提要。

憊矣鄉闈守一經。文章有價主無靈。客遊自愛芙蓉好。不戀秋風桂子馨。

其　二

祖瑩十二下帷初。一目眞能誦五車。後魏書：祖瑩十二，背誦尙書不遺一字。聞說河東新燹後。盍徵安世校遺書。見漢書張安世傳。

其　三

入詠新裁俠客行。魯公排難不為名。呼庚滿注廉泉水。還汝茶江舊日清。

其　四

癖吟轉幸世緣慳。成就詩名簿牒間。慵向南徐鬪穠豔。只從大謝覓蕭閒。

近光堂經進初稿十二卷

清聶銑敏撰。先生字蓉峯，衡山人。父肇奎，益陽教諭。兄鎬敏，乾隆五十九年舉人，嘉慶六年進士，累遷至兵部職方司郎中，外調嚴州府知府。學識淵湛，與先生同官詞垣，均負時望。先生於乾隆六十年舉於鄉，嘉慶十年成進士，選庶吉士，改兵部武選司主事。十四年値仁宗五旬壽誕，進呈四言詩繩武受祜頌三百六十五章，七言絕句錫福延釐衢歌一百首，仁宗以臚陳事實，文義優贍，擢為首選。除賞給五絲緞筆墨硯紙等物外，並特受編修。十五年充貴州副考官，放榜前一日，猶搜落卷，恐有遺珠。二十四年提督四川學政，在任三年，文必親閱，無弊不剔，並廣發朱子全書，以正士習。尋以知府簡發浙江，署紹興，士民感其德，建生祠以祀，易五賢祠為六賢。卒年五十四，題祀四川名宦，並祀鄉賢。著有寄嶽雲齋初稿二十卷、近光堂經進初稿十二卷、玉堂存稿、奏御稿、斯文精萃補、蓉峯詩話等。近光堂經進詩稿錄自嘉慶十三年，仁宗巡幸淀津，閱視河隄工程，先生獻七言律一百首，恭紀其事。又仁宗嘗東巡盛京，展謁祖陵，獻賦一首。是集合刻所獻巡遊及祝壽詩賦總爲十二卷，卷首錄賞物及賜編修諭旨，附紀恩詩十六首，有自刻本行世。

右參李元度撰傳、湖南通志、徐世昌撰晚晴簃詩滙、續四庫提要。

海內瞻兄弟。聯鑣氣自雄。詞臣雙起鳳。郡守五花驄。龔遂循聲著。文翁教化隆。回思迎輦盛。獻賦亦能工。

南村草堂詩鈔二十四卷

清鄧顯鶴撰。先生字子立，號湘皋，新化人。三世皆以名德稱於鄉里，祖勝逵，諸生，講學資邵間，著錄弟子數十人，通籍者二人，學者稱松堂先生，著有松堂詩存。父長智，國子監生，以孝友型於家。生子三，先生居季，母妊，夢仙人綳一嬰兒自天降而生先生。生有殊禀，八歲能詩，十九補縣學弟子員。是時制舉之文不盡根柢經義，專務詞華。先生獨鈎稽六籍，沈潛大家，以歐曾之法行之，一時目爲高材生。遂由廩膳生登嘉慶九年甲子鄉薦，五應春官報罷，絕意仕進，襆被旋里。與兄顯鵲築聽雨山房於南村之旁，作聽雨及南村耦耕二圖以見志。日惟閉戶讀書，講求經濟之學。凡朝章國政，歷代掌故，靡不綜錄成帙，以期實用。尤邃於詩古文，每一篇出，人爭傳誦。南城曾賓谷時官兩淮鹺使，主持風雅，以東南壇坫自任，耳先生名，不遠千里專致書幣，延入幕府。凡一篇一集，悉屬點定。居淮上五年，嘗徧遊諸藩鎮，所至適館授餐，推爲上客，傾動海內。道光六年丙戌，大挑二等，蓋去鄉薦廿二年矣。旋詣京師就部選，得甯鄉縣學訓導，束裝赴任。居甯鄉十餘載，引疾告歸。大吏聘主朗江、濂溪兩書院，咸豐元年八月卒於濂溪講舍，年七十五。

先生天性嗜善，自幼聞長老稱述鄉邦巨人長德，輒欣然色動。比長，搜討鄉賢軼文，不遺餘力，若有大譴隨其後驅迫而爲之者。楚南當鼎革之際，其毅然殉白刃，蹈溝壑者不可勝數，歲久尺牘寸楮，行歸湮沒。而山野老儒，往往抱幽守獨，不求立名，著書牖下，時或散佚。先生往來沅湘之濱，隨處詢訪，每得殘縑斷簡，如獲異珍，驚喜狂拜不能自已。纂有沅湘耆舊集二百卷、資江耆舊集六十四卷、楚寶增輯考異四十五卷、武岡州志三十四卷、寶慶府志百五十七卷、朱子五忠祠傳略考正一卷、五忠祠續傳一卷、明季湖南殉節諸人傳略二卷、易述八卷、南村草堂詩二十四卷、文二十卷。並搜刻蔡忠烈遺集、王船山遺書、編校歐陽文公圭齋集，重訂周子全書。（周子權，邵州守）至議建會城前後五忠祠及邵州前後五忠祠，蓋欲舉貞臣烈士爲邦人勸，用意尤邃遠。其後洪楊之亂，湖湘健兒提戈奮起，臨危授命，雖造因不一，而先生之表彰節烈，影響實深。著書外於宏獎士類，亦不稍遺力。如寧鄉劉基定、新化鄒漢勛、武陵胡焯、長沙周壽昌、遵義鄭珍等，或受訓誨，或蒙獎掖，皆能卓然自立。平居篤於孝友，事兄惟謹，白首無間言。撫兄子勤於己子，衣食必先取足。身繫楚南文獻三十年，自少至老，未嘗一日去書。與同里歐湯紹洛倜東以詩相厲，慨然有志於古之作者。北游燕齊，南至五嶺，東下江淮，所至悲愉抑塞，一寓於詩，殫精竭慮，誓不履近人之藩。曾文正嘗評其詩跌宕昭彰，波瀾彌壯，與倜東之牆宇自峻者異趣。

程春海視學湖南，先生嘗下榻署齋，數爲太夫人診疾處方，春海有句云：造膝每當交讓樹，窺垣時見一方人。又集中答湘臯云：盡道有才過屈宋，劇憐競爽得王楊。王楊，謂先生與倜東也。子二人，琳廩貢生，應京兆試卒於都中。琮道光丁酉拔貢，癸卯舉人，先生卒後十日以毀終。先生刋沅湘耆舊集成，嘗取琮歷年所輯洪永前諸家遺詩，始自晉宋，暨於元代，上而公卿，下逮韋布，旁及閨閣釋道之流，與夫仙鬼謠諺之說皆附，凡得三百三十家，詩二千二百二十餘首，與序而刋之。

右參史傳、曾國藩撰墓表、劉基定撰墓表、楊彝珍撰傳、李元度撰事略、湖南通志、程侍郎遺集、徐世昌撰晚晴簃詩話，楊鍾羲撰雪橋詩話，續四庫提要。

江聲浩浩雲幽幽。深山大澤潛龍蚪。湘臯先生躑躅其間徵遺訪秘無時休。盡起文光射斗牛。先生之詩奇以峭。洪厓拍手老猿嘯。下筆能令神鬼驚。扃函恐被傖夫笑。先生之氣亦橫絕。肝膽輪囷胸血熱。憂世每憐腸百廻。致身何懼路九折。五上公車竟不售。襆被辭京心鬱結。贄詩長揖東諸侯。紛紛設醴爲折節。孝廉嘉道名孰張。曰斗以南推首列。淮海歸來頭欲雪。一氈坐破冷於鐵。山樓聽雨夜橫經。餘力猶能表忠烈。著書旌義易代際。蔚起後來萬英傑。書生捍土扶綱常。中興將帥瞻門牆。九原不作傷隨會。煌煌墓志題湘鄉。我今海外寄孤唱。耆舊百年空悵望。資沅二集天壤間。比似中州功豈讓。竭來文獻又湮淪。問誰繼起湘之濱。零縑斷簡搜荊榛。壽之梨棗登之茵。栖皇一世甘居貧。抱經守道醇乎醇。嗚呼如公有幾人。

陶文毅公詩集十二卷

清陶澍撰。公字子霖，號雲汀，安化人。系出晉大司馬桓公侃，侃就封長沙，子孫散處吳楚。後唐同光元年有陶昇者由吉州遷安化，支族蕃衍，十五傳至必銓，號萸江先生，是爲公考。萸江生二子，公其長也。居近資江濱，兩岸石壁屹立如門，潭心有石方正若印，名曰印心石，公幼隨父結屋讀書其上，因以印心石屋署其集。少絕穎異，浩歌山水間，下筆驚人，慕范文正爲人，慨然蓄憂樂之志。萸江異其非常兒，效蘇老泉名二子說曰：是異日澍雨天下乎？因名公曰澍。嘉慶五年中鄉試，七年登進士，改翰林院庶吉士。散館授編修，丁父憂歸里，服闋入都。十五年充四川鄉試副考官，著蜀輶日記，論西南形勢利病，如指諸掌。改御史，疏劾部員戀棧忘親，及吏部重籤、河工冒濫、外省吏治諸積弊。又條陳三急五宜以靖匪患，均稱旨。巡視中城，決滯獄八百有奇。及巡淮安漕務，盡革陋規。奏籌京口運河，其冬漕艘阻冰高郵，禱於露筋祠，一夕凍解，奏膺封祀，人尤神之。兵備川東，相傳道署不利於官，前後各任無入署者，公獨居之無恙，傳譌遂息。駐地重慶，扼大江之衝，估舶鱗萃，私梟出沒，人獷事繁，號稱難治。公日坐堂皇視事，有訟立訊，剖決如流，數月滯訟一空。又禁胥役之苛擾，飭行旅之宵柝。時川東一帶，私鹽橫行，沿江千百成羣，當事議令營汎開銃擊過，公謂是必激變，請減價敵私。計減四分之一，居民盡食官鹽，私販遂絕，數郡安堵，而商銷亦倍額，未期年，政聲大著。二十五年，宣宗即位，川督蔣攸銛入京覲見，奏公治行為全川第一，堪當大任。是冬即擢山西按察使，入覲奏對稱旨，欽交三案，令赴任審辦，是為受知大用之始。道光元年三月至任，兼署布政使。每有京控，多逕交臬司，不由巡撫，前此未有。九月，調福建按察使，至京，擢安徽布政使。某次循例陛見，於廷對時論及某官溺職狀，至於聲色俱厲，鬚髯翕張。宣宗疑之，密諭安徽巡撫孫爾準察其為人，爾準密疏薦引，硃批曰：卿不可為其所愚。復具疏條列善政，力保無他。三年，爾準調福建巡撫，遂以公繼之。安徽庫款，五次清查，未得要領，公自為藩司時，鉤覈檔案，分別應劾、應償、應豁，於是三十餘年之糾轕，豁然一清。嚴交代、禁流攤、裁捐款，奏定章程十則，俾有司得專力治民。是年江水大漲，濒江三十餘縣隄圩皆決，田廬蕩沒，公乘舟遍勘，而以蕪湖為總滙，羽檄交馳，寢食俱廢。遣員分赴上游，買米十萬石，勸捐數十萬金，區畫周至，民免餓莩。明年宿州懷遠大蝗，禱於劉猛將軍廟，有青蛙烏鵲無數，一日食蝗殆盡，奏聞，特頒御書匾額。公以水災既退，水利宜興，親勘壽州之芍陂、城西湖，懷遠之郭塘陂、荊山口，鳳陽之花源湖，鳳臺之蕉岡湖及濒江各圩院隄壩，次第籌濬。又奏設豐備倉於四鄉，袪社倉之積弊，訂章程以統之。創修省志，表章忠烈，嚴禁械鬥，題旌節孝三千餘人。其盡心教養多類此。東南大計，惟鹽與漕，二百年來，官民交困。大都由文法繁密，巧者因緣為奸，致利不歸上，不歸下，而盡歸中飽。間有講求革新者，則中飽蠹食之人交起而持之，畏事者率却步莫敢肩其任。

五年，漕河大梗，詔江南大吏議海運。時則上海關儈撓於南，通倉胥吏撓於北，屯船丁役撓於中，不曰風濤，則曰寇盜，不曰霉變，則曰繁費。有旨移撫江蘇，公遂毅然以身任之。首奏，請以蘇、松、常、鎮、太五府之漕百六十萬石歸海運，親赴上海籌商船，定雇值，檄崇明、狼山、山東登萊諸鎮總兵會哨海口，以壯聲威。於是海船雲集吳淞，出崇明、十滧、轉成山，入直沽口，水程四千餘里，每石僅用銀四五錢，視河運省費一倍。旬月抵天津，途中未損一船。上命重臣穆彰阿赴驗，米色瑩潔過河運數倍。海商運漕而北，載豆而南，兩次得值，餘耗米十餘萬石，由部發帑收買，尙節省銀米各十餘萬。人始知海運利國利民，爲東南拯敝第一策，不得以風盜霉費之說相讐矣。事竣優詔褒美，賞孔雀翎。蘇省頻遭水患，由太湖水洩不暢。疏言太湖尾閭，在吳淞江及劉河白茆河，而以吳淞爲最要，治吳淞以通海口爲最要。於是以海運節省銀二十餘萬興工，擇賢任事，八年工竣。九年二月，安徽省通志書成，上以此書由公綱修，下部議敍。十年六月，捕獲戶部私造假照要犯，加太子少保銜，署兩江總督，尋實授。與巡撫林公則徐合力疏濬江南運道，於海口建石壩，置涵洞，平時閉塞以禦渾潮，潦時放水歸海，至十四年工竣。自此水患消除，歲乃大熟，父老歡忭，以爲百餘年來所未有也。而公大有造於邦國者，除上述通漕外，厥爲整理淮鹽。惟時鹽政窳敗，商困課絀，岌岌不可終日。如淮南之窩價、淮北之壩槓，兩淮之岸費，皆浮靡數百萬，仰食其間者以萬計，當事洞悉其弊而不敢動。公疏陳積弊，謂非減價不能敵私，非輕本不能減價，非裁冗費不能輕本。上命尙書王鼎、侍郎寶興赴江南查議，鼎請裁鹽政歸總督管理。公受事，繳還鹽政養廉五千兩，裁減衙門陋規十六萬兩有奇。凡窩價、壩槓、岸費等項均減除之，歲省數百萬兩。分設內外二庫，正款貯內庫，雜項貯外庫，杜絕挪墊。革總商以除把持，散輪規以免淹滯，禁糧船回空帶蘆鹽，及商船借官行私，令行禁止，弊絕風清。淮北之鹽，十年無課，徧地皆私，商遁岸懸，蓋由運道迂而成本重。公決計改票、減稅、裁費，不數月，商旅輻輳，場鹽一空，化私爲官，未之前有。初、淮南以十年行六綱，淮北以十年行三綱，虧帑本七百餘萬，而以帑利貽患後來，立豫納、減納、帖息諸名色，以數十年後之課，豫虧之於數十年前，至道光八年，則已庫如懸磬，無可挪墊，無可借貸。公承極弊之後，莅事八載，完正雜銀二千六百四十餘萬兩，而在岸緩納之課尚不與焉。庫貯常實存三百餘萬，又帶銷帶徵以償舊欠者達四百餘萬。當其銳意整頓時，窩商、蠹吏、壩夫、岸胥一旦盡失其中飽需索之利，羣議沸騰，言官摭浮言，屢事彈劾，幸受宣宗特達之知，倚之愈專。每述職，召對十餘次，造膝密陳，言無不盡。嘗面奏鹺務已有起色，總督事繁，請復設鹽政，溫諭不許。一日，帝垂詢里居山水，公面陳石門爲父子讀書修身之處，乞得御筆牓書印心石屋四大字賜之，摩刻石壁，世稱異數。十九年二月以積勞咯血長逝，年六十二。遺疏入，優詔軫惜，稱其實心任事，不避嫌怨，晉贈太子太保，謚文毅，祀名宦祠，於海州建專祠。

公之貌，虬髯山立，洪音瓌辯，絕類湘潭陳恪勤公，生平宗仰亦在是。而遇合之隆，勞瘁之績亦差近。自任督撫以還，若治皖之蕪政及清釐庫虧，治吳之三江水利，他人得其一，皆足名世，於公則固緒餘也。至海運票鹽，則百世之利，而爲後來籌國者所取法焉。卒之日，千里內外，僚吏軍民，皆聞訃隕涕。兩淮鹺商感其德惠，醵金爲賻，夫人黃氏述公生平之言堅卻之。此其清節孚於家人，見於身後，人以爲尤難。服官數十年，布衣蔬食，起居如寒素，扶植風雅，不遺餘力。初在京時，嘗與宣南詩會，會以九人爲率。侯官林則徐、嘉善黃安濤、涇縣胡承珙、祥符周之琦諸人皆會中健者。及督兩江，尤留心文獻，研求地形水利。嘗登塗山以望淮，登虞山以望海，登雲臺以攬淮海之勝。所至賦詩紀事，俯仰今古，隱然一身爲江淮保障。道光之季，海內多事，公薨而同時重臣如盧敏肅、林文忠之倫，久膺疆寄，屏翰西南，亦前後徂謝，遂無以紓朝廷南顧之憂。詩曰：人之云亡，邦國殄瘁，信有徵矣。

淮北士民刊公遺集六十四卷，末附建祠原奏及行狀碑誌總六十六卷，內進呈文及奏疏三十卷、文集二十二卷、詩集十二卷。前著蜀輶日記四卷、道光間刊行，中央圖書館藏有翁同龢手批本。此外陶桓公年譜四卷、陶淵明集輯注十卷、靖節年譜考異二卷均行世。又校刊資江耆舊集六十卷，手訂陶氏世譜若干卷。

右參史傳、李桓輯耆獻類徵錄清國史館本傳、劉鴻翶撰家傳、陳鑾撰行狀、李元度撰事略、魏源撰神道碑銘、陳康祺撰紀聞、徐世昌撰晚晴簃詩滙、楊鍾羲撰雪橋詩話、湖南通志。

資水衡雲日盪胸。十年磨劍化神龍。前身恍接滄洲再。勝蹟今遺石壁重。肇錫嘉名念皇考。誕敷文德滿提封。萸江學行雲汀業。兩世恩榮帝眷鍾。

其二

鹺米東南竭庫儲。累朝積困一時舒。檣連海舶漕初暢。岸引淮鹽蠹盡除。造膝幾回陳密勿。實心終克副佳譽。名山立馬新畬綠。眼底徐揚畫不如。

其三

嘗聞司馬夢無私。民瘼邦憂並入詩。脫粟底殊粱肉飽。敝裘長表雪霜姿。相逢胡左宜姻婭。識胡文忠、左文襄於未顯，與締婚姻。特起俞黃煥羽儀。俞德淵佐治鹽、黃冕佐海運及治河最力。信是感人神亦格。春風冰泮露筋祠。

其四

裒遲猶滯洞庭船。老結江南臥治緣。午夜書聲通幕府。清秋月色照賓筵。題輪往事眞如夢。運甓宗功合繫年。雅愛柴桑詩境好。蟲魚細釋永初前。

唐確慎公詩集五卷

清唐鑑撰。公字栗生，號敬楷，又號鏡海，善化人。先世自江西豐城徙居湖南，四傳至煥，以舉人官至山東平度州知州，是爲公之祖。生子仲冕以進士即用知縣，官至陝西布政使，是爲公之父。公于嘉慶十二年舉於鄉，十四年成進士，改庶吉士，十六年授檢討，充國史館協修，嗣充甲戌會試、順天鄉試同考官，所拔卷多名士。薦而未售者，有陳芝楣、趙訹園、松秀峯、鄂松亭諸人。供職京師，日與戚蓉臺、賀耦耕、陳午橋、賀蔗農等人以理學相切磋，以經濟相勸勉。嘗謂畿輔水利久廢不舉，失國家生財之道，因採擇古書，考查地利，著畿輔水利一書。二十三年授浙江道監察御史，二十五年充會試監察御史，盡職敢言，封章屢上，有吏部豫東不集、選法不公疏，劾武陵令顧鋃圻貪酷無狀疏，請復日講疏，請復淮鹽地段、衡永郴桂仍食粵鹽疏。其淮鹽引地一疏，以事涉紛更，吏議鐫級，以六部員外郎降補。會宣宗登極，詔中外大臣各舉所知，諸城劉文恭公鐶之薦公，出知廣西平樂府。平樂素多盜，民刁梗好訟，履任後嚴緝捕、清積讞，不數月，盜悉平，獄無懸案。又周歷各屬，勤求民隱，秉燭夜半，日晡不餐。上憲知公善聽斷，凡外府州縣難結之案，及部控上控之疑難者，皆調省清理。旋擢安徽寧池太廣道，調江安十府糧道，剔除積弊，累置蠹胥惡吏於法。擢山西按察使，遷貴州。擢浙江布政使，調江寧。敭歷於外蓋二十年。始公守平樂，亭平民猺之獄，而解其仇，盜絕輿誦，既如前述。是時仲晃公解組居金陵，公聞母病，即引疾去官，省親江南。旋遭內外之艱，皆北葬肥城，廬墓讀禮，三年口不茹葷，著讀禮小記前後兩編。值何文安公視學山左，賀耦耕開藩濟南，聘公主講泰安書院。服闋晉京引見，依例仍發廣西，再守平樂。道光十二年，廣東湖南生猺爲亂，公出防邊圉，內察奸宄，往來富川賀縣，安撫熟猺，德威並用。設立五原學舍，延師教讀，羣猺大悅。擒郡中煽亂者譚于先等十餘人立斬以徇，而貰其脅從千餘，火其名籍，一無所問。離任入都，身無長物，行李蕭然，官紳士民無不攀轅泣下，爲建生祠祀焉。奉旨簡放安徽甯池太廣等處兵備道，陶文毅方督兩江，奏調江安徽寧池太廬鳳淮揚十府糧儲道。十六年，遷山西按察使，途次，調補貴州。其地漢苗雜處，鬥案特多，每年秋審不下二百餘起，公悉心推勘，平反疑獄，歸美令長，曰非吾能正之，某縣君來省自易之耳。公餘招邑中士子入署讀書，親爲講解，並於縣署倡立義學四處。十八年授浙江布政使，途次，調補江蘇。既抵任，拯災修廢，百度畢張。總督陶公寢疾，公代行使院政事，文牘如山，賓僚嗔咽。昧爽而勤職，丙夜而不休，忘寢輟餐，形神交瘁。而言者乃劾其多病近藥，廢閣公事，又雜摭他端以相訾毀。朝廷遣使者按問，卒無左驗，宣宗知公端謹，一切勿問。忌者或憚其方嚴，未幾內召爲太常寺卿。海疆事起，嚴劾琦善、耆英等，直聲震天下。平居潛研性道，宗尙洛閩諸賢，著學案小識，推陸隴其爲傳道之首，以示宗旨。時湘鄉曾公與蒙古倭仁、六安吳廷棟、昆明竇垿、何桂珍等皆從公考問學業。陋室危坐，精思力踐，斯須必敬。年七十，致仕南歸，主講金陵書院。樂育英髦，每逢課期，坐席皆滿，口講筆書，諄諄以躬行爲勉。文宗踐阼，有詔召赴闕，入對十五次，中外利弊，無所不罄。值禮部侍郎缺出，上意欲以簡畀，公奏曰：臣受三朝豢養之恩，涓埃未報，豈敢性耽安逸，自外生成。惟因年邁體弱，大寒大暑，易於生病，誠恐有誤差使，叩求南旋，並奏明秋涼後出京。上以其力陳衰老，不復強之服官，令還江南，矜式多士。時親王中有聞名特詣朝房問性道之要者，公從容以答，莫不歎服。孫芝房侍講題紅葉山房圖詩云：諸王就問爭斂裾，郎官久立勞持戟，蓋紀實也。咸豐二年還湘，卜居於寧鄉之善嶺山，深衣蔬食，泊然自怡。晚歲著讀易小識，編次朱子全集，別爲義例，以發紫陽之蘊。十一年正月卒，居湘濱凡十年，年八十有四。曾文正爲上遺疏，賜謚確慎，時稱異數。著有朱子年譜考異、省身日課、畿輔水利備覽、易反身錄、讀禮小事記、易牖、學案小識等書。遺集共十卷，卷六至十爲古今體詩，公卒後其子婿賀瑗官浙江慈谿縣令時刻行於光緒元年，台灣中華書局復據以校刊。

右參史傳、湖南通志、曾國藩撰墓誌、唐爾藻撰行述、李元度撰事略、徐世昌撰清儒學案、晚晴簃詩滙、續四庫提要。

嶽色層霄外。湘波九曲連。云何釆芝叟。故是玉堂仙。昔獻甘泉賦。頻分內府錢。天香縈紫誥。日影度花磚。走馬錢塘浦。尋碑禹穴巔。詩人芒屩健。御史繡衣鮮。奉詔仍分郡。思親欲乞田。當秋感風木。把卷泣桮棬。歷下宜廬墓。瀧岡待表阡。已拌舟在壑。乍覺筆如椽。政有神君譽。民懷杜母憐。格苗觀禮樂。化蜀聽歌絃。輓粟軍儲富。徵緡歲課全。祥刑除蠹食。酷吏絕鷹鸇。志以埋輪見。名因折檻傳。節旄臨右輔。星象煥南躔。北固雲初合。西湖月正圓。雨行蓬戶遠。風過柳堤妍。宗伯三司峻。春官百秩先。王祥憑几日。周澤上書年。薄海妖氛厲。中朝廟計偏。燃犀明可燭。射虎力能穿。闕下千觴餞。江東一櫂旋。金魚收衮服。白鹿敞經筵。祭酒登壇肅。諸生執禮虔。河汾揚正學。闔洛闡新詮。側席求良弼。安車起大賢。瑞徵神雀頌。

祥誦應龍篇。白髮江湖憶。青山竹石緣。夢廻鶯喚頃。歸趁菊開前。舊社遺疏廣。高閭式鄭玄。翻驚歲月迴。應歎物情遷。去國淹回鴈。聞歌拜杜鵑。蒼葭何處認。吟望意拳拳。

復園詩集六卷

清劉基定撰。先生字子復，寧鄉人，嘉慶間例貢生。志趣恬澹，行誼高潔，與長沙知縣陳某善，有謀鬻獄者，以重金託爲道地，峻拒之。喜購書，周稽博覽，工詩古文辭，卓然成家，當代推重之，著述甚繁，卒年八十六。

道光中，鄧顯鶴湘皋官寧鄉縣學訓導，負詩名，先生出所作就正於湘皋，見湘皋少許可，則盡焚其稾而爲之益勤，時年已過半百矣，虛懷樂善，聞者稱之。其詩冲穆澹雅，音節高亮，人謂得之於漁洋爲多。先生卒後，同治六年，邑人劉典爲刋行其遺詩，爲復園編年詩集十四卷，抉擇未嚴，不免蕪濫。此六卷本出自廖樹蘅刪定，樹蘅稱先生詩五十以後功力益深。集中所收，皆五十七以後之作，蓋斯時先生始與湘皋論詩，前此之稿，均刪汰無復存耳。

右參湖南通志，寧鄉縣志，續四庫提要。

挿架縹緗伴索居。最難暮夜絕苞苴。晚成恰比高常侍。突起詩名五十餘。

耐庵詩存三卷

清賀長齡撰。先生字耦耕，亦曰耦庚，號西涯，晚更號耐庵，又號罶缺叟，善化人。原籍浙江會稽，系出唐秘書監知章。高祖上振官湖南司獄，卹囚有隱德，羣囚爲位於獄以祀。貧未能歸，遂家湖南。先生英姿動人，志高言下，見善如不及。嘉慶十一年入嶽麓書院，從羅典受業。明年舉鄉試第一，遂聯捷成進士，選庶吉士，授編修，遷贊善。以文學侍從之臣，廻翔禁近，殆將一紀。道光元年，出爲南昌知府，爲政持四大端，曰恤民、恤吏、育人才、講武備。南昌地當繁劇，案多委員承審，往往玩延不結，民受其累。乃別設讞局，釐訂章程，局員以勞敍績。日與諸員會食，即席研究情實，辨析疑難，案無留牘，輿情感悅。城外野寺厝柩數千，示限三月遷葬，力不能遷，則官爲葬之，歷年積殯，數月一空。深韙新吾呂氏私罪不可有，公罪不可無之言，故任事彌勇。二年，擢山東兗沂曹濟道。四年，遷江蘇按察使，逾年，升布政使，佐巡撫陶文毅公創行海運。六年，調山東布政使，時庫項轇轕，先生立清查局，或追或補，數月理清。七年，署巡撫。臨清州教匪馬進忠，爲逆伏誅，復有揭帖僞立名號，刻期舉事，臚列旁州縣民名數百。先生曰：謀不軌，詎以姓名月日告？此移禍也。詗知果出邀功者，欲藉興大獄，遂置不問。其年秋，調江寧布政使。十年十月，請假省親，旋丁母憂，服闋，奉召入都，授福建布政使，調直隸。十六年，擢貴州巡撫。初至黔，其民健訟而多盜，因以聽斷與緝捕課吏，設旬報爲考覈。山區各縣多種罌粟，限期拔除之而易植木棉，皆令行禁止。於貴陽、銅仁、安順、石阡四府，普安八寨，郎岱、松桃四廳，黃平、普定、天柱、永從、甕安、清平、興義、普安諸州縣，建書院、義學。其省會書院，分上、內、外三舍，親試考覈，刋刻經籍，頒行州縣。治黔九年，政令大行，文風丕振。二十五年，遷雲貴總督，兼署雲南巡撫。適永昌回叛，親往督剿，其衆竄散，以肅清入告。明年遺黨復行聚搶，以是左遷河南布政使，二十七年乞病歸。會滇回再擾雲州，追論前案，被議落職。先是，西陲告警，先生蒞滇甫旬日，迤西道羅天池濾以計掩殺永昌城內回民之謀爲內應者，良莠未分，大失回心。省會距永昌千三百餘里，先生聞報據以入告，並夾片保敍任事諸人。明年，回衆復叛，先生察知以往搜殺失當，疏請將保敍案撤銷，並自請議處。復馳赴大理、永昌督師剿平之，奏請免罪降酉，奉旨斥責，旋有左遷之命。二十七年，雩州回馬登霄等再起事，迤西震動，朝命以李文恭公星沅督師進剿，李公疏陳滇回叛情，詔以道員羅天池未能詳愼區別，率行掩捕，以致回衆寒心，貽誤大局，着即革職，永不敍用。賀長齡於羅天池搜殺過多，託疾以去，並不從嚴參劾，止請撤銷議敍，又率准張富投誠，代請免罪，實屬辦理不善，着一倂革職云云。時則甫抵家門，方患水腫，腹餟隆然，不任行步，惟日以問學提掖後進，其於個人得失之際，固逌然不以爲意也。越歲逝於家，享年六十四。

先生幼年失怙，恒痛不及祿養。又以官遠不能迎奉太夫人，輒爲悒悒。及居喪，三年不出閭閈。友於兄弟，雖遠，月必數聚。戚鄰貧乏者，周恤不少吝，晚年尤好行善事。偶出門，着釘履以行，望之如田夫鄉叟，不知曾任封疆也。喜讀書，無日不讀，亦無書不讀，均爲扎記存之。所著耐庵詩存三卷與文存六卷，合刊於咸豐末，卷首羅汝懷序，並有像贊。

右參史傳、羅汝懷撰傳、唐鑑撰墓誌銘、湖南通志、王爾綱選名家詩永。徐世昌撰清儒學案。

清切蓬萊館。官閒景自康。三遷疆政美。一慟板輿荒。門大眞容駟。梧高早曦凰（唐鏡海撰銘辭：梧桐兮高岡，鳳凰曦兮邦家之光。）。澄懷圖在否。寂寞舊篇章。（澄懷園爲清雍乾間京師名園，公嘗倩田季高繪圖，賦詩八章，廣徵題詠，陶文毅等均有和作。）

其二

闡報滇西警。親提節鉞師。山深藏魍魎。陣急走熊羆。餘醜還萌蘖。游魂欲狎曦。從來論邊略。刑賞苦難期。

三十六灣草廬稿十卷

清黃本騏撰。先生字伯良，號花耘，甯鄉人。嘉慶十三年舉人，選授城步縣教諭。少孤，母劉氏教導綦嚴，母怒，輒跪受訶撻，竟事怡然。遊幕四方，恪遵母訓，作詩佩之。與弟本驥刻意砥行，同以所學著名湖湘間。喜言詩，不主一格，集中之作，皆瓌奇艷麗，以才氣勝，近體與明七子爲近。卷首王金策作序，稱其酌量調劑於聲調高下，陰陽清濁，常一字至數十易不止，故非率爾操觚者可比。

並有周有聲、鄧枝麟、秦爾、劉嗣綰、董國華、胡士珩、陶澍、唐業謙等題跋詩詞。集刻於道光間，寧鄉黃氏三長物齋叢書本。

右參李元度撰傳、湖南通志、徐世昌撰晚晴簃詩滙、續四庫提要、江蘇省立蘇州圖書館書目。

花耘老圃文章伯。囊中別有縱橫策。詩成不假九還丹。遍采蓮花托行迹。去歲辭親應大挑。三十六灣歸夢遙。今年載酒湖濱縣。七十二漊吟賞徧（用集中自大錢湖口至吳興句）何時歸種麓西田。青山大好不論錢。更借君家大癡筆。揮斥雲濤几案邊。

三長物齋詩略五卷

清黃本驥撰。先生字仲良，號虎癡，寧鄉人，本騏弟。道光元年辛巳舉人，授黔陽縣學教諭。拮据奉母，以孝行稱。嘗建教澤堂以課士，多所成就，同郡各屬士子，爭進謁列門牆。性嗜古，於歷朝尺式刀布琴甎，各爲題識。其金石集古諸錄，皆收入叢書中校刊行世。兄弟同抱經濟才，卒困閉曹，士論惜之。

三長物云者，一爲秦漢以來金石文字，二爲古琴，三爲周秦刀布。所刻三長物齋叢書，除以上文字外，詩文集亦收入，惟詩之附見叢刻者，則未錄入詩略內。此五卷錄詩三百七篇，卷首有閻海林序，兄本騏舊序。據先生自記云：本騏此序乃舊刻式相好齋詩文稿之序，自兄棄世後，不忍復稱是名，易齋爲三長物，稿名雖易，舊序仍留，用志兄期望之心。按式相好舊刻在嘉慶中有傳本，此集乃就原本更爲删定付刊者。

提要評黃氏兄弟詩，謂本騏以才力富贍著，本驥以語意眞切，神味淡遠見長，要不愧並馳之逸足焉。

右參湖南通志，續四庫提要

新陽黃仲子。淹雅號多聞。譽起黔江驛。聲諧伯氏壎。瘦憐松菊老。貧困米鹽紛。長物欣無墜。傳家此古芬。

讀書延年堂詩鈔三十卷詩續集十二卷

清熊少牧撰。先生字書年，號雨臚，長沙人。七歲喪父，家中落，踰冠爲諸生，授徒奉母，有聲於時。會稽吳梅梁侍郎方督湖南糧儲，發策以詩賦試士，得先生作大驚，署超超等，待之以國士。道光十一年充優貢生，試成均屢甲其儕。長白文端公文慶爲祭酒，尤激賞之。諸公貴人及諸名下士多從其遊，文酒無虛日，頗以是取忌於時。十五年舉順天試，故事南人不得寘解首，先生名第二，褒然南數省魁，名益振。明年試禮部，入彀矣，已而置乙選。又四年，文端公典江南試，適遘疾，私引先生襄校試卷，先生重違知己，冒禁從之，比還朝，言者劾文端，先生下請室，除名放歸。論者謂典試與督學一也，學政例許辟幕友，且以其姓名上聞，典試獨勿許，網亦少密焉。然先生意豁如也。勞文毅公崇光備兵冀寧，招先生作晉遊，冒雪渡黃河，歷覽陶唐虞夏故都，胸中抑塞磊落不平之氣，一發之於詩，其詩益奇以肆。居四年歸。亡何桂亂起，洪軍犯長沙不克，自鄂而皖而吳，湖南治援軍，庫如洗。巡撫駱公夙器先生，檄令走江西乞餉，至則慷慨呼庚癸，聞者感動，得餉金歸，適濟乏絕，得旨開復原資，賞還舉人，時年已六十，有詩云：白髮滿頭私自笑，也如重宴鹿鳴來！時人傷之。會創建求忠書院，聘先生主講席，士喜得師，橫舍至不能容。部檄至，截取知縣，改就藍山縣學訓導。江西敵分股來犯，圍縣城，先生佐主者嬰守二十餘晝夜，圍解，詔加五品銜，以內閣中書選用。逾年請告歸，年七十矣。所居洞泉草堂，饒花石之勝，性喜修潔，明窗淨几，茗椀香鑪，位置楚楚。與其弟聯床夜話，往往雞再號始就睡。而問字乞詩文者接踵於門。所著讀書延年堂集，詩三十卷，咸豐七年刻。文十卷，駢體文二卷，賦詞各一卷，試律四卷，同治五年刻。晚編續集文二集，詩十二卷，光緒三年刻。

先生卒於光緒三年十二月，年八十四。性孝友，姊嫠而窶，迎養於家。倡建支祠，立規制。里中諸義舉，竭慮佽成之。有雀鼠訟，力剖其曲直，期得解，然未嘗以辭色加諸人。道咸中，大湖而南以詩名天下者首僂指先生。晚躋大耋，解組歸，優遊洞壑十餘年，巋然魯靈光殿。越南使臣聞其名，特購其詩集以歸。

右參李元度撰墓誌銘、楊恩壽撰傳、孫鼎臣撰本集序、徐世昌撰晚晴簃詩滙、續四庫提要。

拔卷咨嗟國士稀，南元聲價重京闈，自從請室蒙恩後。拈筆如神勢欲飛。

其二

詩人豪興託行歌。禹蹟堯封策蹇過。絕勝劍門逢細雨。雪花如掌渡黃河。

其三

綠玉屏風十面環。草堂雲物故幽閑。白頭兄弟聯牀話。夢起池塘一破顏。

其四

乞文客每因翁重。飛翰翁常饜客心。老透世情評雀角。生看詩卷入鷄林。

古微堂詩集十卷

清魏源撰。先生字默深，一字墨生或漢士，邵陽人。父邦魯，精星數地理之學，官江蘇十餘年，終寶山主簿，以廉能得大吏禮遇。嘗步行城頭，歎曰：此絶地也，可城者其羅店乎。臨終誡先生幸勿久居此地，謂夜占有死氣，後十年果有英吉利陷城之變。先生八歲受書即解大義，扃一室不出，偶出犬不識，輙羣嘷。父母恐其過勞致疾，夜滅燈趣之寢，先生俟二親睡熟，更篝燈被底默誦。嘉慶十三年戊辰，年十五，補諸生，始究心陽明學說。十九年以拔貢入都，侍郎周石芳偶見先生詩篇，四出揄揚，數日間譽滿京師，名公鉅卿爭相納交。課餘受漢儒學於胡承珙，宋儒學於姚學塽，公羊學於劉逢祿。詩古文辭，則與董桂敷、龔自珍等相切劘。座師湯金釗雅重之，嘗投刺來訪，既出迓，髩髮如蓬，湯爲瞤眙，嗣知訂大學古本，歎曰：吾子深造乃若是耶？尋兩中副榜，道光二年壬午，中順天鄉試舉人第二，名冠南籍。宣宗閱其試卷，手翰褒賞，名藉甚。館於直隸提督楊芳家，會試落第，房考劉逢祿賦兩生行惜之。兩生者，謂先生及龔自珍二人，皆負才自喜，名亦相埒。時善化賀長齡爲江蘇布政使，延輯皇朝經世文編，由是留心時務。九年，納貲爲內閣中書，得徧觀秘籍，凡涉朝章國故，胥默識於胸。與都中諸名士詩文酬酢，結宣南詩社。十一年丁父憂，乞假南歸，卜居金陵烏龍潭。總督陶澍、巡撫林則徐重其名，延議淮鹽改革。旋買宅於揚州之新城，奉母移居，著書自適。二十五年成進士，年五十二矣，以知州發江蘇。初權東臺縣，爲政平恕，民便之。明年丁母憂歸，二十九年服闋，復權興化縣。縣地低窪，形如釜底，近高郵洪澤二湖，逢秋必漲，舊設南關、中新等壩資宣洩。河員恐堤防不固致橫決，甫漲即啓閘，雖穀未登弗顧，裡河七州縣用是歲恒饑，而興化爲最。先生蒞事甫三日，時方仲夏，垂秀將實，適河湖盛漲，河帥遽議啓閘，民洶洶，先生止之不可，則馳至制府擊鼓。總督陸建瀛親往勘之，值大雨如注，湖波洶湧，堤將潰。先生親冒風雨，督民防護，幾爲巨濤所捲，士民力請暫離，弗之顧。薄暮風濤略定，方得稍憇，兩目赤腫，病勿能興，建瀛見而歎曰：精誠所至，金石爲開，豈不信哉！是歲竟大穰，民稱所穫稻曰魏公稻。先生勘運河東堤外故有西堤，久未修，白總督復之。並定啓閘期，不得於秋稼登場前遽議宣洩，奏請著爲令，勒石壩首，自是水不爲災。初先生議兩江鹽政，嘗上籌鹺篇，謂自古有緝場私之法，無緝鄰私之法，鄰私惟有減價敵之而已。非裁費曷以輕本減價？非變法曷以裁費？顧承平久，撓之者衆，策不果行。然陶公籌辦海運水利，變淮北鹽行票法，多諮於先生。迨陸氏繼任總督，以淮北改票已效，欲推行淮南，先生謂淮南課額重，引地遼濶，宜先自食岸始，以漸圖之，陸不從。值南鹽產缺，檄先生權淮北海州運判，先生督各場官稽掃曬，杜偸漏，於是北產大盛，收逾額。以二十餘萬大引濟淮南，南課以充，而北課又倍。因籌銀三十萬生息，爲高寶西堤歲修之用。咸豐元年補高郵州知州。三年，太平軍出武昌，順江東下，所至披靡，連下九江、安慶、池州、蕪湖、太平等地。二月十日，江寧陷，總督陸建瀛死之。洪軍復分黨渡江攻揚州，克之，至召伯棣，去州城四十里。先生倡辦團練，督以防堵，又斬奸民內應者。傳檄州郡，僞言援軍將大至，以亂敵心，敵遂逡巡不前，未越揚州一步。會欽差大臣琦善統兵至，人心乃安。已而爲楊以增所劾，坐驛報遲誤奪職。先是，以增任江南河道總督，因爭啓壩，不慊於先生，是時奉令督辦江北防剿事宜，乃誣奏以修私怨。明年，兵部侍郎周天爵督軍於皖，奏留營以剿宿州匪，斬馘六百餘人，降衆五千，詔復原官。未幾，天爵卒於潁州，遂以老乞歸，僑居興化。咸豐七年三月朔，卒於杭州，年六十四。晚耽禪悅，預知時至，端坐而逝，葬西湖南屏方家峪。

先生性兀傲有大略，與人交，寡言笑，惟論古今成敗利病，學術流別，則馳騁辯難，四座皆屈。能虛心受善，在粵聞陳澧議其書，喜而易藁，與論交。早歲足跡遍天下，名山大川，罔不遊歷，益以充其學。夙負經世之志，故治經以實用爲歸，不屑漢儒之箋註。與龔自珍同爲今文學之健者，世稱龔魏。所撰海國圖志一百卷、聖武記十四卷、元史新編九十五卷、禹貢說、書古微、詩古微、公羊古微、曾子發微、子思子發微、蒙雅、高子學譜、孝經集傳、孔子年表、孟子年表、小學古經、大學古本、兩漢今古文家法考、明代兵食二政錄、春秋繁露、老子、墨子說苑、六韜、孫子、吳子注，及詩文集各若干卷，或行於世，或藏於家。其著海國圖志，倡以夷制夷，以夷攻夷，及師夷長技以制夷諸法，深爲以後言海防者所重視，並有英日譯本風行海外。書古微詩古微二書，則爲生平治學精心之作，通經致用，足開一代之學風，梁啓超、王國維諸氏對此俱有論讚。元史爲先生晚年絕筆，文博體新，原欲上供乙覽，立爲正史，以世難未果，而先生亦齎志以歿。

郭筠仙侍郎敍古微堂詩，極稱其奇古峭厲，倏忽變化，不可端倪。而深入佛理，清轉華妙，超塵表。晚晴簃詩話謂：其詩雕鐫造化，搥險鑿幽，能使山無遁形，水無匿響。凡難寫之狀，未道之景，一經攄寫，如鼎鑄象，如鏡印影，自漢魏唐宋以來，別爲一體。蓋其才大學博，不能以常格繩之云。

右參史傳、姚永樸撰傳、李元度撰事略、王家儉撰年譜、郭嵩燾撰序、湖南通志、邵陽縣志、徐世昌撰淸儒學案及晚晴簃詩滙、陳衍輯近代詩鈔。

魏子人中驥。胡爲溷泥轂。五斗縱安卑。百里亦云蹙。強仕逾十齡。彎弓試新鏃。爭河憤撾鼓。其氣銳以肅。終收拯溺功。瀾平歲豐熟。天將七邑民。

付與此賢牧。憶昔浪漫遊。詎背相期夙。爲憐親已老。北上乞微祿。中邀宸翰褒。聲名動當軸。京師文酒盛。所至有飲啄。傾蓋得陳沆。樂共雲龍逐。石甫溫然秀。南山深以穆。龔生喜平視。向不施善矚。獨與投分懽。苔岑吐清馥。公居京與陳沆太初、龔自珍璱人、姚瑩石甫、張維屏南山，交最密。便便五經笥。所蓄大逾屋。當其噴薄時。河傾挾霆速。平生幾兩屐。會歷萬山谷。長川入襟帶。五嶽拄胸腹。發爲詩古文蒼漭駭群目。潛鱗沉於淵。明珠藏之櫝。終焉西子畔。即境足濠濮。拈花一笑辭。逝矣靈山躅。諸天法雨紛。鐘起南屏麓。

芋香山館詩集八卷

清李星沅撰。公字子湘，別號石梧，湘陰人。道光十二年進士，選庶吉士，授編修。十五年，督廣東學政。粵士多健訟，檄通省府州縣，籍諸生之干訟者，牒報訓治之，士風以肅。嚴覈丁胥，禁革規費諸名目。所頒條教，大率以人才經學名義爲急，下至細務，皆手自屬草，吏莫敢舞文。任滿，授陝西漢中知府，歷河南糧道，陝西、四川、江蘇按察使。在川陝嚴治刀匪嘓匪，屢擒其魁，寘之法。遷江西布政使，調江蘇。蓋宣宗識公於詞臣中，期練習吏治，爲疆圉重臣。二十二年，擢陝西巡撫，署陝甘總督。二十五年，調江蘇巡撫。所至拔擢人才，革除弊政。二十六年擢雲貴總督，兼署雲南巡撫。先是、永昌回亂，迤西道羅天池濫殺，不分良莠，衆回益擾。總督賀長齡、提督張必祿、急於主撫，降者輒復叛。至是緬甯匪首馬國海被剿亡走，潛結雩川囘馬登霄、海連升等復起事，迤西大震。公追論肇亂之由，長齡天池等並獲譴。二十七年，遣兵進剿，解散被脅囘衆，首逆就殲，餘匪肅清。詔嘉其功，加太子太保銜，賜花翎。尋調兩江總督，於是公三至江南矣。耆老聞公來，皆額手相告。公未第時，遊幕江南，後官其地，習於鹽漕河諸利弊。時度支告匱，廷臣主南漕改徵折色解部，於北省採買。公謂折多徵收不易，折少採買不敷，穀賤銀貴，民間輾轉虧折。且州縣藉端浮勒，胥吏高下其手，防之皆難。迭疏論列，議遂寢。淮鹽自陶文毅整頓之後，歷年又多積欠。至是疏陳引鹽壅積，課款支絀情形，揆厥所由，官以畏難而因仍，商以畏難而取巧，成本增於雜費，行銷滯於售私，年復一年，幾同錮疾。法宜內清場私，外絕鄰私，爲急則治標之計。本年囘空糧私，奏請查禁，其川私、粤私、潞私、浙私，均咨行堵緝。又引船夾帶，爲害最鉅，扼要搜查，於揚州仙女廟及江寧下關，緝獲百餘萬斤，提省審辦。他如愼出納、提緩課、派懸引、刪繁文、配運殘引、提售新鹽、裁浮巡費、禁揑報淹銷，酌議章程八條，以圖整理。疏入，下部議行。舊制總督兼管河務，至道光二十二年後停止，至是復命兼管。會河督出缺，命公兼攝之。乃具疏力陳河工積弊，且言道廳應各駐汛地，不得萃處清江。奏籌外海水師事宜：曰磨厲人才，曰變通營巡，曰覈實會哨，曰扼要堵緝，曰配兵足數。又請添造戰船，勸捐給獎。並允行。在任兩年，宣宗甚加倚任，因久病請解職囘籍，允之。三十年，帝崩，赴京謁梓宮，復以母老陳請歸養。會廣西亂事方熾，起林則徐督師，卒於途，命公代爲欽差大臣。是年十二月抵廣西，駐柳州。時左右江氛祲蔓延，尤以桂平金田洪秀全爲最悍。

巡撫鄭祖琛、提督閔正鳳皆以貽誤黜去。周天爵、向榮繼爲巡撫提督，二人者並有重名，負意氣，議輒相左。公爲調和之，仍不協，軍事多牽掣。咸豐元年春，向榮進剿，敵由大黃江牛排嶺竄新墟紫荊山，公檄總兵秦定三、李能臣率滇黔兵追躡，敵復竄武宣，榮、天爵各進擊，敵踞東鄉，兩軍攻之不克。公以事權不一，奏請特簡總統將軍督勦，詔斥其推諉。尋命大學士賽尙阿率總兵達宏阿、都統巴清赴廣西督師。公奉命回湖南治防，四月，力疾赴武宣前敵督戰。是時從征卒伍，半荊楚剽悍，多公鄉人，且團兵，厲刃跂足，聞公至，皆思一戰。公至則已憊甚，更憂憤成疾，飲思失常度。恒曰此賊非眼前諸公可了，聞者不謂然，公曰：後當思吾言。既疾革，數日卒於軍，年五十五。遺疏言賊不能平、不忠，養不能終、不孝。歿後殮以常服，用彰臣咎。文宗覽而哀之，依總督例賜䘏，賜金治喪，存問其母子二人，命俟服闋引見。謚文恭。子桓，官至江西布政使。

初公撫陝時，甫抵任，即奏劾牧令之尤不職者數人，或自乞去。固原提督胡公超，戰功爲世所指名，請裁西安總兵缺，議每歲以冬春駐西安，如湖南四川分駐半年例。公謂關中方無事，乃汰總兵而移提督，轉令東道咽喉，半年虛曠，於地勢事勢皆不順，力持於總督寢其議。修軍政、定疑獄，尤深疾吏役詐贓致斃命者，手劄行通省，皆歛手奉法。撫蘇時，鑒於江南武備廢弛，水師疏曠尤不實，引爲深憂。迨履總督任，即銳意整飾之。奏籌海外水師事宜五，捐俸造蒙衝四十艘爲倡。鎮將憚公嚴明，泄沓之習一變。會俄羅斯商船抵上海，圖就地貿易，公引例却回，有詔嘉奬。二十八年秋，江淮海並漲，淹民廬萬計，公親出籌賑撫，蒿目怵心，眠食虧損，疾大作，瀝情乞假。會江南監司有入對者，上詢及公，盡得公積勞成疾狀，始允其請。

公儀表瑰瑋，聲如洪鐘。自其少時，發言制行無少苟，峻整篤實，識量恢遠。長遊四方，益廓見聞。嘗客陶文毅兩江幕，所削章奏稿，文毅無以易也。既通籍，受兩朝特達之知，在翰林五年，一視學政，典甲午四川鄉試，分校乙未會試，皆稱得士。署豫臬時，奉宣宗手敕，命無失書生本色。抵陝撫任，諭以勉力認眞，勿負委任。調江蘇疏謝，手敕報曰：朕見汝年富才明，學優品正，甚有厚望於汝，汝當體朕用人之苦衷也。及命兼司河務，諭曰：卿年力甚強，勉爲之以副重寄。逾年請述職，批答云：朕非不願與卿相晤，顧公事繁雜，難離本任，可暫停。其乞病也，手批云：一俟痊愈，即來京，朕切望之至，卿當諒之。其受殊眷皆類此。性至孝，歲時祭祀哀慕不自勝。官遠方，太夫人以春秋高，恒不就養，公屢思輒至不寐。洎陳情得請，喜償所願，不圖以時事瘁其躬，卒不得終養，亦其命歟。幼有異徵，應童子試時，外舅郭進士汪燦夢入一公府，見官冊列公姓名爵里，物色之，遂妻以女。既館選，諸姊中有紫姑神者，戲問終身官秩，皆不爽，末署云蒼梧凜節，其後公卒薨於梧州，蓋前定云。

所著芋香山館詩集八卷，文集十六卷，公卒後由其子概等編次付刊。詩以氣力豪邁見長，卷中諸作尤以七律爲最勝。同治四年，有長沙熊少牧、江夏彭崧毓序刊本，版藏於家。

右參史傳、李元度撰事略、天岳山館文鈔撰別傳、朱琦記李文恭公遺扎後、湖南通志、續四庫提要。

雲衢百仭陟天梯。爭說環辭嗣玉谿。度嶺風行千里泮。出山霖頌七州犂。西巡狐兎搏秋隼。南詔烽烟靖碧鷄。更掃邊氛銅柱外。摩厓爲補伏波題。

其　二

辛苦疆臣撫馭繁。頒來手敕語常溫。乘時俊彥歸宏獎。濱海漁塩起廢屯。願乞林泉娛母老。暫安耕鑿戴君恩。慕陵舊賚摩挲在。慟哭遺弓一叩閽。

其　三

鼉鼓潯江不忍聽。衛公陣法疾如霆。八猺瘴癘兵塵惡。五管干旌戰血腥。放眼群賢餘惘惘。彌天此刼付冥冥。千秋藎節傳遺疏。齊向蒼梧弔將星。

其　四

汨羅手種芋連區。坐聽江聲誄左徒。健筆記參陶侃幕。雅歌新設祭遵壺。夢中顯秩題金册。身外浮榮卜紫姑。寄語玉堂酬唱侶。莫忘息壤在蒓湖。

櫶山草堂遺稿三卷

清陳起書撰。先生字通甫，號松心，郴州人。歲貢生，候選訓導。少從其兄起詩學，講求經世之務。起詩負才氣，與邵陽魏源、桂陽何慶元、桂東李克鈿善。及成進士，授禮部主事，得交益陽湯鵬，宜黃黃爵滋，道州何紹基。先生因亦與諸名士遊。道光十三年，叛猺趙金龍爲禍閭里，先生條禦猺策，上知州姚華佐，多採用之，州以無事。廣西金田兵起，先生謂西粵一隅地，洪軍不能久居，必犯楚，犯楚則大軍必扼衡州，郴桂將首受禍，因畫守郴事宜，上之州牧，未見用。乃糾同志於觀音寨，大頸隴，築堡修牆，爲堅壁計。未幾，洪軍果舍西道繞寧遠，陷桂東。時土寇蜂起，聞州境有備，皆引去。土賊邱倡道煽亂，上官發兵捕未即得，先生授計次子善墀，戚張樹榮誘禽之，並獲其渠黃中鳳。咸豐五年四月，廣東賊何祿竄楚，陷宜章，五月晦，陷柳州。先生治團練，藩衛北鄉，賊不敢犯。有東鄉姻鄙招先生，求爲畫守衛策。時湘鄉王鑫率師由衡州來援，先生遣善墀迎鑫，而身往東鄉。行抵塘溪，謀聯絡猺嶺鄉民以拒賊，土寇覺，遽導賊圍之，遂被執。賊擁先生上坐誘降，先生大罵，賊相顧語。俟何祿至，乃縛其手，日夜環守之，先生憤，絕粒死，年五十八。事聞，照訓導陣亡例賜卹，予世職，祀忠孝祠。

遺稿刻於同治五年，詩僅百首。孤吟閉寄，自寫懷抱，取逕幽迴，不落唐宋窠臼。晚晴簃詩滙引魏默深之言，謂集中精華，全在五古云。

右參湖南通志、何紹基撰序、羅汝懷撰序、徐世昌撰晚晴簃詩滙、續四庫提要。

會試牛刀手。時艱命亦屯。孤吟天地仄。一死布衣尊。凛凛常山舌。悠悠汨水魂。平生忠愛意。零落幾篇存。

東洲草堂詩鈔三十卷

清何紹基撰。先生字子貞，號東洲，道州人，尙書文安公淩漢子。道光十五年湖南鄉試解元，十六年聯捷成進士，選庶吉士，散館授編修。幼承家學，有才名，阮元、程恩澤頗器賞之。歷典福建、貴州、廣東鄉試，均稱得人。咸豐二年，簡四川學政，召對，詢家世學業兼及時務，晷移六刻始出。私衷感激，思立言報知遇，屢直陳地方情形，平反命案枉死者十七人。奏參總督、布政司、按察司、知府等員，置承審官七人於法，閭閻快之，咸以爲天眼開張。終以條陳時務，觸忤權貴，被謗蜚語，罣議鐫秩。時制府黃壽臣、將軍樂彥亭及地方紳耆咸思挽轡，而先生喜釋重荷，絕意仕進，角巾笻杖，縱探峨嵋瓦屋諸峯，飲酒賦詩，匝月忘返。旋主山東濼園、長沙城南書院，教授生徒，朂以實學。同治十三年卒，年七十五。先生內行出於天性，處家庭間，恂恂孝友，與人無町畦。見不善，必面斥，改復如初，故人咸親其和而憚其峻。通經史，精律算，博涉羣書，六經子史，皆有著述。嘗據大戴記，考證禮經，貫通制度，頗精切。又爲水經注刊誤。尤精小學，於說文考訂精深。旁及金石碑版文字，凡歷朝掌政，無不了然於胸。論詩以厚人倫，理性情，扶風化爲主，其詩天才俊逸，奇趣橫生，一歸於溫柔敦厚之旨。長篇歌行，鞭笞雷電，震盪乾坤，騰驤變化，得詩人舉重若輕之妙。臨桂朱蓮甫侍御謂其詩隨境觸發，鬱勃橫恣，適如其意之所欲出。善化賀耦耕中丞題其詩草云：忠孝鬱至性，一卷三綱繆。行身式曾閔，餘事兼韓歐。世以爲確論。書法具體平原，上溯周秦兩漢古篆籀，下至六朝南北碑版，搜輯至千餘種，皆心摹手追，卓然自成一家。草書尤爲時重，海內求書者門如市，京師爲紙貴云。作書執筆用懸拏，若開強弓勁弩，取李廣猨臂彎弓之義，故晚年自號猨叟。

所著有惜道味齋經說八卷、說文段注駮正四卷、詩文集十六卷、試闈草一卷、使黔草三卷、試粵草一卷、瓦屋山游草二卷、詩餘一卷。詩集卷首朱序稱：子貞平日肆力於經史百子許鄭諸家之學，所爲詩不名一體，隨境觸發，鬱勃橫恣，非積之厚而能達其意所欲出，不能爾也。自序則謂性即平拙，復守庭訓，一切豪誕語、牢騷語、綺艷語、疵貶語，皆所不喜，其嚴於自律如此。詩集有同治六年長沙無園刻本。集中之使黔草三卷、峨嵋瓦屋游草二卷，另有道光間自刻本。

右參史傳、湖南通志、熊少牧撰墓誌銘、林昌彝撰小傳、徐世昌撰淸儒學案、晚晴簃詩滙、陳衍輯近代詩鈔、續四庫提要。

金壇解字珠錯落。千七百年無此作。王念森序語。奎星爛爛聚乾嘉。大江上下錦鱗躍。東原師弟務精邃。高郵父子騁廣博。芸臺一集貫群經。陽湖二士標雙閣。鴻儒樸學開生面。要掃明季玄談惡。振衣引吭風生柯。湘中百彥從之歌。願謝夔龍作書蠹。誰其健者道州何。高擎大纛赴堅壘。東下偏師相盪摩。冥蒐碑版到鐘鼎。糾繩許鄭辭嵯峨。餘事詩歌復奇絕。勢若鯨奔雷電掣。人言排奡昌黎徒。我謂雄深豫章傑。六經百史餐玉雪。吐納故有仙凡別。霜蹏偶躓蜀道難。天遺著書廓陳說。負郭有田棲有穴。黃犢自健鳩自拙。涉江一拜杜公祠。手釆芙蓉薦芳潔。傳經石室希前哲。瓣香重爲薹齋爇。亦有法書聳高古。剛健內涵生媚嫵。猨叟之名駭胡賈。一軸須酬十石鼓。問君師法何所取。頗異畫錐折釵股。將軍南山夜獵虎。引弓射之石沒羽。乃悟作書力爲主。要斡柔翰如勁弩。一朝舒臂挽百鈞。丹鳳起舞蒼龍馴。化作天池萬羽鱗。猨乎猨乎爾何神。

海秋詩集二十六卷

清湯鵬撰，先生字海秋，益陽人。生負異稟，九歲能屬文。年十四補學員，道光二年舉於鄉，明年成進士，年甫二十。山陽汪文端爲座主，奇其文，名是以起。初喜爲詩，自上古歌謠，至三百篇，漢魏六朝唐，無不形規而神絜之，有詩三千首。既官禮部主事，觀政之餘，益閉戶爲學，縱涉經史百氏之書，道光十年充軍機章京，兼方略館纂修。旋補戶部浙江司主事，擢貴州司員外郎。十五年，充會試同考官。人皆謂先生不日躋津要，得美仕，而先生獨以資求爲御史，擢山東道。意氣蹈厲，其議論所許可，惟李德裕、張居正輩，徒爲詞章士無當也。於是勇言事，未踰月三上章，最後以言宗室尚書叱辱滿官非國體，奉旨責以不勝言官任，罷御史，回戶部行走。充陝甘鄉試正考官，路聞母喪歸。服闋起復，補江南司郎中，管理軍需局。是時英吉利擾海疆，求通市，朝廷命將無功，卒議撫通市，先生已黜，不得言事，猶條上三十事於尙書，轉奏報聞。生平負才氣，鬱不得施，乃著之言。爲浮邱子一書，立一意爲幹，一幹而分數支，支之中又有支焉，支幹相演以遞於無窮。大抵言軍國利病，吏治要最，人事情僞，開張形勢。尋躡要眇，一篇數千言者九十餘篇，都四十餘萬言。每遇人輒曰：能過我一閱浮邱子乎？其自喜如此。姚石甫以臺灣道創英吉利受誣訴，事白出獄，先生大喜，觴客於萬柳堂，爲石甫賀。以浮邱子質梅伯言，乞爲可否。既而先生死，伯言深哀之，爲撰墓銘。卒於道光二十四年，年四十四。友人曾滌生，邵位西等皆深惜其不壽。

先生少爲文有奇氣，初成進士，所爲制藝，人爭傳誦，市肆售其藁幾遍。先生曰：是不足言文也。取漢魏六朝及唐人詩歌追儗之，必求其似，務備其體。嘗謂友人曰：漢以後作者，或專工文辭而義理時務不足；或精義理，明時務，而辭陋弱。兼之者惟唐陸宣公，宋朱子耳。吾欲奄有古人，而以二公爲歸。其持論如此。道光初，先生與邵陽魏默深、建寧張亨甫、仁和龔定庵同居京師，負盛名。四人者，皆慷慨激厲其志業，才氣欲凌轢一時者也。而先生更與宜黃黃樹齋，歙縣徐廉峯及亨甫日以詩相馳逐。續四庫提要稱先生天才絕特，所爲詩淋漓酣暢，不規規於格律，肖其爲人。五古如感春十九首、秋懷九十一首、古意八十首、九懷二十八首追擬嗣宗，得其神理。七古如孤鳳篇，放歌行四十首，前後忼慨篇，如長江大河，浩瀚無涘。律體胎息唐賢，亦多佳什。要之才氣縱横，是其所長，馳騁無節，亦其所短。然他人患才不足，而湯氏獨患有餘，固自一時豪傑之士云。所著海秋詩集二十六卷，道光十八年自刻本。另有七經補如干卷，稿藏於家；明林三十卷未成書。

右參史傳、梅曾亮撰墓誌銘，王拯撰行狀，姚瑩撰傳、邵懿辰撰哀辭、徐世昌撰晚晴簃詩滙、益陽縣志、續四庫提要。

少年磊落射雕雄。豈止詩工策並工。志業但期張太岳。文章惟許陸宣公。夢回紫闥黃扉外。愁在孤呻獨喟中。安得敢言三五輩。批鱗日日罄愚忠。

其二

萬柳深深暎綠醅。命儔休沐得姚梅。三生中壘修書願。一集浮邱濟世才。孤鳳失鳴文自炳。化鯤無路翮先摧，憐君憂國虛垂淚。此帙差同賦鵩哀。

愼盦詩鈔二卷

清左宗植撰。先生字仲基，號景喬，湘陰人。父觀瀾，字起湘，廩生，以善書名。先生於道光五年乙酉拔貢，十二年壬辰鄉試解元，選桂東縣教諭，補內閣中書。少以詩自豪，有湖南四傑之目。四傑者，謂邵陽魏源、郴州陳起詩、益陽湯鵬並先生而稱也。任中書時，祁寯藻掌軍機，深信其言。大學士賽尙阿視師廣西，先生獨期期以爲不可，而言曾國藩足當大任，江忠源樸幹，任軍旅可倚信。文集卷上上祁相國書，卷下與季高弟書，均詳及其事。二公者其後皆以功名顯，先生實知之最先。

左文襄公，先生同母弟也。文襄出入將相，勳業爛然，而先生優遊文學，終老鄉里。論其才氣縱横，固無讓乃弟。與文襄同舉於鄉，先生獨冠其曹，聲名藉甚。平時論學，不尙苟同，歲暮還家，各出所著相示，竟夕爭駮不已，家人輒溫酒解之。其後兄處弟出，聚少離多。同治六年，文襄由閩浙移督秦隴，先生赴漢上相視，時已病咳，不輕飮饌，兄弟互誦詩文爲樂，蓋非復曩時喧競之態矣。晚年所愛少子渾赴禮部試病歸，數月歿，以哭子過哀，病遂不起。

先生亦精研天文之學，考訂開元占經行世。此集與文鈔二卷，並刻於光緒元年。前有文襄序，稱其詩尙樸忌巧，務爲苦吟，然或傷生硬，又頗有率易之病。至於從容之致，嫻雅之音，不可多得云。晚晴簃詩話譽爲軒昂排奡，有不可一世之概。

右參湖南通志、左宗棠撰序、徐世昌撰晚晴簃詩滙、續四庫提要、江蘇國學圖書館總目補編。

湘濱有四傑。作賦追屈宋。邵魏與郴陳。雄才肆錯綜。益陽稍晚出。奇詭得天縱。恂恂左仲翁。鑄辭獨矜重。褎然蟾宮長。坐受群仙供。美譽喧二難。一榜季方共。白也具隻眼。薦郭堪重用。遂啓靈武功。大寫中興頌。微官解匏早。未戀中書俸。苦無貰酒貲。秫田聊自種。憂來揮老淚。那禁西河痛。遺經表家刻。光前蔚群從。（遺集由子姪共同蒐集付刊。）矩矱良在茲。永爲後學誦

茶香室詩草一卷

清黃婉嬌撰，黃氏字葆儀，寧鄉人。城步縣學訓導黃本騏之長女，拔貢瀏陽歐陽道濟之妻，事親以孝聞。父早逝，繼母楊，二十五而寡，嘗割股療姑疾。後楊氏病，女事之如本生，亦割臂療之，兩代孝行相同，人以爲難。

此集爲道濟搜輯身後存稿，乞叔父本驥親爲芟定者。卷首有本驥序及張家榘、何紹基、龍啓瑞等題詩。據江蘇省立國學圖書館總目補編錄茶香閣遺草一卷，附一卷，道光間寧鄉黃氏三長物齋叢書本。惟續四庫僅錄詩草一卷。

右參湖南通志、續四庫提要、江蘇國學圖書館總目補編。

問學會隨騏驥馳。亦能刲臂亦能詩，從來孝女多奇行。爭及黃家幼婦辭。

古香山館詩存三卷

清彭洋中撰。先生字彥深，一字曉杭，先世由江西徙茶陵，再徙湘鄉，遂爲湘鄉人。少端亮穎敏，善讀書，雄於文詞。年十七補縣學生，以優等食廩。道光八年年甫冠，舉於鄉，會試不第，歸遭父喪。服闋再上，留京師六年。時與同鄉輩聯文酒之會，每一藝出，皆驚歎以爲不及。其後與聯文者多入翰林，或洊卿貳歷封疆，而先生七試會闈不得成進士，退爲邵陽校官十有七年。時新化鄧湘臯亦客是邑，先生與交遊，朝夕研討，益發憤爲文詞以自見，文章書法，卓絕一時。尤喜表章先賢偉節軼行，湘臯撰沅湘耆舊集，纂輯郡志，先生任列女傳，蒐考特詳。建前後五忠祠，十先生祠，宋明以來郡人士及官賓慶死事諸賢皆列俎豆，褒顯無遺。倡其議者鄧氏，贊襄考訂，始終其役者，先生之力也。府縣政令有不便於民及爲閭閻所疾苦者，必爲達於守令。守令皆雅重先生，所建白蓋無不從也。長白魁聯來署寶慶知府，日夕孜孜圖治，所與謀者，惟幕客王治模及先生。凡先生所訂詰姦剔暴，保甲團練諸法，及議積粟府城，皆督成之。城鄉士民咸願爲先生耳目，往往傳牒村社，縛獻首逆致之法，令以下皆勿聞，以是忌且懟。而終使盜賊弭息，士民大懽，則又惟先生是誦。及洪揚亂起，益佐郡守治保甲團練，獻議積穀郡城，得萬五千餘石。其後廣西餘黨屢犯郡境，及石達開率數十萬衆掠江西而南圍郡城三月，賴所儲穀濟軍食。而各鄉團練亦皆能據險殺賊，於是寶慶屹然爲重鎮。忠義勇敢之士奮起立功名，民皆曰：微太守魁公吾屬終陷賊耳，微先生亦誰與佐太守以有成功。寶慶圍解，敍團防功，授雲南定遠知縣，加同知銜，旋復優敍以同知選用。咸豐十年，湘撫駱秉章赴四川督治軍事，奏調隨往，留萬縣司轉運，監造火箭。十一年，官軍大破緜州賊十六萬，捷聞，以先生名上，保知府，留四川補用。會駱公總督四川，劉蓉任布政使，檄先生至成都籌辦鹽貨釐金，勸捐輸以佐軍餉，凡三年，先後收釐捐銀四百餘萬，賊平，敍功加道銜。同治三年五月，權潼川府知府。十一月卒，年六十二。

蜀自李藍之亂，州縣皆藉防堵名，布私卡漁利自肥，縣或數隘，狙伺網張。劉氏既抵任，盡撤之，通省水陸衝要設局三十餘所，分委廉能官紳董其事，而以先生提調總局。州縣既不便所爲，羣薦賄先生，必峻却。則又授意商民毀局毆官吏以撼焉，然先生不爲動也。劉在蜀，嘗糾貪劣吏三十餘員，私謁告絕。獨先生間四五日輒一詣署，辰入酉出，或至漏下。由是同僚咸忌之，或謂巡撫所糾乃先生素未慊者，然先生實未嘗有言。會重慶府缺員，劉氏念大郡殷繁，商民雜湊，非綜練有介操者不可爲治，乃請於駱公密疏三人以待朝命。三人者，遵義唐烱，長安蔣若采，其一先生也。駱初韙之，旋入忌者之言，事遂寢。未幾，劉調陝西，江忠濬任布政使，夙耳先生賢，勞績又最，乃請署潼川。至則盡剔弊蠹，與民更始，遇屬吏如師弟相處。民有爭訟，煦煦勸諭若家人。與書院之學以勵士行，輓鄰邑之粟以贍饑餒，潼川之民被其德感之，聞其喪哀之，涕泗塡咽，得未曾有。屬纊前一日，以浣花牋書遺詩四章，蒼勁不減平時。郭筠仙、劉霞仙等皆深悼之，謂未竟其用。著作有文集十六卷、詩四卷。

此集詩三卷，乃先生卒後，子廷弼搜集遺稿付印者。廷弼跋記引郭嵩燾言，稱其詩至官邵後，字精妙，卓然自成一家，深服其晚年精進之不可及。劉蓉養晦堂詩集有題先生遺詩五首，自注亦盛推之。

右參郭嵩燾撰墓誌銘、劉蓉撰墓表、湖南通志、邵陽縣志、徐世昌撰晚晴簃詩滙、續四庫提要。

寇起蠭方熾。城孤卵不如。先生爲借箸。合郡慶安閭。幕客依劉日。詩人入蜀初。問渠鹽鐵計。指點庫中儲。

其二

清苦潼川守。銘辭撫部姸。重勞有道筆。雙駛孝廉船。謂與鄧湘臯久共事才大恒憎命。天高不眷賢。浣花遺詠在。讀罷一潸然。

西垣詩鈔二卷附黔苗竹枝詞一卷

清毛貴銘撰。先生原名文翰，又名慶鴻，字彥翙，號西園，亦號西垣，巴陵人。道光十七年丁酉拔貢，二十年庚子順天舉人，大挑教諭。咸豐三年癸丑卒，年四十九。

先生幼穎悟，八九歲時，父師試以詩，輒成數十章不休，號爲神童。嘗登岳陽樓謁呂仙像賦詩：我亦能吟客，公眞大醉人。爲時人傳誦。卷中次韻吳南屏呂仙亭感舊之作云：憶昔九齡歲在酉，郡城童試時方秋。登樓大笑呂仙醉，詩如湖水滔滔流。即指前作。南屏嘗以詩集上之曾文正，文正讀後雅稱之，見公所撰日記。先生既捷秋闈，屢上春官不第，客遊授徒，歷關東、西秦、黔中、東萊皆有詩，晚而益工，稿出，人爭寶之。道光間，與湘陰左仲基再晤於都門，左公誦其詩，歎其抑塞磊落，恢詭瑰麗，特爲揄揚於朋輩間。詩集原有家刻本，流傳絕少。此本爲王先謙益吾重刊，前有李楨序，王氏得自楨，大欣賞之，爲付剞劂焉。

右參吳敏樹撰墓志、左宗植撰題辭、王先謙自訂年譜、湖南通志、徐世昌撰晚晴簃詩滙、續四庫提要。

十賦吟成正駒齒。登樓一粲醉仙頽。談經上座青氈敝。鬬韻秋風短鬢摧。西陟岧嶢參太華。東臨淸淺過蓬萊。多情最是葵園老。遺跡蒼茫訪刼灰。

綠漪草堂詩集二十卷

清羅汝懷撰。先生字研生，晚號楳根居士，湘潭人。幼樸訥，父修澍，意不令卒學，固請得許，步至省城城南書院，得卒所業，然不甘以制舉名，頗騖博覽，喜形聲訓詁之學，求得顧、汪、戴、段諸家之書，精研力索，曲暢旁通。乾嘉之際，經師輩出，風動天下，而湖以南闇然無知鄭許說文之學者。先生居石潭萬山中，承其遺論，獨以治經必先識字，搬意潛思，受成於心，不假師資。年三十四，充道光十七年拔貢生。入京師，得交同輩名人，尤善夏恒、湯鵬、何紹基諸人。所著書曰周易訓詁大誼，禹貢義箋，毛詩古音疏證，漢書溝洫志補注，古今水道表，十三經字原，六書統考，皆粗具義例。湘鄉曾公深重之，以爲有國朝經師之遺風。先生性和雅，貌溫而氣愉，與人交，洞見肺腑，久而益親。言事常使意餘於詞，婉約微至，雜以諧笑。尤以利濟民物爲心，部使者駱文忠公議治團防，得先生團練芻說，節取頒行以爲式。其後陽湖惲公籌積穀，德與李公申明鴉片烟之禁，其端皆自先生發。咸豐四年，曾文正督師出征，壁長沙城南妙高峯，先生款轅計事，時城晝閉，縋而出入，夜輒宿戎帳中。蚊蝨嚌膚不稍休，有黃金臺畔露筋祠之謔。翌年，文正師次江西，召先生，至則曰：吾任爲賓不受事。旋選授芷江縣學訓導，改選龍山縣學訓導，皆未赴。乃納貲請敍內閣中書，得遂隱居之志，卜築鄉間，不問外事。嘗繪蒼松老屋圖，郭筠仙、鄒叔績皆爲題詠。同治初，詔編忠義錄，裒錄死事者，先生獨力任之。新化鄧湘皋輯沅湘耆舊集二百卷，先生嘗助之蒐討，自唐以來湖南文獻可記錄者不遺鉅細。又爲明季湖南殉節諸臣傳略，以勸奬節義，存鄉先達遺跡。嘗曰：永明之難，湖南死節者爲多。洪軍據有長江，河南之寇徧及東豫，而甘陝困於回逆，兵師一出，湖南死忠者倍焉。國家方盛，成功立名，震耀天地，而死者之節則一也。至於湖南之文傳世者無多，而要關繫一方掌故、政治、學術，尤有以見歷代人文之盛，而一鬱而不宣，此吾事也。於是輯湖南文徵二百卷。沅湘耆舊集僅采詩辭而不及古文，此輯則裒集元明以來文七百餘家，分類編次。凡元明文五十四卷、清文百三十五卷，首冠以姓氏傳四卷、目錄六卷、合爲二百卷。所錄精於理者十之六，善言情者十之四，駢文亦頗有甄采，惟考據之文，蒐集甚少，曾文正嘗爲序首。又輯褒忠錄八十四卷。論者以湖南文獻之有徵，得湘臯及先生存其梗概，爲有功鄉里之大者。先生嘗疾近世漢學宋學之分，以爲名物度數，先王所以立教，而學必先識其大，未可偏勝。故其學於六藝故訓，地理沿革，古今山水源流，歷代法制、氏族、金石、篆隸、靡不研通。自少至老，手鈔不輟，細書箋注數千萬字。好談楚南掌故，莊諧雜出，風趣盎然。聞故家有叢殘秘帙，輒禱祀求之，數十年如一日。效力軍中，力謝薦剡，視天下事無足易所好者。非言厚行，不爲聲名，宏奬後學，士林奉爲通儒。光緒六年九月卒，年七十七。子萱，字伯宜，以諸生遊曾文正幕，從征有功，晉官知府。後隨黃潤昌入黔平苗亂，死之。

先生卒後，遺著多缺略無完書，獨所著綠漪草堂文集三十四卷、詩集二十卷、研筆館詞三卷、光緒間刋行於世。另有七律流別集十二卷、潭雅集四卷、湖南通志著目。性耽閒逸，富於天趣，故其詩時有自得之樂。同輩相與唱和者，以吳敏樹何紹基兩氏爲多。蓋南屏天懷超曠，與先生性格相類；子貞喜究六書，深通金石，先生亦留心文字碑版之學，嗜好相近故也。論者謂學涉之博，詩律之奇，足與猨叟相埒云。

右參郭嵩燾撰墓誌、李楨撰家傳、羅克進撰行狀、李元度撰羅萱別傳及綠漪草堂詩序、曾國藩撰湖南文徵序、湖南通志、湘潭縣志、續四庫提要。

潭州楚之望。山川振雄釆。湘水西南來。繞郭東入海。勝國三百年。地靈才所滙。羅公起寒素。致力於群經。取徑百王上。不落閒畦町。窮源到蝌蚪。微茫辨聲形。手書萬八箋。流隕如殘星。咸豐壬癸間。湘中寇方劇。詔起侍郎曾。墨絰赴行役。天意存梓桑。民心瞻槊戟。綃頭叢莽馳。縋城夜獻策。康成本通儒。廣野爲揖客。朝廷爵有功。書生戀山澤。構蓬蒼烟根。巢松白雲下。一壑君能專。稽古日鮮暇。商螭雜周獸。光怪滿茅舍。不煩折簡邀。時稅群公駕。諧談共樽酒。大足消長夏。詩爭猨叟奇。功亦湘臯亞。搜文遍巖穴。褒忠勵風化。隋珠勤拂拭。光出漫漫夜。所嗟傳本稀。慕爾連城價。

斅藝齋詩存二卷

羅汝懷　鄒漢勛

清鄒漢勛撰。先生字叔績，新化人。父文蘇，歲貢生，授徒鄉里，闢學舍曰古經堂，與諸生肄士禮其中。其考據典物，力尊漢學，而談心性則宗朱子。先生兄弟六人，少秉庭訓，皆以才稱，而先生爲最。年十五通左氏義，佐伯兄漢紀撰左氏地圖說，又佐仲兄漢潢撰羣經百物譜；年十八九，撰六國春秋。鄉居苦書少，輒詣郡學借觀，手錄口誦。於天文推步、方輿沿革、六書九數，靡不研究。而制舉業不循繩尺，繁或千言，簡不盈幅，久困童子試。道光十七年學使試以三江九江考，異之，拔補郡學生。旋食廩餼，亦先耳其名故也。當先生孜孜爲學時，人無知者，惟同縣鄧顯鶴湘臯深異之，惜其閟跡里閈，無由出與名流接納，以擴見聞。招至寧鄉學舍，同編蔡忠烈公遺集，旋校刋王而農先生遺書數十種，先生知名自此始。湘臯修寶慶府志，先生與焉，所論述爲多。郡守黃君宅量移黔中，招先生往，至則爭相延致。而貴陽、大定、興義、安順諸郡志，以次蕆事。咸豐元年，舉於鄉。明年春官失利，東下訪魏源於高郵，互出所著相參訂，同撰堯典釋天一卷。會洪軍陷江寧，先生以援堵守三策，上書曾文正，謂不援江西，堵廣西，湖南亦不能守。文正用其言，命偕江忠淑率楚勇千人援南昌，圍解敍勞，以知縣用。未幾，江忠烈公擢安徽巡撫，約先生相從，遂同及於難。先是省會移廬州，敵由桐舒往犯，忠烈道病，至六安益劇，所部千人倍道前進。先生守大西門，敵爲隧道三攻之，城坍數丈，敵將登陴，先生擊却之，堅守三十七日，地雷復發，城陷。先生坐城樓上，命酒自酌，持劍大呼殺賊。敵至與格鬥，手刄數人，力竭，敵刄交項，血淋漓，項偏折。兩卒掖之前走數武，死之，年四十九。贈道銜。所著讀書偶識三十六卷，自言破前人之訓故，必求唐前之訓故，方敢用。違箋傳之事證，必求漢前之事證，方敢從。以漢人去古未遠，諸經注皆有師承，故推闡漢學，不遺餘力。尤深音韻之學，初著廣韻表十卷，晚爲五韻論，說尤精粹，時以江戴目之。生平著述已知者，除前述外，有數藝齋文集三十六卷、穀梁傳例十四卷、說文諧聲簿十六卷、夏小正義疏一卷、易象隱義二卷、雜卦圖說一卷、卦象推廣一卷、六國春秋二十四卷、顓頊憲考二卷、帝繫詁一卷、詩序去害釋滯發微四卷、凡廿餘種藏於家。同治二年，土匪焚其居，熸焉！今存者，讀書偶識十卷附一卷、五韻論二卷、顓頊律考二卷、數藝齋文存八卷、詩存二卷、外集詩一卷、紅崖石刻釋文一卷、南高平物產記二卷、貴陽府志、大定府志，與義府志、安順府志如干卷。

先生生時，母氏夢虎驚而寤。少力苦於學，罔舍晝夜，衣履垢敝不稍飾。兄弟互相師友，志在勵名節，敦氣誼。前後館穀所入，不下數千金，悉供購書周急之用，家無甔石儲，弗計也。方其未第時，治訓故至十年不下樓，博極羣書，然不事制舉業，蓋將以童生老也。後遇朱公，始注學籍。咸豐元年春，遊黔歸，會邵陽有鬬殺案，株連及其族某，先生謁縣令，欲直之，語少戇，忤令。令故俗吏墨而鷙者，遽令下諸獄，將牒臺使褫其衿，士論大譁，顧莫克援手。會郡守黃文琛新涖任，聞之大驚，思所以出之。念鄉試近，遲恐後期。乃假端午讌客，紳僚畢集，獨虛上坐以待先生。顧問左右，鄒先生安在？因遣使持名刺速之。是時邵陽令在坐，心知所速即先生而不敢言，且不虞其爲太守重客也，頗驚慚失措。太守僞勿知也，命再速，須鄒先生至乃即席。使者數輩，直詣邵陽獄求鄒先生。典吏大驚，遣急足密詢令，令遽命釋之，先生始出獄與宴大懽。是科遂舉於鄉，卷與時藝頗枘鑿，中引古義，主者異之，經義及策尤博雅，遂入選。方赴省試時，寓城南蔡忠烈公墓祠，蔡公諱道憲，明季長沙推官死寇難者也。先生夜夢忠烈衣冠召見，索試藝閱之，不以爲工。既而曰吾姑薦爾，竟得舉。其後先生壯烈死難亦與蔡公同，宜其有冥契歟。邵陽令某未幾以墨敗。

時邵陽魏默深源、道州何子貞紹基名重一時，先生與之頡頏，人稱湘中三傑。生平作詩不多，亦時有高秀之句，爲考據家所難能。集刻於光緒八年，另有水雲居詞一卷行世，見寶慶府志。

右參史傳、李元度撰事略、天岳山館文鈔書鄒叔續遺事、王闓運撰傳、朱孔彰撰別傳、徐世昌撰淸儒學案、晚晴簃詩滙、湖南通志、續四庫提要。

金田二秀人中傑。睨茲原鹿同甕鼈。惜乎旂鼓欠堂堂。好以鬼神麗其說。嚮使其人果得志。蒼天已死丘軻絕。四方逢掖群起攻。就中叔子最激烈。督師轅前三建策。不炫雲奇鬭波譎。誓驅橫磨十萬劍。止渠錯鑄九州鐵。從知一個蟣蝨臣。足預千秋貔虎列。向來簡練太公書。馳騁一軍如電掣。眼底山川觀聚米。楚尾吳頭十盪決。舒廬烽火急相催。張翼江公走旌節。朔風吹送八公雨。臘月淝東天欲雪。城周萬鼓聲正喧。城上百觴耳方熱。登陴群賊如蟻附。白刃相交五步血。辟易千夫寶刀缺。奮擲頭顱背猶裂。君看牖下與鋒端。眞有鴻毛泰山別。平生交友默觚子。經史淵淵兩心折。勢同齊楚相頡頏。餘子紛紜是滕薛。遺編積藁汗十牛。故山幸有藏書穴。何物狂且夜破門。竟與青氈一炬爇。精金美玉灰復灰。幾卷殘詩寶遺孑。彼蒼不仁那可問。半世窮愁心力竭。烏乎斯人一去不復返。斯文一喪長與訣。誦先生詩神奮揚。讀先生傳淚嗚咽。

羅忠節公詩集二卷

清羅澤南撰。公字仲嶽，號羅山，湘鄉人。幼穎悟好學，家貧無燈火，手卷讀月下，倦即露宿達旦。方五歲時，從父某設館授徒，隨大父往謁，授以字不忘。遇楹聯之難識者，則私自仰覽若有省悟，人以是異之，指謂大父曰：此子不凡，雖極不給，必資之讀，他日大門閭者，必是子也。年十九喪母，明年大父及兄嫂姊妹多人相繼逝，二十九，三子並殤。十年蹇運，奇窮至戚，殆極人世之苦。道光十五年，湖南大旱，饑疫作，公罷院試徒步歸，夜半叩門，聞夫人哭聲，則方以慟子至喪明。腹饑甚，索米爲炊，啓盎視之，無一粒之存。越四年，始補縣學生。又八九年，乃以廩生舉孝廉方正，時則年逾四十矣。然不屑制藝，所著皆言性理書，憂道不憂貧。假館四方，窮年汲汲，與其徒講濂洛關閩之緒，瘏口焦思，大暢厥旨，湘中耆老交賢之。前雲貴總督善化賀公長齡卒，遺命其子延爲師，遂館賀氏。咸豐二年，洪軍犯長沙，縣令召公練鄉勇以備不虞。明年春，曾文正公奉命督治團練，其行軍束伍技擊之法，多與公講求。適江西上猶土匪竄桂東，檄公進剿，行次衡山，寇起草市，衆千餘，公禽首逆劉積厚等，進擊桂東賊，走之。六月，洪軍自金陵分犯江西，江忠烈公據守省城，乞援師湖南，文正檄公偕劉公長佑往援，既解南昌圍，復破敵安福。班師衡州，殲土匪於永興。四年夏，公與提督塔齊布會師東下，六月攻岳州，以大橋爲敵所必爭，率所部扼橋守，七戰皆捷，殲其衆逾千。初公合兵不輕出戰，未嘗攻寇，寇以爲怯。塔齊布數激挑公，公益閉壘不出，至是開壁大戰，羣弟子執兵爲前鋒陷陣，皆以一當百，大破敵，遂以勇略著聞，世稱塔羅。閏七月，平高橋敵壘九。敵退踞城陵磯，乘勝進擊，連破之。由同知擢知府，賜花翎。轉戰而東，復崇陽，擊走咸寧洪軍，再敗之金牛，進據紫坊。曾公會諸將於金口，議攻武昌，公繪圖，獻方略。謂由紫坊出武昌，有二道，請以塔齊布扼洪山，而己任其難，攻花園。洪軍萬餘踞花園，築堅壘，一枕大江，一瀕青林湖，一跨長隄。深溝重柵，峙江東岸，與蝦蟆磯對壘，列巨礮向江內外，分阻水陸兩路。公率隊直趨花園，洪軍憑木城發礮，士卒蛇行而進，三伏三起，逼敵壘，分兵奪其舟，舟退，敵營亂，三壘同下。翌日，又破鮎魚套敵營。其竄洪山者，爲塔軍所扼，遂棄城走。武昌漢陽皆復，距會議僅七日。捷聞，以道員記名，尋授浙江寧紹台道，曾公疏請仍留軍。洪軍據興國，分陷大冶，公馳攻興國，下之。塔齊布亦克大冶武昌二縣。乃進規田家鎮，田家鎮者，江勢至此一曲，而半壁山橫截江之右畔，江水折而下，急溜如箭。前總督張亮基曾設江防於此以拒敵，尋陷。洪軍因其險爲橫江鐵纜以截水師，而屯重兵半壁山，與田家鎮營壘相望，夾江而守。公進駐馬嶺坳，距半壁山三里許。洪軍數千來犯，渡江來援者六萬人，公兵僅二千六百，乃與李續賓分軍據高阜左右，誡諸將曰：賊衆我寡，當以堅忍不發勝之。諸軍布陣以待，如怯戰者然。敵輪番撲衙，皆堅伏。相持兩時許，公度敵銳已竭，手大旗一揮，諸軍急攻，敵大潰，後路為我軍所阻，墜崖死者數千，遂奪半壁山。水師亦斷纜燔舟，克田家鎮。公以寡擊衆，功最偉，奏聞，賜號普鏗額巴圖魯，加按察使銜。當是時，公名震天下，既克廣濟、黃梅，復會諸軍大破羅大綱二萬衆於孔壠驛，乃引兵圍九江、薄湖口，敵堅守不可遽下。會湖口水師失利，九江水營亦被焚，曾公馳入公營。五年春，江北告急，廣濟，蘄、黃、漢陽皆陷，武昌得而復失，公從曾公入南昌。赴援饒州，遇敵陳家山、大松林，破之。復弋陽，援廣信，連克興安、德興、浮梁、義寧諸郡，加布政使銜。公以轉戰江西終非長策，乃上書曾公曰：武昌居吳楚上游，九江為豫章門戶，今皆為賊踞。崇通等處，羣盜出沒，江西之義寧、武寧，湖南之平江、臨湘，均無安枕日。欲克九江，必由武漢下；欲克武昌，必自崇通入。曾公以為然，因遣公回援武漢。以彭三元，普承堯所部賓勇隸之，凡五千人，令劉蓉佐理軍事。九月進攻通城，破敵悍黨萬餘人，克之。遂連拔崇陽、蒲圻、咸寧，自是武昌以南無敵踪。旋石達開自崇陽乘虛入義寧，而江西形勢益棘矣。十一月，師抵紫坊，與巡撫胡文忠、提督楊岳斌定取武昌議。公由東路，壁洪山，洪軍於武昌城外築堅壘十三，高與城埒。公乘敵與胡公酣戰之際，潛師繞壘後，毀平之，凡大小數十戰，平四城諸壘。六年二月，師薄城下，公親出督戰，夜有大星隕於西北。三月朔大霧，公方馳陣，城上礮下如雨，右額中槍，血流被面，裹傷戰逾時，歸而創劇，日夜危坐不寐，語喃喃皆時事，口占忠義祠楹聯使人書之。忽開目索紙筆仰臥書曰：亂亟時站得定，纔是有用之學。初八日晨起，汗出如瀋，握胡公手曰：武漢未克，江西復危，不能兩顧，死何足惜，恨事未了耳，其與廸庵好爲之。廸庵，續賓字也。語畢而瞑，春秋五十。胡公具狀以聞，詔依巡撫例議卹，賜其父嘉旦頭品頂戴，子兆作、兆升，皆舉人，予騎都尉世職。入祀昭忠祠，本籍、湖北、江西建立專祠，諡忠節。及江南平，穆宗追念前勳，加一等雲騎尉世職。

著作除詩文集八卷外，有小學韻語、西銘講義、周易附說、人極衍義、姚江學辨、方輿要覽諸書，體用兼備，一宗程朱，世稱羅山先生。軍中偶暇即讀書，時時集軍士講明大義，時稱儒將。然性極機警，用兵如神，善以少勝衆。自岳州挫後益持重，營制最嚴，臨陳以堅忍勝，如其爲學。或問制敵之道，曰無他，大學知止數語盡之矣，左氏再衰三竭之言，其注脚也。門弟子多隸麾下，胥一時豪傑之士。最著者：李續賓、續宜兄弟、王鑫、劉騰鴻、蔣益澧，後皆成中興名將，然用兵猶守公成法。曾公有言曰：矯矯學徒，相從征討，朝出鏖兵，莫歸講道。古來理學家領軍討賊，門下復多將才如公者，蓋僅見焉，嗚呼偉矣！

右參史傳、曾國藩撰神道碑銘、李元度撰別傳、朱孔彰撰別傳、郭嵩燾編年譜、徐世昌撰清儒學案、晚晴簃詩滙、陳衍輯近代詩鈔、湖南通志。

人物秀三楚。（陳后山句）惟公爲卓絕。師儒建節旄。虎豹出巖穴。長麾學子戈。勇膏壯士血。中原幾壘鬪。萬死無廻轍。人言軍事巧。爾守兵法拙。遂以拙制巧。一旅堅似鐵。窺壁龍戰酣。學陳得其訣。（王湘綺詩：羅山善學陳，轉戰江漢皐。自注：羅澤南將師初不敢戰，觀塔戰而已。一日寇來攻營，接戰大捷，後遂稱勁軍。朝兵暮講道。絃歌聲欲澈。嵯峨半壁山。摩厓紀鴻烈。猗歟一代驕。尚矣千秋節。

其　二

曾公困西江。水淺龍斂鬐。孤城當大敵。公實羽翼之。沿湖奮掃除。稍戢狐鼠滋。西向規三鎮。啣枚夜卷旗。迤南十餘郡。竹破無堅陴。振旆登紫坊。遂合鄂東師。客主勢潛易。茲行其契機。觀公援鄂書。論兵若列眉。其言存國史。史臣三致辭。上駟善騰驤。信乎武之遺。

其　三

武昌天下中。自昔爲名都。世亂兵鋒集。世靖商旅趨。軍興未數載。已報城三屠。偏旅東南來。其銳如摧枯。圍城下旦夕。一蹶增長吁。昨痛塔齊殞。孰與並肩驅。王李繼公隳。益覺形勢孤。翼也砥柱臣。腐心瘁厥軀。天不佑忠藎。惜爾良將徂。毋惜良將徂。人死兵魂蘇。

唐中丞詩一卷

羅澤南　唐訓方

淸唐訓方撰。先生字義渠，常甯人。生而敦敏，年十七，隸縣庠，食餼。中道光二十年舉人，大挑以教諭待銓。咸豐三年，洪軍陷湖北、安徽、江南三行省，踞江寧爲都，各屬土寇蠢動。曾文正奉命督治團防，剏水師，躬治戰艦於衡州，檄先生督團丁平土寇。文正東征，以先生典水師副右營。三月，洪軍犯湘陰、寧鄉，陷湘潭。文正檄水陸軍合勦湘潭，而自帥水師四營及陸軍攻靖港，師潰，會湘潭大捷，敵卒敗奔。先生辭水軍，權領軍饟所，供輸無鈌。嗣改入陸軍，從羅澤南克蒲圻，復武昌。又從攻興國之金牛堡，增募常甯勇五百人統之，曰訓字營，隸羅公部。從克田家鎮，薄蘄州，賊千餘躡至，先生鞭馬潰圍出，右鐙系絕，賊騎來追，乃蹝右足，以左足躡鐙，手短刀反鬬，馳三十里，有哨目扼山口揮旗，賊疑有伏始退。比還營，三日不能步。繼拔廣濟、黃梅，進軍濯港，敗悍敵羅大綱。是夕敵謀襲大營，漏五下，先生巡營，驚覺，敵薄壘而退。明日攻孔壠驛，親率壯士踏肩陟高墉，敵仰見旗大駭，傷一人，後者繼上，敵大亂，諸軍乘之，遂破孔壠。十一月，會攻九江城不下，分兵掠湖口，屯灰山。灰山者，當鄱湖出口，與石鐘山對峙，明史所稱罌子口也。壁軍山上，敵夜來襲壘，將踰溝，他軍覺，以夜不敢救，但張火爲聲援。先生令滅火，戒守者屛息以待，敵近壘輒被創。改用火箭燒先生幄，從容撲滅，竟夕無敢譁，敵技窮不復至。五年，偕羅軍援江西，克弋陽、興安、廣信、德興、浮梁，援義寧，敵屯城外鷄鳴、鳳凰二山，與城犄角。先生逼鷄鳴山下，督隊先登，敵驚潰，乘勝拔其城。是役也，州人在鷄鳴山麓立巨石書唐公戰勝處。既而從澤南回援武漢，克蒲圻，進攻武昌，累擢知府，賜花翎。湖北巡撫胡文忠來會師，進復咸寧。先生隨文忠壁省城外五里墩，當中路，羅軍屯洪山為東路，別將當西路。環城皆敵壘，官軍進擣，卒阻於長壕。六年正月元夕，先生令營卒為魚龍燈火之戲，輕騎循鮎魚套至藕塘，察壕守嚴密，惟藕塘恃水不設備。越日選壯士宵濟入其牆，斬邏者，大隊乘之，遂奪二大壘。是夕，先生以三百人繞二城門走敵衆數千，人服其謀勇。旋再破敵援於豹子海，會襄陽土匪高二先倡亂，圍府城，胡公令先生偕舒保馬隊往勦，破之於峪山。敵援至，又敗之。進克樊城，追至呂堰驛，擒女將軍宋氏，斬之。及去樊城，士民為立戎政碑。先生料敵必繞襲樊城，亟請舒軍旋師而己殿，明日果與賊遇，大敗之。賊退屯新野之楊集，結捻寇誓來決死，先生傳令以馬軍直進當敵步，步軍橫衝當敵馬，又敗之。賊走光化入房山，陷宜昌。胡公檄先生赴援，破敵於南漳，權襄陽知府。七年二月，川匪劉尙義犯宜城，揚言趨荊門，而使南漳賊襲府城，先生備之，急扼武安堰，賊奔據武安城，進攻之。會都統巴揚阿來招降，先生進勦高二先於璩灣，乘雪夜進擊，擒之，斬以徇，餘黨悉平。而巴揚阿所撫賊復叛，掠鄖、房、保山、竹山、竹谿、保康、與山。先生會陝西軍進攻，賊踞武當山，設三屯謀死守。先生繞出山後，會陰雨，禱於神，雲開，乃得進兵要害，分三路擊之，破兩屯，銜枚疾進，又破其一屯。餘賊保金頂，金頂為眞武廟，有石城，賊憑城轟砲，彈下如雨。先生曰：仰攻傷士卒，宜陽退，賊無水，必汲於九龍池，乃可擊也。夜，賊果出汲，擊之大潰，餘賊乞降，斬其魁二百人，襄郡悉定。先以克武漢論功，擢守巡道，至是加按察使銜，詔除湖北督糧道。陳玉成合捻匪犯蘄黃，先生自襄陽赴援，軍於蘄水之劉公河兩月，敵十萬分道至，凡五十餘戰，皆擊退之。進屯張家塝，胡公令於蘄州境內建碉卡，敵二萬來攻，領二千人當之，敵不得逞退。乘勝追擊，平壘三十有九，賜號奇齊葉勒特依巴圖魯，調援臨淮。尋以李續賓軍覆三河，回防湖北，屯陳德園。九年，陳玉成糾捻黨數十萬屯潛太，曾文正駐宿松，胡文忠駐英山，以多隆阿、鮑超、蔣凝學等合二萬衆會攻太湖，敵圍鮑超於小池驛，多隆阿不能救，令先生移軍近鮑營爲援應，甫至築壘未就，爲賊所乘，苦戰移時，退屯新倉，是夕先生以一敗全四軍。十年，解軍事，以久勞引疾求歸，文忠疏請赴糧道任，累晉湖北布政使。十一年，文忠駐軍英山，病甚，敵上犯黃州，抵滆口，武昌震動，訛言繁興，先生處以鎮靜，誅亂民數人，人心始定，滆口敵亦擊退。同治元年，安徽巡撫李續宜因母喪請假回籍，舉先生自代，命暫行署。當是時，中外達官，皆不願爲皖撫，以苗練反覆無常，官事棘手。先生雖領軍百戰，然部曲已散，倉卒召募，慮無以應變。且安徽四戰地，農商逃亡，賦稅無所出，臨淮一帶，民皆貧弱。既蒞任，力撐危局年餘，拒洪軍於廬州，破捻酋於靈壁，卒與僧格林沁共平叛軍，並撫循降圩，收其兵械。三年，署湖北按察使，尋晉署巡撫。六月，官軍拔江寧，粵亂平，鄂督官文上先生功，詔授直隸布政使，兼統練軍，出省防剿。七年，西捻平，請開缺省墓，遂不復出。光緒二年丙子卒於家，年六十八。湖北紳民最其治績，請祀名宦祠。

先生修髯偉貌，治事得法外意。道光二十年，與平江李元度同讀書嶽麓書院，後客京師，相與賣文自給。咸豐四年李氏入文正幕，先生往餞文正，李瞥見，握手問近況，先生答以將主講雙蹲書院。李曰：盍從戎，王侯將相，寧有種耶？先生曰善，遂偕行。其後乞假歸，仍主講雙蹲，償宿諾也。並立經緯公所，以教鄉人子弟，割腴產以供其費。名曰經緯，蓋取文武兼資之義。其在鄉，修家廟、置義田、建寶塔、哺棄兒。其居官也，族人年八十以上，歲有常餼。座主周頊流寓安徽，王桂就養直隸，皆擁彗郊迎，躬上食，人以爲美談。淸泉舉人唐如春與先生同下第歸，道卒，先生始以藥餌耗其資斧，終以乘車載柩，徒步歸其喪。安仁舉人段遇隆居京邸病，先生已就館，辭而出，與段同居爲治疾，越兩月不起，又致其喪歸。生平篤於師友之誼多類此。

詩集一卷，文集二卷，乃先生歿後，子準經等搜集遺作，刊布於光緒十七年，卷首有王湘綺序。

右參史傳、李元度撰神道碑、王闓運撰墓志銘、朱孔彰撰別傳、羅忠節公（澤南）年譜、湖南通志、續四庫提要。

李生一語唐生行。手提三尺收百城。縱橫馬上十二載。江淮草木知威名。中興儒將森群玉。發跡端從衡浦曲。金翅營中領水犀。木牛隊裡搏軍粟。渡江流寇似蜂屯。千騎追奔訓字旛。纔報踏肩平孔壠。又聞斷髮走襄樊。鄂邊形勝聯江右。桴鼓同袍唯恐後。壁上馳來王霸軍。城頭梟得劉龍首。新招子弟出湘東。虪虎桓桓氣似虹。破陣但敎區步馬。擒王寧復辨雌雄。武昌勢逼連營駐。力薄危墩取中路。夜半魚龍戲正酣。藕塘月黑驚飛渡。金甲花翎百戰痕。征東舊侶幾人存。平吳縱有封侯賞。畢竟難招楚客魂。乞骸幸許抽身早。萬事無如賦詩好。何須靑史繪麒麟。文苑儒林堪送老。慷慨猶聞酒後辭。

箭瘢紅照碧琉璃。黃驄往事君休問。看取鷄鳴山下碑。

曾文正公詩集三卷

淸曾國藩撰。公字伯涵，號滌生，湘鄉人。其先自江西徙衡陽，明季遷湘鄉，數百年力田孝悌，無以科名顯者。祖玉屏始篤學，父麟書，縣學生員，至公而昌大。公生時曾大父夢巨蟒盤旋入室，驚寤聞曾孫生，喜曰：此子必大吾門宅。屋後有老樹，藤糾之，樹槁而藤日大以蕃，人稱瑞藤。公初名子誠，中道光十四年甲午舉人，十八年成進士，改翰林院庶吉士，易今名。散館授檢討，二十三年大考二等，升侍講，充四川正考官，文淵閣校理。二十四年充教習庶吉士，轉侍讀。二十五年歷遷右庶子、左庶子、翰林院侍講學士，充會試同考官，日講起居注官。二十六年充文淵閣直閣事，二十七年大考二等，擢內閣學士，兼禮部侍郎銜。二十八年稽察中書科，二十九年補授禮部右侍郎，署兵部左侍郎。服官之餘，從太常寺卿唐公鏡海講求宋儒義理之學，日立課程。同時交遊者有蒙古倭仁、六安吳廷棟、昆明何桂珍、仁和邵懿辰、漢陽劉傳瑩等，常慨然負澄清天下之志。三十年庚戌正月宣宗崩，文宗即位，適廣西兵事起，洪楊據桂平金田邨，官兵進剿無功，詔廷臣極言得失。公奏今日所當講求，尤在用人一端，人才有轉移之道，有培養之方，有考察之法，三者不可廢一，疏入，諭稱其剴切明辨，切中事情，着於百日後舉行日講。公奏日講事宜，條陳十四款，下部議，格不行。詔保舉人才，公薦李棠階、吳廷棟、王慶雲、嚴正基、江忠源五人。六月，署工部左侍郎。咸豐元年署刑部右侍郎，充武闈正考官。粵局益棘，奏請簡練軍實以裕國用。陳天下之大患凡二，一曰國用不足，一曰兵伍不精。今之劣弁羸兵，宜量爲簡汰，以剟其腐者；痛加訓練，以生其新者。裁綠營五萬，所省餉銀，存備救荒之用。並抄錄乾隆增兵，嘉慶、道光減兵三案進呈。又上疏敬陳聖德三端，預防流弊，言過切直，帝怒摔其摺於地，立召見軍機大臣欲罪之。祁公寯藻入，叩頭稱主聖臣直者再。季公芝昌，公會試房師也，亦爲請曰：此臣門生，素愚戇，惟皇上宥之。上意乃解，且優詔褒答。公自爲侍從臣遷歷各部，十餘年間，常以直諫忤旨，上益察其忠。二年署吏部左侍郎，充江西正考官，七月丁母憂歸。洪軍犯湖南，圍長沙不克，攻武漢下之，連陷沿江郡縣，江南大震。十一月上諭以公與湖南巡撫會辦團練，公方具疏請終制，郭筠仙謂曰：公夙有志澄清，今不乘時而出，拘守古禮，何益於君父？且墨絰從戎，古之制也。公於是投袂而起督治鄉兵，用明戚繼光法訓練束伍。時塔齊布以都司署撫標參將，公審其忠勇可用，具奏特保，且云塔齊布將來如出戰不力，臣甘與同罪，得旨加副將銜，遂督隊佐公剿賊。同里羅羅山以孝廉講學鄉間，昌濂洛關閩之旨，聲名籍甚，公與研商技擊布陣之法，命募勇爲助，其門弟子皆執戈以隨。時土寇蜂起，人心惶惑，一日數驚，守土之吏，每畏葸養癰。公立三等法，聞警即派湘勇掩捕，莠民猾胥，立置重典，不以煩府縣獄。十旬戮二百餘人，謗讟四起，自巡撫司道以下皆心誹之，至以盛暑操練爲虐士，然見所奏輒得褒答，受主知，未有以難也。時則開誠納士，騰書遐邇，山林材智之倫，莫不感其誠，踴躍往見，皆謂曾公可與言事也。公見東南形勢利水戰，乃奏請在衡州捌造戰艦。南中匠卒，不諳製法，公博采衆議，研精覃思，短橈長槳，悉依規制，成大小戰船二百四十艘。募水陸萬人，水軍以褚汝航、楊載福、彭玉麐領之。陸軍則屬之塔羅二將。洪軍自江西上掠，再陷九江、安慶。三年十二月，江公忠源戰歿廬州。四年正月，楚督吳文鎔督師黃州，亦敗死。黃州、漢陽相繼陷，武昌戒嚴。詔旨促出師策應，初不責以數省軍務，而公獨毅然以討賊自任。於是以湖南爲根本，率水陸東征。舟師初出湖，遇大風損數十艘，陸師至岳州，前隊潰退，引還長沙。敵陷湘潭，邀擊靖港又敗，公憤投水，幕下士章壽麟援之出，得不死。布政使徐有壬，按察使陶恩培方謀奏劾，請罷遣其軍，湘撫駱秉章不可，曰曾公謀國之忠，宜靜待之。數日後水陸師果大捷湘潭，軍心稍定。公營長沙高峯寺，重整軍實，人多揶揄之。或請增兵，公曰吾水陸萬人非不多，而遇賊即潰，岳州之敗，僅載福水師一營拒戰。湘潭之勝，陸師塔齊布，水師載福各兩營，以此知兵貴精不貴多。昔諸葛敗祁山，減兵損食，勤求己過，實有見而然。且古人用兵，先明功罪賞罰，今世亂，賢人君子皆潛伏，吾以義聲倡導，同履危亡，初非以利動，故於法亦有難施，其致敗由此。諸將聞之皆服。既克湘潭，提督鮑起豹上功，而公請罪，上嚴旨詰責起豹，免其官，以塔齊布代。受印日，士民聚觀，慶得人焉。洪軍退踞岳州，七月，攻克之，燬其舟，敵浮舟上犯，再破之，遂與塔齊布水陸追擊，自城陵磯以下二百餘里，剿洗淨盡。九月復武昌、漢陽，盡焚襄河敵舟。捷報至京師，文宗大悅，手敕曰：覽奏感喟實深，獲此大勝，殊非意料所及，朕惟兢業自持，叩天速救民刼也。詔公署湖北巡撫，固辭。命領兵部侍郎銜，辦理軍務，毋庸署理巡撫。公建三路進兵策，奏言江漢肅清，賊之回巢抗拒者，多集興國、蘄州、廣濟諸屬。自巴河至九江，節節皆有賊船。擬塔齊布由南路進攻興國、大冶，湖北督臣派兵由北路進攻蘄州、廣濟，臣由江路直下，與陸軍相輔爲進止。上命如所請行。既乃揚帆下，舟次黃州，按行前總督吳文節公堵城營壘，於其殉難之處，爲文以祭，既惜國殤，爲雪其寃屈。先是兩湖總督吳文鎔擊賊於堵城，力盡死節，巡撫崇綸誣罔入告，朝廷不明眞相。公自入鄂，博諮輿情，廉得其實，具疏嚴劾崇綸前後傾陷狀，有旨逮問，崇綸懼罪仰藥死。九月，水陸師出擊，屢戰皆勝。蘄州敵來犯，再破之，會塔齊布復興國、大冶。時敵以田家鎭爲巢穴，蘄州爲聲援，自州至鎭四十餘里，沿岸築土城，設礮位，對江轟擊，江中橫鐵鎖，以阻舟師。南岸半壁山、富池口均有悍將大股駐守，舟檝往來如織。公計欲破田鎭，當先奪南岸。十月，羅山克半壁山，形勢一變。公乃部署諸將，分戰船四隊，一隊扼敵上犯，二隊備鑪、鎚、椎、斧，前斷鐵鎖。敵驅礮船護救，三隊圍擊之，沉其二，敵不敢近。俄而鎖鎔斷，洪軍驚顧失色，率舟遁，四隊馳追，及於武穴，東南風大作，敵舟不能行，官軍圍而焚之，百里內外，火光燭天，浮尸蔽江。陸軍自半壁山呼噪而下，悉平田家鎭、富池口營壘。是役也，斃敵數萬，燬其舟五千，復廣濟、黃梅、孔壠口、小池驛諸要郡。上游江面肅清，進圍九江，遣水師攻湖口、梅家洲，以通江西餉道。大小十餘戰，敵堅壘不出，舟師前隊三版駛入鄱陽湖，敵下柵湖口，銳卒二千人併舟俱陷入內湖，與外江水師隔。公方坐鎭外江戰艦，敵乘舴艋夜襲營，擲火焚舟，無小艇應戰，師遂潰，公走羅軍以免，憤欲自刎，羅公止之，公上疏請罪，溫旨寬慰。是時武漢空虛，官軍屯南北岸者勢皆孤弱。水師既挫，五年，洪軍伺隙下武漢，擾荊襄，掠崇通，破義甯。公分遣李孟羣、彭玉麐、胡林翼等軍回援湖北，塔齊布留攻九江，而躬至南昌撫定水師之困內湖者。造船募勇，增立新軍，破敵於姑塘、都昌、湖口等處。羅山從征江西，復弋陽、廣信、義甯。七月塔齊布卒於軍，公馳赴九江，收其部曲。江西巡撫陳啓邁事多掣肘，疏劾之。羅公上書，言東南大勢在武昌，得武昌，乃可控制江皖，大局乃有轉旋之望，請率所部援武昌取建瓴之勢。此時湖口諸軍但當主守，不宜數數進攻，以頓兵損威。戒諸公堅持，必俟湖口克服，大軍全注九江乃可議戰，公從之。幕府劉蓉諫曰、公所恃以轉戰者，塔羅兩軍、今塔將軍亡，諸將可恃獨羅公，公又令遠行，脫一旦有急，誰堪使者？公曰吾極知其然，計東南大局宜爲是，今俱困於此無益，此軍幸克武昌，天下大勢可爲，吾雖困猶榮也。羅公遂行，郭公嵩燾送之曰：曾公兵單弱，君遠去奈何？羅歎曰：天苟不亡本朝，曾公必不死，諸君無憂。公以九江久不下，師老無功，自請嚴議，上諭曾國藩督帶水師，屢著戰功，自到九江後，雖未能迅即克服，，而鄱湖賊匪已就肅清，所有自請嚴議之處，着加恩寬免。六年，石達開由湖北入江西，連陷八府一州，公馳赴南昌坐守，遣彭玉麐統內湖水師，退據吳城，以固湖防。李元度回剿撫州，以保廣信。諸將分阨要地，羽檄交馳，不廢吟誦。作水陸師得勝歌，教軍士戰守技藝結營布陣之法，歌者咸感奮，以殺敵敢死爲榮。顧軍寡難大挫敵，議者爭請調回羅軍，而羅公攻武漢被鎗死。彭公方乞假歸衡，聞江西警，芒鞋走千里，穿匪屯，至南昌助守。胡公已晉湖北巡撫，公弟國華、國葆奉父命乞師湖北，將五千人攻瑞州、湖南巡撫駱秉章亦資國荃兵援吉安，兄弟皆會行間。而公前所遣援湖北諸軍久之再克武漢，直薄九江。李續賓八千人軍城東，載福戰船四百泊江兩岸，江寧將軍都興阿馬隊佐以鮑超步隊駐小池口，凡數萬人，軍容甚盛，公自南昌迎勞，蒞觀而喜，兵勢復振。惟下游軍事方棘，江南大營潰，督師向榮退守丹陽卒，和春爲欽差大臣，與張國樑總領諸軍，攻江寧。太平軍內鬨，東王楊秀清，北王韋昌輝俱死。七年二月，公丁父憂奔喪還籍，請開缺守制。上諭曾國藩現在江西，軍務正當喫緊，古人墨絰從戎，原可奪情不令回籍，惟念該侍郎素性拘謹，前因母喪未終，授以官職，具摺力辭，今丁父憂，若不令其回籍奔喪，非所以遂其孝思。著賞假三個月，回籍治喪，俟假滿後，再赴江西督辦軍務。尋固請終制，上諭曾國藩本以母憂守制在籍，奉諭幫辦團練，當賊氛肆擾鄂皖，即能統帶湖南團勇，墨絰從戎，數載以來，戰功懋著，忠誠耿耿，朝野皆知。伊父曾麟書，因聞水師偶挫，又令伊子國華帶勇遠來援應，尤屬一門忠義，朕心實深嘉尚。今該侍郎假期將滿，陳請終制，並援上年賈楨奏請終制蒙允之例，覽其情詞懇切，原屬人子不得已之苦心。惟現在江西軍務未竣，該侍郎所帶楚軍素聽指揮，當茲勦賊喫緊，亟應假滿回營，力圖報效。曾國藩身膺督兵重任，更非賈楨可比，著仍遵前旨，假滿後即赴江西督辦軍務，並署理兵部侍郎，以資統率。俟九江克復，江面肅清，朕必賞假令其回籍營葬，俾得忠孝兩全，毫無餘憾。該侍郎殫心事主，即以善承伊父教忠報國之誠，當爲天下後世所共諒也。公復奏稱江西各營安謐如常，毋庸親往撫馭，並瀝陳才難宏濟，心抱不安。奉旨先開兵部侍郎缺，暫行在籍守制。江西如有緩急，即行前赴軍營，以資督率。八年四月，李續賓等拔九江，磔敵守將林啓榮，內外水師通。戴福連拔望江、東流，揚颿過安慶，克銅陵、泥汊，與江南通，由是湘軍水師名天下。胡公林翼以調度有方，加太子少保，諸將亦獎晉有差。胡公以師剏始自公，楊彭皆其舊部，請起公視師。會石達開自江西入浙，浸及福建，分股再犯江西。朝旨詔公出辦浙江軍務，公至江西，屯建昌。又詔援閩，公以閩事不足慮，而景德地衝要，遣將援贛，南攻景德，國荃追洪軍至浮梁，江西列城次第復。石軍西掠湖南，圍寶慶。上慮四川且有變，胡公亦以鄂餉倚川鹽，而公久治兵，無彊寄，乃與官文合疏請公西援蜀。行至巴河，聞敵軍已入廣西，上游兵事解，而陳玉成再破廬州，續賓戰歿三河，公弟國華同日殉，奉諭以皖省賊勢日張，飭籌議由楚分路勦辦。公通籌形勢，因奏言：自洪楊內亂，鎮江克復，金陵逆首，凶燄久衰，徒以陳玉成往來江北，勾結捻匪，廬州、浦口、三河等處，迭挫我師，遂令皖北之糜爛日廣，江南之賊糧不絕。欲廓清諸路，必先破金陵，欲破金陵，必先駐重兵滁、和，而後可去江寧之外屛，斷蕪湖之糧路。欲駐兵滁、和，必先圍安慶以破陳逆之老巢，兼搗廬州以攻陳逆所必救。進兵須分四路，南則循江而下，一由宿松、石牌規安慶，一由太湖潛山規桐城。北則循山而進，一由英山、霍山攻舒城，一由商城、六安規廬州。南軍駐石牌，則與楊岳斌黃石磯之師聯爲一氣。北軍至六安，則與壽州之師聯爲一氣。國藩請自規安慶，多隆阿、鮑超取桐城，胡林翼取舒城，李續宜規廬州。奏入，上是之。各軍既出，多隆阿復太湖潛山、軍桐城。國荃圍安慶未下，而皖南洪軍陷廣德，襲破杭州。李秀成大會諸軍建平，分道援江寧、江南大營復潰，張國樑戰歿，督師和春死之，常州、蘇州相繼失，咸豐十年閏三月也。左公宗棠聞而歎曰：此勝敗之轉機也，江南諸軍將蹇兵疲久矣，滌而清之，庶幾後來可藉手乎。或問誰可當者；胡公曰：朝廷以江南事付曾公，天下不足平也。而廷諭以時至，加公兵部尙書銜，署兩江總督，以欽差大臣督辦江南軍務。斯時江浙所在告警，或請撤安慶圍，先所急，公曰：安慶一軍爲取金陵張本，不可動也。遂南渡江駐祁門，未旬日，洪軍陷寧國、徽州。會英吉利寇天津，僧格林沁與戰敗績，文宗狩熱河，恭親王留守。勝保奏請飛召外援，公發書請提兵北上，以和議成而止。其冬洪軍羣集皖南，一出祁門東，陷婺源。一出祁門西，陷景德。一入羊棧嶺，攻大營。環城數重，軍報不通，將吏慄然有憂色，固請移營江干，就水師。公曰：無故退軍，兵家所忌，卒不從。使人間行檄鮑超、張運蘭亟引兵會。身在圍中，意氣自如，時與賓佐酌酒論文。自官京師即日記所言行，後履危困無稍間。其駐祁門，本資餉江西，及景德失，議者爭言取徽州以通浙米，乃自將大軍次休寧。敵來攻，值天雨，八營皆潰，草遺囑寄家，誓死守休寧。適左公大破敵樂平，運道通，乃移駐東流。十一年八月，國荃克安慶，捷聞而文宗崩，胡公亦卒。穆宗立，以公先帝重臣，委任益至，晉太子少保銜，命節制蘇、皖、浙、贛四省軍務，固辭，上不許，諭曰：前命曾國藩以欽差大臣節制江浙等省巡撫提鎮，以一事權。曾國藩自陳，任江督後，於皖則無功可敍，於蘇則負咎良深。並陳用兵之要，貴得人和，而勿尙權勢；貴求實際，而勿爭虛名。朕心深爲嘉許，仍諭令節制四省，以收實效。曾國藩復陳下情，言現在諸路出師，將帥聯翩，威柄太重，恐開斯世爭權競勢之風，兼防他日外重內輕之漸。足見謙卑遜順，慮遠思深，得古大臣之體。在曾國藩遠避權勢，自應如此存心。而國家優待重臣，假以事權，從前本有成例。曾國藩曉暢戎機，公忠體國，中外咸知。當此江浙軍務喫緊，生民塗炭，我兩宮皇太后孜孜求治，南望增憂。若非曾國藩之悃忱眞摯，豈能輕假事權？所有四省巡撫提鎮以下各官，仍歸節制。該大臣務以軍事爲重，力圖攻勦，以拯斯民於水火之中，毋得固辭。此後朝廷每有軍國大計，咨而後行。同治元年正月，命晉兩江總督協辦大學士，公再奏曰：自秋以來，疊荷鴻恩，臣弟國荃又拜浙江按察使之命，一門之內，數月之間，異數殊恩，有加無已，感激之餘，繼以悚懼。懇求皇上念軍事之靡定，鑒微臣之苦衷，金陵未克以前，不再加恩於臣家。又前此迭奉諭旨，飭保薦江蘇、安徽巡撫，復蒙垂詢閩省督撫，飭臣保舉大臣，開列請簡。封疆將帥，乃朝廷舉措之大權，如臣愚陋，豈敢干預？嗣後如有所知堪膺疆寄者，隨時恭疏入告，仰副聖主旁求之意。但泛論人才，以備採擇則可；指明某缺，徑請遷除則不可。蓋四方多故，疆臣既有征伐之權，不當更分黜陟之柄。風氣一開，流弊滋甚，辨之不可不早。當是時，洪秀全建號太平天國，稱天王，踞金陵。李秀成稱忠王，犯蘇滬。李世賢稱侍王，陷浙杭。楊輔清稱輔王，屯寧國。汪海洋稱康王，竄江西。陳玉成稱英王，屯廬州。捻首苗沛霖出入潁、壽與玉成合，圖竄山東河南，衆皆號數十萬。公與國荃策進取，國荃曰：急擣金陵，則寇必以全力護巢穴，而後蘇杭可圖也。公以爲然，乃以江寧事付之。杭州再陷，王有齡死之，公舉左公代浙撫。李鴻章故出公門，以編修爲幕僚，改道員，至是令募淮勇八千，號淮軍，爲選良將，畀以江蘇事。其年春，公駐安慶，督諸軍進討，於是國荃有擣金陵之師，鴻章有征蘇滬之師，楊彭有肅清下游之師，大江以北，多隆阿有圍攻廬州之師，李續宜有援潁州之師，大江以南，鮑超有進攻寧國之師，張運蘭有防剿徽州之師，左公有規復全浙之師，十道並出，皆受成於公。此外袁甲三屯淮上之師，都興阿防江北之師，馮子材守鎮江之師，並由公統籌兼顧，軍書旁午，目不暇給。其秋皖南金陵軍病疫，死亡山積。公懼大局決裂，憂甚。奏請簡親信大臣馳赴江南，分任重責。上諭勞之曰：自諸軍進逼金陵，逆匪老巢，已成阱檻。疊經諭令，毋徒求效旦夕，惟當立足不敗，以俟可成之機。矧疫疹繁興，各軍病困之餘，詎忍重加督責？其各傳旨存問。當此艱難時會，益以疾疫流行，深慮隳士氣而長寇氛，此無可如何之事，非該大臣一人之咎。意者朝廷多所闕失，足以上干天和，我君臣當痛自刻責，實力實心勉圖禳救，爲民請命，以冀天心轉移，事機就順。至天災流行，必無偏及，各營將士既當其厄，賊中亦豈能獨無傳染？該大臣鬱憤之餘，未遑探詢。刻下在京固無可簡派之員，環顧中外才力氣量如曾國藩者，一時亦實難其選。該大臣素嘗學問，時勢艱難，尤當任以毅力，矢以小心，仍不容一息稍懈也。先是，國荃與弟國葆分循長江南北岸進軍，連拔沿江諸要隘。四月，下大勝，秣陵二關，又會水師拔頭關、江心洲、蒲包洲諸堅壘，五月進屯金陵城外雨花臺。自江南大營以兵七萬屯八年，卒潰退，國荃領水陸師不滿二萬，公以爲孤懸，議暫退。國荃執不可，曰諸軍士自應募起義，人人以攻金陵爲志，今不乘勢薄城下，還軍待寇，曠日持久，非利也。若舍而之他，浪戰而意怠，功必無成。逼城而屯，亦足以致寇，軍勢雖危，顧不可求萬全。公勉許之。洪軍久據金陵，城外堅壘以百數，國荃屯軍南隅，敵殊易之，屢來犯陣未得逞。及疫癘流行，圍軍死亡相繼，恒十幕五不炊。逕閏八月，疫猶未已，將士方資休息，而李秀成自蘇州糾大衆援金陵，號六十萬，結二百餘壘環攻十晝夜不休，配以西洋火器轟擊，所當糜碎，部將倪桂中礮殞。國荃面受鎗子傷，血流交頤，裹創巡軍，衆心以安。李世賢復自浙江來助攻，開地道，用火藥轟官軍壘壁，隨破隨築。國荃手令督戰不眠者四十日，斯時士卒以軍中爲家，將帥爲父母，不約而親，不謀而信，故能同心以禦強敵。十月，洪軍發動總攻，國荃下令開壁接戰，官軍奮死却敵，俘斬數萬，世賢遁廣德，秀成遁江北。

是役以孤軍當三十倍敵，堅立如山，歷六十餘日而圍解，人以爲創戰史奇蹟。公弟國葆以勞瘁卒於軍。二年春，公親至金陵視師，駐營十日，見圍屯堅定，始無退軍之議。五月，水師克九洑州，三年正月，克鍾山、江寧合圍。五月力克龍膊子壘，六月江寧平。上諭：曾國藩自咸豐四年在湖南首倡團練，創立舟師，與塔齊布、羅澤南屢立戰功，保全湖南郡縣，克服武漢等城，肅清江西全境。東征以來，由宿松克潛山、太湖進駐祁門，迭復徽州郡縣，遂拔安慶省城，以爲根本。分檄水陸將士，規復下游州郡。茲大功告蕆，逆首誅鋤，由該大臣籌策無遺，謀勇兼備，知人善任，調度得宜。著加恩賞加太子太保銜，錫封一等侯爵，世襲罔替，並賞雙眼花翎。自開國以來，文臣封侯此爲首。於時朝野稱賀，公則粥粥如畏，功成不居，澹如也。是年八月二十日，國荃四十一生辰，公爲小詩十三首壽之，有句：昆陽一捷天人悅，誰識中軍血染衣？蓋紀實云。東南既定，公以湘軍十年轉戰，氣已漸衰，奏請練淮軍以爲湘軍之繼，未幾而剿捻事起。捻匪者，始於山東游民相聚，其後剽掠光、固、潁、亳、淮、徐之間，捻紙燃脂，故謂之捻。有衆數十萬，馬數萬，蹂躪數千里，分合不常。首四人，曰張總愚、任柱、牛洪、賴文光。自陳玉成、苗沛霖等嘗糾捻與官軍戰，益習攻鬬。勝保、袁甲三不能禦，僧格林沁征討數年，亦未能大創之。公嘗聞僧軍輕騎追賊，一日夜三百餘里，曰此於兵法必蹶上將軍，俄而僧王果戰歿曹州。上聞大驚，四年四月，詔公速赴山東剿捻，節制直隸、河南、山東三省，而鴻章代爲總督。廷旨日促出師，公奏言：楚軍裁撤殆盡，今調劉松山一軍及劉銘傳淮勇，尙不足當。更募徐州勇，以楚軍之規模，開齊兗之風氣。又增募馬隊及黃河水師，皆非旦夕可就。直隸宜自籌防兵分守河岸，不宜令河南之兵兼顧河北。僧格林沁嘗周歷五省，臣不能也，如以徐州為老營，則山東之兗、沂、曹、濟，河南之歸、陳，江蘇之淮、徐、海，安徽之廬、鳳、潁、泗，此十三府州責之臣，而以其餘責各督撫。汎地有專屬，則軍務乃漸有歸宿。又奏扼要駐軍臨淮關、周家口、濟寧、徐州為四鎭，一處有急，三處往援。今賊已成流寇，若賊流而我與之俱流，必致疲於奔命。故臣堅持初議，以有定之兵，制無定之寇，重迎剿，不重尾追。然督師年餘，無近功。時議頗以公計為迂濶，然亦別無他術可制捻。而公所建駐軍四鎭之議及扼守黃河運河之策，又數為言路所劾。因奏請開缺，得旨慰留。五年冬，還任江南，由鴻章代督軍。七年，東西捻俱平，凡防河之策，皆遵原議。詔授武英殿大學士，調直隸總督。公謀國能規全勢，其策西陲事，議先清隴寇而後出關；籌滇黔，議以蜀湘二省為根本。皆初立一議，後數年卒如其說。既至直隸，以練兵、飭吏、治河三端為要務，次第興革。設清訟局、禮賢館，政教大行。九年秋，移督兩江，江南人聞公至，焚香以迎。以亂後經籍就燼，設官書局刊印諸經，禮聘名儒為書院山長。其幕府亦極一時之選，江南文化，比隆盛時。為人威重美鬚髯，目三角有稜，每對客注視移時不語，見者竦然。退而記其優劣，無或爽者。為政務持大體，本清靜化民。俸入悉以養士，老儒宿學，羣歸依之。視將卒僚吏若子弟，故雖嚴憚之，而樂為之用。居江南久，功德最盛。同治十一年二月薨於位，年六十二。百姓巷哭，繪像祀之。事聞，震悼，輟朝三日，贈太傅，謚文正，祀京師昭忠賢良祠，各省建立專祠。繼任兩江總督何璟、湖廣總督李瀚章、安徽巡撫英翰先後具奏臚陳勳績。何璟奏云：咸豐十年國藩駐祁門，皖南北十室九空，自金陵至徽州八百餘里，無處無賊，無日無賊，。徽州初陷，休祁大震，或勸移營他所，國藩曰：吾初次進兵，遇險即退，後事何可言？吾去此一步，無死所也！賊至環攻，國藩手書遺囑，帳懸佩刀，從容布置，不改常度。死守兼旬，檄鮑超一戰，驅之境外。以十餘載稽誅之狂寇，國藩受鉞四年，次第蕩平，皆因祁門初基不怯，有以寒賊膽而作士氣。臣聞其昔官京師，即已留心人物，出事戎軒，尤勤訪察，雖一材一藝，罔不甄錄，又多方造就，以成其材。安慶克復，則推功於胡林翼之籌謀，多隆阿之苦戰。金陵克復，又推功諸將，無一語及其弟國荃。談及僧親王及李鴻章、左宗棠諸人，皆自謂十不及一。清儉如寒素，廉俸盡充官用，未嘗置屋一廛，田一區。食不過四簋，男女婚嫁，不過二百金，垂爲家訓，有唐楊綰、宋李沆之遺風。其守之甚嚴而持之有恒者，曰不誑語，不晏起。前在兩江任內，討究文書，條理精密，無不手訂之章程，點竄之批牘。前年回任，感激聖恩高厚，仍令坐鎮東南，自謂稍有怠安，負咎滋重，公餘無客不見，見必博訪周諮，殷勤訓勵。於僚屬之賢否，事理之源委，無不默識於心。其患病不起，實由平日事無鉅細，必躬必親，殫精竭慮所致。

徐東海述湘鄉學案，論曰：有清中葉，漢學盛而宋學衰，湘鄉力挽其弊，以宋儒程朱之學爲根本，兼擘訓詁名物典章，於漢學家言，亦窮其賾而擷其精，致諸實用。乘時得位，戡定大亂，光佐中興。其勳業所就，視明之王文成超越倍蓰。眞儒實效，蓋間氣所鍾云。抑知公之絕大經濟，皆自學問修養中來，發爲文章，亦足震爍一世。餘事賦詩，承袁趙蔣之頹波，力矯性靈空滑之病，務爲雄峻排奡，特重聲調鏗鏘，上規杜韓，下取山谷，振衰起敝，海內翕然宗之，使同光詩風爲之丕變。嘗取古今聖哲三十三人畫像贊記，讀者可窺知爲學宗旨所在。著作有奏稿三十六卷、書扎三十三卷、批牘六卷、詩集三卷、文集三卷、雜著四卷、求闕齋讀書錄十一卷、日記類鈔二卷、輯十八家詩鈔二十八卷、輯經史百家雜鈔二十六卷、經史百家簡編二卷、鳴原堂論文二卷、古文四象四卷、家書十卷、家訓二卷，統編爲全集行世。

右參史傳、朱孔彰撰別傳、李鴻章撰神道碑、劉蓉郭嵩燾合撰墓志銘、黎庶昌撰年譜、曾文正公全集、湖南通志、徐世昌撰清儒學案、晚晴簃詩滙、陳衍輯近代詩鈔、續四庫提要。

長沙城頭角嗚嗚。長沙城外長毛呼。湘波沸天嶽雲黑。兵氛慘惡籠全湖。豈無王命事征討。不弦孰可當威弧。縱魚爲龍鼠變虎。長驅直下金陵都。將軍曳戈督師遁。大勳乃付廬中癯。鸞凰一出百靈集。刷翮振羽爭前驅。共扶綱維作鼇柱。誓殉吾道糜吾軀。公之行軍比諸葛。穩進不愁徐以紆。祁門蓐食背水陣。銳赴死地求生途。東南大局此關鍵。遂制水陸聯荊吳。楊韋喋血危巢動。翼王走死蜀西隅。建瓴一失詎可復。後來陳李空崎嶇。大廷枚卜歷文穆。君臣水乳誠能孚。薦牘軍書日旁午。回綸但聽都且俞。乃知湘師以和克。千營一德貞不渝。幕府崢嶸盛賢彥。梁園謝墅徒區區。材登器使各有當。

祥金躍冶奔洪鑪。有唐中興頌浯石。淮汾競爽皆武夫。餘姚勛烈見明史。以言戡亂誠小巫。如公遭逢得未有。書生赤手擒於菟。昔者舟師靖港失。紛綸衆喙辭多誣。洎夫成功受上賞。四方馳賀交相訣。嗚呼公名日以盛。而氣益下身益劬。萬里玄黃故鬼哭。十年荼蘖丹心痡。晚臨江左三持節。黃童白叟情歡愉。仁波南朔布汪濊。平痍去瘼肌生膚。胼胝掌蹠極高遠。目營心注增憂虞。恢張經術爲政術。要窮五禮通三謨。巖巖聖哲瓣香在。三十二像師之模。卓哉道德此冠冕。文章況握靈虵珠。馳突八家百氏壘。筆力欲挾風雷俱。偶逢佳日作詩會。抽毫亦復撚長鬚。盤空硬語健如鶻。宗涪一幟群流趨。時荒世亂淸社屋。爲無眞相無眞儒。吾宗高韻嗟遂杳。和歌滋赧蛩吟孤。

江忠烈公遺集二卷

淸江忠源撰。公字岷樵，新寧人，兄弟四人，公其長也。少而豁朗英峙，以縣學生當選拔貢生，中道光十七年舉人。究心經世之學，伉爽尚義。公車入京，初謁曾文正公，曾公曰：吾生平未見如此人，當立名天下，然終以節烈死。大挑教職，回籍，察教匪亂將作，陰以兵法部勒鄉里子弟。既而黃背峒盜雷再浩，果勾結廣西猺民爲亂，一戰破其巢，禽再浩，戮之，是爲公率鄉勇討賊之始。事定，以功擢知縣，賞藍翎，揀發浙江。秀水災，奉檄往賑，遂權縣事。賑務畢舉，禽劇盜十數，邑大治。巡撫吳文鎔，待以國士，補麗水，檄治海塘。文宗即位，文正應詔薦其才，送部引見，尋以父憂去官。咸豐元年，廣西事起，大學士賽尙阿督師入廣西，聞公知兵，疏調軍前。副都統烏蘭泰深倚重，事必諮而行。公招舊所練鄉兵五百人，使弟忠濬率以往，號楚勇。湖南募勇出境與洪軍相周旋，實自公始。粵氛益熾，秀全勢張甚，官兵莫攖其鋒。楚勇始至，敝衣槁項，諸軍皆匿笑。偪敵而壘，敵輕其少，且新集，急犯之，堅壁不出。逼近，始馳突，斬級數百，一軍皆驚。烏公拊掌語人曰：君等蔑視楚勇，今何如？侍衞開隆阿者，善射奇中，嘗射虎十數，軍中號打虎將，公長揖過之，意輕公。一日，戰被圍，矢且盡，公登高阜望之，曰：必開公也，怒馬馳救之，並轡歸。開拜曰：活開隆阿者君也，遂握手飲極歡。累功賜花翎，擢同知直隸州。向榮與烏蘭泰不協，公調和其間，未見信。洪軍萃永安，官軍環之，闕城北一面。公與烏公請掘長壕聚殲之，弗聽。知必敗，引疾回籍。二年春，洪秀全果自永安突圍出，犯桂林，四總兵戰殉。烏公以刀刺臂灑血盤水中，呼將士共飲，涕泣誓援師桂林。公在新寧，亦力疾起，出私財增募千人偕劉長佑兼程赴援。未至，烏公傷歿于軍。自是獨領一軍，進扼桂林城外鸕鶿洲，三戰皆捷，圍尋解，敵人自是指目江家軍而相戒焉。是役以功擢知府。洪軍竄全州，公間道敗之唐家司。全州陷，將趨湖南，偕諸軍進擊，敵陷城不守，復出竄。公先諸軍扼富塘迎擊之，敵度不能越，悉載輜重舟中，期水陸並下。公發樹塞河，截之蓑衣渡，鏖戰兩晝夜，洪軍悍將南王馮雲山中礮死，遂棄舟伙遁，盡獲其輜重。初公慮東岸空虛，白當事請分兵扼截，勿許；請躬率所部往，又不許。至是敵果由東岸下湖南，而勢不可復制矣。洪軍既陷道州，又議賊衆不滿萬，慮日久裹脅衆，分防不如合剿，遠堵不如近攻。於是諸軍合攻道州，洪軍堅壁，意在久踞。購城中內應，約期襲之，洪軍走藍山、嘉禾、犯桂陽，陷郴州。公謂後路進剿愈急，前路攻陷愈多，請仍申合剿之議，當事不省，洪軍益張，取永興，徑犯長沙。公偕總兵和春倍道馳援，至則洪軍已踞城南，窟穴民廛，攻城甚急。公望見天心閣地勢高，洪軍柵其上，驚曰：賊據此，長沙危矣？率死士爭之，洪軍敗退，趣移壘逼之。共汲一井，擊柝相聞，自是長沙止南門受敵。洪軍背水面城，當絕地，雖後隊踵至，已無能爲。會西王蕭朝貴戰死，氣稍沮。逾旬，洪楊大股至，勢焰復熾。公弟忠濟，自郴州尾敵至，約夾擊，方戰，賊伏叢塚間，挺矛刺公，傷髀墜馬，遇救免，縋入城。湘中諸大吏夙器公，就詢方略。公語衆曰：官軍四面集，惟河西一路空虛，賊奪民舟，渡江掠食，食盡，將他竄，宜重兵扼廻龍塘。巡撫張亮基韙之，而諸將逡巡莫前。時賽尚阿罷，徐廣縉代之，未至。城內外巡撫三、提督二、總兵十、莫相統攝。公赴湘潭，請於廣縉，不省。洪軍卒由廻龍潭竄陷岳州，遂破武昌。先生痛謀不見用，不欲東。張亮基奏留守湖南，剿平巴陵土匪。調赴瀏陽剿徵義堂會匪周國虞，斬馘七百，解散萬人，瀏陽平，擢道員。三年正月，授湖北按察使。張亮基署總督，兵事悉倚之，剿平通城、崇陽、嘉魚、蒲圻諸匪，禽其渠劉立簡，陳百斗，熊開宇等，皆以疲卒千餘，盪寇數萬。文宗知公忠勇可恃，命率所部赴向榮軍，尋命幫辦江南軍務。瀕行，上疏切論軍事：請嚴軍法、撤提鎮、汰弁兵、明賞罰、戒浪戰、察地勢、嚴約束、寬脅從、凡五千餘言，是爲公通籌全局之始，上嘉納之。史臣稱此疏爲大局成敗所關，特錄之傳中以存龜鑑云。行至九江，聞南昌被圍，方有旨促援鳳陽，疏請先援江西。率兵千三百人，三晝夜馳五百里抵南昌。敵不意公乍至，驚曰：來何速也！巡撫張芾，舉王命旗牌授公，戰守事悉聽指揮。公火城外廛廬，斬逃者。謂章江門最受敵，自當之。一日芾入公幄相勞，礮碎侍者首，大驚，令製牛革爲障以蔽公，公笑撤之，日登城督戰。洪軍穴地轟城，崩數十丈，刄斃先登者。囊土填缺，數突門出戰，夜遣死士縋下，焚敵營。詔嘉獎，賜玉翎管等物。尋湖南援師至，分軍扼樟樹鎮，遣羅澤南剿平泰和、萬安、安福土匪。守南昌九十餘日，至八月，屢砲毀洪軍壘，沉其船，乘風縱火，洪軍乃遁。詔嘉其功，加賜二品服。洪軍退據九江，分擾湖北興國，逕犯田家鎮。公赴援，別遣一支趨武昌備緩急。親率步兵二千，途阻不能遽達，先挈親兵數十人抵田家鎮。時司防者，武昌道徐豐玉，漢黃道張汝瀛，用戰艦扼江，而南岸半壁山不設備。公至訝之，急揮兵據險，敵已先至，水陸交訌，師遂潰，公至甫一日也。徐張二人死之，公自劾，詔原之，降四級留任。尋擢安徽巡撫，詔公楚皖一體，當相緩急爲去留，不必拘於成命。蓋朝廷倚公戡亂，不復中制，而海內喁喁企踵，亦咸知非公莫屬也。時洪軍已陷黃州、漢陽、圍武昌。沿江奮擊，屢捷，武昌解嚴。疏請增兵萬人，當淮南一路。又念行省新改廬州，爲南北樞紐，去稍遲，敵且北竄，遂以二千人先發。而湖北巡撫崇綸強留公所遣援軍，勢益孤。沿途冒雨，將士疲頓，公亦遘疾。至六安，吏民遮道請留，聞桐城陷，呂文節公賢基以團練大臣駐舒城爲守，急致書文節，指求人才、練兵、措餉爲安徽要務，請其贊助。留千人守六安，力疾抵廬州，報舒城又陷，呂文節死之。廬州敵亦大至，城中合援兵團勇，僅三千人，公力疾守陴，迭挫撲城之敵軍。敵穴地道轟城屢圮，皆奮擊却之。詔嘉公力保危城，躬馳戰陣，賜號霍隆武巴圖魯。時陝甘總督舒興阿兵萬餘，畏葸不進。公弟忠濬偕劉長佑來援，駐城外五里墩，阻不得前。被圍月餘，廬州知府胡元煒，陰通敵，敵知城中食乏，軍火將盡，攻益急。水西門圮，且戰且修築，敵突自南門緣梯入，人聲鼎沸，公知事不濟，掣刀自刎，左右持之。一僕負之行，公不可，嚙其肩及耳，血淋漓，僕創甚，委公於地。賊逼，公轉戰至水閘橋，身受七創，投古塘，死之。布政使劉裕鉁、池州知府陳源兗、同知鄒漢勳、胡子雝、縣丞興福、艾延輝、副將松安、參將馬良、戴文淵同時殉難，胡元煒竟降。忠濬募人求其屍，後八日，部卒周昌迹得之，負出，面如生。事聞，文宗震悼，贈總督，予騎都尉兼雲騎尉世職，入祀昭忠祠，謚忠烈。同治初，江南平，追念前功，予三等輕車都尉世職，湖南江西並建專祠，湖北省城與羅澤南合祀三忠祠。公歿逾年，湖南有警，弟忠淑奉檄募勇助剿，母陳、出私財助餉，並懸重賞以勵衆。事定，巡撫駱秉章以聞，特旨予公父母三代一品封典。公年四十二，有遺腹子孝棠。弟三人，忠濬、忠濟、忠淑。族弟忠義、忠信、皆自公初起相從軍中，均以軍功顯。

公治軍，推赤心待人，得其死力。所進秋毫無犯，每戰親陷陣，踔厲風發，誓不與賊俱生。尤料敵如神，能以至少擊至衆，故所向有功。居圍城，每夕必巡城一周，見士卒食苦，輒呼匕箸取嘗之，曰適巡城饑，與君一共此味耳。以故士卒感服，無忍背者。在廬州奏守禦狀曰：城存臣存，城亡臣亡。帝報曰：廬州可失，江忠源必不可死！迨詔書至，城陷已二日矣。自公死，海內識與不識，下及婦人孺子皆爲流涕，祠祀遍江以北。既薨之二年，文宗猶下其疏於軍中。五年，洪軍屯大蜀山，上有公祠，夜見列炬熒熒，劍槊聲相摩，羣驚遁，祠得全。喪歸，柩尚在城，洪軍別股自東安犯新寧，攻七晝夜敗去。訊其黨言：酣鬥時見藍旗軍突出，遂不支。藍旗者，公部向所用旗，其時實無此軍，或謂公靈不昧，雖死猶殛賊云。

平江李次青氏論公殉國事：謂賊起嶺西峒蠻耳，王師且十萬，環視莫敢先。公以書生倡勇敢，風氣爲一變。其後楚軍輩出，卒克金陵夷大難，皆公風聲所起也。公建三省會剿議，請建舟師扼上游，大學士曾公卒用此肅清江面，成大功。公存亡實關天下安危，豈僅以一死激頑懦哉。

性英烈，與人交，披瀝肝膽，終始不渝。同年生武岡曾如鑨、暨湘鄉鄧鶴齡、陝西鄒興愚、先後客死京師，貧不能返葬，公皆身護其櫬歸。曾文正有詩詠其事，錄之如次：市廛交態角一閧，朝爲沸湯暮冰凍，江侯爾豈今世人，要須羊左與伯仲。漢上鄒生獧者徒，臥病長安極屢空。（原注：謂鄒柳谿）導養難絕三彭仇，惡讖欲尋二豎夢。君獨仁之相掖攜，心獻厥誠匪貌貢。執役能令賤者羞，感物頗爲時人誦。丈夫智勇彌九州，守愚常抱漢陰甕。不學世上輕薄兒，巧笑人前事機弄。昔我持此語馮生（原注：謂樹堂）沈飲深觥豈辭痛。郭生酒後猶激昂，（原注：謂筠仙）往往新篇發嘲諷。君今勁節盤高秋。況有詩句驚萬衆，喜雨一章已恢奇，猶嫌伏轅受羈鞚。頃來貺我珍瓊瑤，韜以錦囊無殺縫。我今塵海久淪胥，方寸迷濛足霧霿。乃知貧賤眞可歡，富貴縻身百無用。因君寄語談天客，狂夫小言或微中。但教毛羽垂九天，未要好風遠吹送。公嘗疊韻和之，原詩俱載集中。

公之遺集凡數刻，初刻於咸豐五六年之交，得詩八十五首爲一卷，是爲長沙原刻本。咸豐六年冬間就原本釐訂譌舛，重付手民，是爲邵陽重刻本。同治三年，公弟忠濬任四川布政使，增輯遺文七首爲一卷，合訂共二卷，是爲蜀刻二卷本，此本即續四庫所錄，稱爲江集最完備之本。惟據郭嵩燾撰序，謂繼蜀本之後，其哲嗣芾生又求得書稿一通，與詩文佚篇再刻之於長沙。是蜀本之後另有長沙重刻本，而爲續四庫諸公所未及見也。郭氏序文中稱公詩若文不求工而自工，足以達其才而窮其變。往往一篇之出，同時名能文者相顧眙，莫敢與抗。蓋其浩然剛大之氣傾口出之，稱心言之，無意爲文而文固至矣。當其時固不甚惜，名篇妙句爲時傳誦，原藁往往散佚不存云。

右參史傳、李元度撰事略、李元度撰呂文節公別傳、曾國藩撰神道碑、郭嵩燾撰行狀、楊彝珍撰傳略、朱孔彰撰別傳、方宗誠撰軼事、曾文正公詩集、郭嵩燾養知書屋文集、續四庫提要。

紅巾萬騎穿殘壘。我馬虺隤鼓聲死。旄頭慘淡落郊坰。螨陛咨嗟罷甘旨。矯矯中丞玄豹姿。知兵始自隱山時。索公預有銅駝感。首建湘軍第一師。燎原星火驚南顧。羽書旦夕催行路。未及誅蛇桂柳叢。差欣殪虎簑衣渡。銜尾誰驅兕出關。長虵一勢走常山。荊湘百戰成焦土。始覺澄清事大艱。豫章岌岌狼狐口。五百里飈鵝鸛走。夜隨飛鳥度危城。傳餐四面堅陴守。穴地攀梯技已窮。解圍百日寇終東。賜衣特勉宇文福。開府新除皇甫嵩。南都規復方籌筆。又報淮徐百城失。地坼眞愁九鼎欹。霾昏待撥雙丸出。聞說將軍㚒疾行。兩千疲卒策奇兵。六安一瞥匆匆過。難遣攀轅父老情。男兒馬革眞吾侶。此去廬州固其所。成功何必李臨淮。死向睢陽作張許。磨盾豪情力漸殫。驪珠吐盡筆花寒。賦詩無與閒風月。惟寫臣心一寸丹。君不見、三忠祠畔江波漾。夾岸青螺護黃鵠。淚墮征南去後思。年年聽唱迎神曲。

盾鼻餘瀋一卷

清左宗棠撰。公字季高，湘陰人。父觀瀾，廩生，以學行聞於鄉。公中道光十二年舉人，三試禮部不第，過金陵，陶文毅公澍延爲賓客，與論事，如燭照計數，辯口若懸河，文毅驚歎曰：天下奇才也，爲締兒女姻。公既屈於功名，遂絕意仕進，究心輿地兵法，喜爲壯語驚衆，名在公卿間。嘗以諸葛亮自比，人目其狂也。胡公林翼亟稱之，謂橫覽九州，更無才出其右者。年且四十，顧謂所親曰：非夢卜夐求，殆無幸矣。咸豐初，廣西兵起，張亮基巡撫湖南，禮辟不就，胡公敦勸之乃出。敍守長沙功，由知縣擢同知直隸州。亮基移撫山東，公歸隱梓木洞。駱秉章至湖南，復以計刼之出，佐軍幕，倚之如左右手。僚屬白事，輒問季高先生云何，由是忌者日衆，謗議四起。時戰事方亟，日夕籌劃，麾兵四援，尤以策應曾文正一軍爲己任。常曰：曾公辦賊之人，不可不赴其急。胡文忠在鄂，屢謀刼公出助，而文正曰：湖南吾根本，不可無左公，愼安無動也，故其名日盛。同里郭嵩燾官編修，一日文宗召問：若識舉人左宗棠乎？何久不出也？年幾何矣？對曰：四十七矣。上曰：過此精力且衰，汝可爲書諭吾意，當及時出爲吾辦賊。胡公聞而喜曰：夢卜敻求時至矣。六年，曾文正克武昌，奏陳公助軍濟餉功，詔以兵部郎中用，俄加四品卿銜。會秉章劾罷總兵樊燮，燮搆於總督官文，布政使亦陰助燮，總督疏聞。召對簿武昌，欲加不測之罪，駱公疏爭之不得。曾胡兩公皆言公無罪，且薦其才可大用，詹事潘祖蔭，亦指陳總督惑於浮詞，故得不逮。俄而朝旨下，命以四品京堂從曾公治軍。初曾公創立湘軍，諸軍遵其營制，獨王鑫不用。公募五千人，參用鑫法，號曰楚軍，十年八月，成軍而東。胡公爲書告湖南曰：左公不顧家，請歲籌三百六十金以贍其私。而曾公見所居幕陋小，爲別製二幕貽公。會石達開竄四川，詔移師討蜀，曾胡以江皖事急，合疏留之。時曾公進兵皖南，駐祁門，李世賢、李秀成糾衆數十萬圍之。公率楚軍道江西轉戰而前，克德興婺源。洪軍趨浮梁景德鎮，斷祁門餉道。公出奇兵與提督鮑超夾擊之，大戰於樂平鄱陽，積尸十餘萬，世賢易服逃，而徽州洪軍亦遁浙江，自是江皖軍勢始振。十一年，曾公奏公壘破巨寇，振江皖全局，勳績甚偉，詔擢三品京堂，授太常寺卿，襄辦江南軍務。乃率楚軍八千人東援浙，朝命曾公節制浙江，因薦公任浙事。既入浙，乃上疏極陳浙弊及圖強之策。時湘軍僅八千人，部將劉典、王開來、王文瑞、王沐數軍，不敷分布。因思劉長佑、駱秉章、劉蓉，江忠義輩，素與友善，令選強將相助，多或率數千人，少則數百人，俾合成勁旅。於是調蔣益澧於廣西，劉培元、魏喻義於湖南，皆未即至。公以八千人策應七百餘里，指揮若定，曾公服其整暇，奏公宜獨當一面。已而杭州陷，復疏薦之，遂授浙江巡撫。時浙境惟湖衢二州未陷，洪軍大舉犯婺源，親督軍敗之。同治元年正月，詔促自衢規浙。公奏言行軍之法，必避長圍防後路。官軍入衢，則徽婺疏虞，又成糧盡援絕之勢。今由婺源攻開化，分軍扼華埠，收遂安，使饒廣相庇以安，然後可以制賊，而不爲賊制。二月，克遂安，世賢自金華犯衢州，連擊敗之。二年正月，克金華、紹興，浙東諸郡縣皆定，杭州洪軍震怖，公乃自金華進攻嚴州，佈署各路軍事，劾罷道府及失守將吏十七人。四月，授閩浙總督，兼巡撫事。七月，克富陽。三年二月，克嘉興，下杭州。捷聞，加太子少保銜，賜黃馬褂。移駐省城，申軍禁，招商、開市、停杭關稅，減杭嘉湖稅三之一，時論歸之。六月，曾國荃克江寧，洪秀全子福瑱奔湖州，俄復潰走，磔於南昌。七月，克湖州，盡定浙地，論功封一等恪靖伯。旋入閩進屯漳州，檄各地軍會剿餘黨，先後降敵十三萬餘，俘斬賊將七百三十四，首級可計數者萬六千，詔賜雙眼花翎。五年正月凱旋，公以大亂既平，首議減兵併餉、加給練兵；又以海禁開，非製備船械，不能圖自強。乃創船廠馬尾山下，薦起沈葆楨主其事。會官兵征西陲回亂，久無功，詔公移督陝甘。十月，簡所部三千人先發。時陝甘回衆數至百萬，與捻合，橫行腹地，兩省幾無完土。公行次武昌，上奏曰：臣維東南戰事，利在舟；西北戰事，利在馬。捻回馬隊，馳騁平原，官軍以步隊當之，必無幸矣。以馬力言，西產不若北產之健，捻馬多北產，故捻之戰悍於回。臣軍止六千，今擬購口北良馬，習練馬隊，兼製雙輪礮車，由襄、鄧出紫荆關，徑商州以赴陝西，經營屯田，爲久遠之規。是故進兵陝西，必先清關外之賊；進兵甘肅，必先清陝西之賊；駐兵蘭州，必先清各地之賊。然後餽餫常通，師行無阻。至於進止久速，隨機赴勢，伏乞假臣便宜，寬其歲月，俾得從容規畫，以要其成。六年春，提兵萬二千以西。帳下士善將者，有提督劉松山、高連陞、總兵郭寶昌、劉厚基、楊和貴、周紹廉、周金品、京卿劉典、郎中吳士邁等，議以礮車制賊馬，而以馬隊當步賊。捻驟見礮車，皆不戰狂奔，迭遭敗績，遂掠三原，沿渭北東趨。回則分黨西犯，麕集北山。公以捻強於回，當先制捻。檄諸軍憑河結營，期蹙而殲之涇洛間。捻乘軍未集，折而西。旋北擾延長，掠綏德，趨葭州，回亦自延安陷綏德。斯時捻自南而北，千有餘里；回自東而西，亦千有餘里。陝西官軍能戰者不及五萬，莫能阻其竄。六年十二月，捻自垣曲入河南，益北趨定州，游騎犯保定，京師戒嚴，有詔切責督兵大臣。公與李鴻章，河南巡撫李鶴年，直隸總督官文，皆奪職。公至保定，捻馳騖數百里間，由直隸竄河南、山東，已復渡運，越吳橋犯天津。李鴻章議築長圍制賊，公謂當且防且勦，西岸固守，必東路有追勦之師，乃可掣其狂奔之勢。上兩從其議，於是勤王師大集。公駐軍吳橋，捻徘徊陵邑濟陽，合淮豫軍迭敗之，捻酋張總愚走河濱以死，西捻平。入覲，天語褒嘉，且詢西陲師期，對以五年，後卒如其言。七年十月，率師還陝，抵西安。 時東北土寇董福祥等衆十餘萬擾延安綏德，西南陝回白彥虎等號二十萬，踞甘肅董志原。遣劉松山破土寇，降福祥，遂下董志原。連復鎮原、慶陽，回死者至三萬。督丁壯耕作，教以區田代田法。擇曠荒地，發帑金巨萬，悉取所收饑民及降衆十七萬居焉。遂以八年五月，進駐涇州。甘回最著者，西曰馬朵三，踞西寧；南曰馬占鰲，踞河州；北曰馬化龍，踞寧夏靈州。化龍以金積堡爲老巢，堡當秦漢兩渠間，扼黃河之險，擅鹽馬茶大利。環堡五百餘寨，黨衆嘯聚，掠取漢民產業子女，購馬造軍械。十一月，公進駐平凉，九年平之，誅化龍，夷其城堡。旋朶三死，降其衆，占鰲受撫，西寧、河州悉平。十一年七月，移駐肅州。肅州回酋馬文祿與陝回白彥虎結，據險爲亂。八月，親視師，擒文祿，磔之。彥虎竄遁關外，肅州平。詔以陝甘總督協辦大學士，加一等輕車都尉。奏請甘肅分闈鄉試，設學政。十三年，晉東閣大學士，留治所。自咸豐初，天下大亂，洪秀全最劇，次者捻逆，次者回，公既手戡定之，至是陝甘悉靖，而塞外平回，朝廷尤矜寵焉。先是俄人以回部數擾其邊境，引兵逐之回，取伊犁，且言將代取烏魯木齊。光緒元年，公既平關隴，將出關，而海防議起。論者多言自高宗定新疆，歲糜數百萬，此漏巵也。今至竭天下贍西軍，無以待不虞，尤失計。宜徇英人議，許回酋帕夏自立，爲國稱藩，罷西征，專力海防。李鴻章言之尤力。公曰關隴新平，不及時規還舊所失地，而割棄使別爲國，此坐自遺患。萬一帕夏不能有，不西爲英併，即北折而入俄耳。吾地坐縮，邊要盡失，防邊兵不可減，糜餉自若，無益海防，而挫國威，且長亂，此必不可！軍機大臣文祥獨韙公議，遂決策出塞，不罷兵。授軍差大臣，督軍事，金順副之。二年三月，次肅州。五月，官兵北逾天山。九月，平北路諸回，進規南路。令曰：回部久厭亂，大軍所至，勿淫掠，勿殘殺，王者之師如時雨，此其時也！三年三月，連破南路諸城。十一月之中，行三千餘里，兵威大振，遠人慴服。方議進取，適庫倫大臣上言西事宜畫定疆界，而廷臣亦謂西征費鉅，今烏城吐魯番既得，可休兵。公歎曰：今時有可乘，乃爲畫地縮守之策乎？抗疏爭之，上以爲然。八月，揮師西進，收南疆東四城。旋下西四城，露布以聞，詔晉二等侯。布魯特十四部爭內附。四年正月，條上新疆建行省事宜，並請與俄議還伊犁，交叛人二事，詔遣全權大臣崇厚使俄。俄以通商、分界、償款三端相要，崇厚遽定約，爲朝士所糾，議久不決。公上疏論其事，詳析新疆形勢及應付之策，上皆嘉納，崇厚以罪免。六年正月，詔毅勇侯曾紀澤自英國赴俄重議約。於是公乃自請出屯哈密，規復伊犁。遣將分略各路，合馬步卒四萬餘人。四月，輿櫬發肅州，五月抵哈密。俄聞王師大出，增兵守伊犁納林河，別以兵船翔海上，用震撼京師，而天津、奉天、山東皆警。七月，詔公入都備顧問。俄懾我兵威，恐事決裂，卒成和議，交還伊犁，防海軍皆罷。公用兵善審機，不常其方略，籌西事，尤以節兵裕餉爲本謀。始西征，慮各省協助餉不時至，請一借貸外國，沈葆楨尼其議。有詔以公力任西事，國家何惜千萬金。爲撥款五百萬，勅自借外國債五百萬。出塞凡二十月，而新疆南北城盡復者，饋餫饒給之力也。初議西事，主興屯田，聞者迂之。及觀公奏論關內外舊屯之弊，以謂挂名兵籍，不得更事農，宜畫兵農爲二，簡精壯爲兵，散愿弱使屯墾，然後人服其老謀。在軍中凡十有八年，既入覲，賜紫禁城騎馬，使內侍二人扶掖上殿。授軍機大臣，兼値譯署。國家承平久，武備弛不振，而海外諸國爭言富強，訾我爲弱國。及公平帕夏，外人乃稍稍傳說之。其初入京師，內城有教堂，高樓俯瞰宮殿，民間讙言左侯至，樓即燬矣，爲示諭曉乃止，其威望在人如此。然値軍機譯署，同列頗厭苦之，公亦不自樂居內，引疾乞退。九月，出爲兩江總督，南洋通商大臣。九年，法人攻越南，自請赴滇督師，檄故吏王德榜募軍永州，號恪靖定邊軍。法旋議和，止其行。十年，滇越邊軍潰，召入都，再値軍機。法大舉內犯，詔公視師福建。檄王鑫子詩正潛軍渡臺灣，號恪靖援臺軍。詩正至臺南，爲法兵所阻，而德榜合諸軍大捷於諒山，和議成，再引疾乞退。七月，卒於福州，年七十三。贈太傅，諡文襄，祀京師昭忠祠、賢良祠，並建專祠于湖南及立功諸省。

公性剛毅，體復強健，白首臨邊，而精力不衰，兵間積苦，未嘗以況瘁形於詞色。邊塞苦寒，穹廬積霰，高與身齊，公擁緇布絮袍，據白木案，手披圖籍，口授方略，自晨至於日中昃，矻矻不少休。軍書旁午，官牘山積，亦必一一省治。下寮裨校，寸簡尺牘，皆手自批答。待將士不尚權術，惟以誠信相感孚。然貪夫悍卒，亦善駕馭。借調副將李諆，在公麾下能用命，後赴調江西，死於法。公曰：若隸我，何至喪其頭顱？喜自負，每與友書，自署老亮，以漢武侯自比，繼又言今亮或勝於古亮。厲剛介之操，又自號曰忠介先生。胡公林翼謂公一錢不私於己，不獨某信之，天下之人皆信之。初策江南大營潰散，公曰：大局其有轉機乎，或問之，曰：得此掃蕩，後來者可以措手。洎督辦邊務，經營料敵，如操左劵。後俄兵退出伊犁，遂舉二萬里戎索，重隸職方，天山葱嶺，一塵不驚，實漢唐以來未有之邊功。公見玉門內外，草萊滋生，遍墾官道，殖柳成陰，爲塞外平添春色。初舉孝廉過揚州，喜食市上鷄滷麪，迨至江南閱瓜洲兵，令西來將士均犒二盂，無煩郡縣供張。公杖履登壇，甲士執兵環侍，一時戴白垂髫，得覩綸巾羽扇之風，歡呼道左，歎曰：天生異人也！至閩未數月，遂以勞瘁長逝。

此集爲公幕客柳葆元、易策勳輯刊。凡詩文五十二首，題曰盾鼻，蓋兵間所作。惟卷首三篇爲題孫侍講蒼筤谷圖詩一首，前江南道監察御史黎居墓志銘一篇，箴言書院碑銘一篇，實皆作於典兵之前，與書名不副。以公恒錄此應客，爲其得意之作，故併存之。卷中詩如題蒼筤谷圖、軍次龍邱九日作、題鄧完白日觀峯圖、泛舟泉湖諸篇，皆昂頭天外，迥不猶人。陳石遺輯近代詩鈔，評公詩有扶風豪士之風，信然。又晚晴簃詩話：燕臺雜感詩作於癸巳公車北上之時，西域一首，後來卒踐其言，方諸充國屯田之疏，武侯隆中之對，殆相伯仲云。

右參史傳、吳汝綸撰神道碑、朱孔彰撰別傳、陳衍輯近代詩鈔、徐世昌撰晚晴簃詩滙、續四庫提要。

異代論勳伐。斯人足冕旒。奇龐仗黃鉞。隻手補金甌。衛霍聲名大。甘新道路遒。世當元鼎會。功自武鄉侔。弱歲通三略。窮年誦九丘。共嗟蕡下第。誰省仲先憂。敬梓情難却。依蓮迹暫留。理繁無集蝟。操銳失全牛。磊落揚清譽。紛挐萃衆咻。青蠅工作謗。黑豸亦相尤。薦鶚邀心簡。非熊叶夢求。頒綸稱異數。擐甲賦同仇。轉戰荊揚地。崎嶇浙海陬。連鷄形易破。鬥鼠勢回優。業紀平戎盛。庸宜上爵酬。饑黎方待哺。病國未全瘳。踏郡馳群捻。揪邊聚百酋。嚴烽三輔急。晏食兩宮愁。受命初專閫。攻心善用矛。法宜清肘腋。勢可扼咽喉。餘孽消關右。前鋒度隴頭。風雲天水合。關塞玉門幽。萬馬晨飛箭。千夫夜裹餱。烏從空磧墮。車向大荒流。臂斷匈奴遁。巢傾突厥投。傳顱誅首逆。崩角受降囚。四至圖王會。重光抵不周。皇輿西域闢。

都護北庭收。聚墾河湟曲。屯兵瀚海秋。強隣回虎吻。伏莽戒鷹眸。夢入瓴稜迥。心隨毳幕悠。黃麻傳寵詔。綠柳映歸輶。前席猶虛位。宸居每借籌。溫顏春殿語。綬轡禁城遊。刺手魚頭鯁。循簷燕頷羞。拜恩辭重秩。乞外得雄州。繡像民多識。烹鮮政大修。封圻眞不忝。盟礪允揚休。鎖鑰江營壘。艨艟海駛舟。廉頗身尙健。房相老能謀。白下詞章盛。京華冠蓋稠。幾人當墨瀋。一笑置詩郵。感慨元規表。雍容叔子裘。信餘文采在。百世表芳猷。

發餘吟稿十二卷

清張經贊撰。先生字南皆，武岡人。道光十七年丁酉拔貢，分發廣東，歷署龍門、新興等縣知縣，官粤省三十餘年。時當洪楊之亂，九州鼎沸，羽檄紛馳。守土之吏，籌兵措餉，疲於奔命。或當悍匪，喋血城頭，死不旋踵。先生迭綰郡符，仗劍枕戈，日理案牘。在梧州軍中援盡糧絕，賊逼城危，官逃兵潰，流離顚躓，九死一生，凡所經歷，皆託之詩歌，曲曲傳出，可歌可泣，如怨如訴。後之讀者，不啻親見其事。集中八哀詩五古八首，爲悼江忠源、彭舒萼、黃鐘音、張遇清諸公而作，褒忠摛憤，情見乎詞。其餘諸作，大都有關國計民生，人心風俗，激昂慷慨，動與古會。爲人篤於友誼，仗義敢爲，急人之難，事後絕無德色，君子稱之。此集原名守丹山房詩鈔，後易今名，刻於同治五年。

同懷弟經資，天資穎異，志趣高邁。著易義圖說，晝夜精思，至忘寢饋。省兄於粵東，歸途經潯梧，爲土寇刼執，自間道脫歸，未幾病卒，卒甫三十。

右參武岡州志，徐世昌撰晚晴簃詩滙，續四庫提要。

使君良牧才。百里托跬步。起家自貢士。度嶺雙鳧住。維時粵亂亟。東南竭兵賦。城危繕不完。賊至驚蟻附。官師懦如羝。府椽狡如兎。區區遺一令。戰守兩貽誤。轉鬬叢骸間。九死餘惶怖。昨脫梧州圍。孤行愁日暮。長途發浩歎。時有驚人句。吁嗟八哀篇。訪舊駭聞訃。覽茲亂世吟。太息憐厥遇。生無橫草功。歿有臨風慕。

拜經書屋詩鈔一卷

清黃兆麟撰。先生字叔文，號紱卿，善化人。祖鈐、乾隆二十四年己卯舉人，歷知壽張、蓬萊、泰安等縣，遷青州府同知，廉明勤幹，所至著績。先生由拔貢生與弟倬同舉道光十七年丁酉鄉試，二十年庚子同舉進士，選庶吉士，授編修。爲人樸質謙謹，母舅太常卿唐鑑深器之。及居言職，毅然無所瞻徇，自江南道御史遷刑禮二科給事中，晉光祿寺少卿，數上書言事。咸豐初，太平軍起事，督師大臣以失律下詔獄，並邀寬典，出赴軍前效力。先生抗章論劾，大旨謂僨軍之將不宜復用，以弛軍律。疏出，天下想望風采。嘗分校順天鄉試，主福建鄉試，所得多名俊，以疾假歸，尋卒。

此本一卷，又標名燕臺草，爲先生四十歲前居官京師作，凡古近體八十九首。按晚晴簃詩滙卷百四十三錄先生詩四首，不見於此集，詩滙記先生集名古槜山房遺稿，當爲四十後之增訂本。

右參湖南通志、徐世昌撰晚晴簃詩滙、續四庫提要。

踏遍江南御史驄。太常射虎是雄風。如今似舅何無忌。穿石能張十石弓。道光二十年英人寇海疆，琦善代林文忠爲兩廣總督，割香港，許通商。耆英以欽差大臣與英人訂江寧條約，喪權辱國，唐公兩劾之。余有燃犀明可燭，射虎力能穿之句，見前詠。

楚頌齋詩集八卷

清胡焯撰。先生字光伯，武陵人。幼異敏，書數過即不忘，九歲能爲詩歌，語出人意表。稍長讀書，必手自鈔寫。由拔貢舉順天鄉試，道光二十一年辛丑成進士，選庶吉士。散館試題爲擬長楊賦，同試者皆愕眙，先生獨能雒誦原文，不謬一字。即依原韻擬文，遂得高第，授編修。奉命赴盛京篆太廟玉寶，尋以大考擢侍讀，典試廣東，提督廣西學政。五管兵燹之餘，士多輟絃誦，爲製勸學文以曉喩之。未按試，患瘍卒，年四十九。

先生事二親孝，與人無忤，亦不可干以私。其學無所不窺，與同邑學人楊彝珍並負時名。尤精於說文，著校補說文解字，旁通曲證，多所發明。詩古體導源漢魏，遺貌取神。律體取法唐賢，風遒格勁。此集爲其哲嗣庭培以遺詩託寧鄉程頌萬編校，於光緒十五年己丑付刻。

右參湖南通志、徐世昌撰晚晴簃詩滙、續四庫提要。

黃兆麟　胡　焯

篆法相斯通古意。文稽叔重纂前修。上林多少淩雲手。一賦長楊迴不侔。

思益堂詩鈔六卷

清周壽昌撰。先生字應甫，一字荇農，晚號自庵，長沙人。幼敏慧，八歲能賦詩，下筆驚老宿。年十八補縣學生，父時翥，時官淛水，遘疾卒，凶聞至，先生鬻産携一僕匍匐千餘里奉喪歸。偕從兄壽祺讀書城北之聽橘園，與新化鄧顯鶴、湘陰李杭、吳淮、善化淩玉垣、孫鼎臣、頤臣、爲文字交，以詞章雄其儕輩，爲湘中大吏吳榮光、王藻等所賞。遂以道光二十四年甲辰恩科舉順天鄉試，明年聯捷成進士，選庶吉士，授編修。咸豐初，洊擢至侍讀。太平軍犯湖南，督師賽尚阿、總兵和春逗留不戰，疏劾之，一時推爲敢言。洪軍踞金陵，分黨北犯，復連上封事，論形勢，召對稱旨，奉命在巡防王大臣上行走，兼辦京畿防務。時防禁嚴，有鄉民十七人闌入城，當事者偵獲，以間諜論，先生廉得實，趣令釋之。或疑失要人旨且得罪，先生曰：我豈以人命阿權貴哉！卒釋之。旋丁母憂回籍。曾文正治師湖北，於當時練兵籌餉諸大端，常有諮詢，輒直言無隱。服闋入朝供職，廻翔詞苑又幾十年，文名日盛。高麗相國李裕元乞爲作嘉梧室記，侍讀閔翰山乞訂正詩集，益馳譽外邦。穆宗謁陵，備扈從，召見行在，回鑾後授權詹事。旋命署戶部左侍郎，領度支，精核強記，曹司不敢欺。嘗以穆廟新政，疏請躬行典禮，戒逸豫，報聞。光緒初，遷内閣學士，未幾以足疾予告歸。於宣武城南構宅居，光緒十年卒，年七十一。暮齡日以著述爲事，勤學過諸生。篤嗜班固書，塗染無隙紙，成漢書注校補五十六卷，易藁十有七。又有後漢書注補正八卷，三國志注證遺四卷，補四卷，三書有家刻本及廣雅書局叢書覆刻。思益堂文集十卷，詩集二十卷，光緒間刊行。此集爲光緒十四年王益吾選刻。詩餘四卷，刊於清名家詞中。日扎六十卷有傳本。另所著五代史注纂注補續一卷，宮閨文選十卷刊否待考。

王先謙益吾序詩集，謂先生於歷代詩家，靡不抉精洞奧，故能奄有衆長，而以義山劍南爲歸。晚遭困蹇，轉造平澹，所得益深。日扎博綜兼搜，尤詳掌故。其文詞皆精絕可喜，而於駢體文義法尤精。

晚晴簃詩話，謂先生少年喜爲駢文，曾文正極推其能。塡詞尤工小令，散文亦有義法。其補校史注，題跋書畫，考訂金石，旁及畫理醫學，莫不精審。石遺室詩話，則標舉集中名句，以證駢文家隸事裁對，爲所優長。

續四庫提要，稱其詩功力深厚，規撫李陸二家，得其神似。古文碑辭，有裨咸同間史事。所製悔金堂詩集序，湯蠖傳，足窺湖湘道咸以後文學崛興之緣起，非苟爲述作者可比。蓋上承湘皋之流風，下傳其學於王益吾、瞿子玖。子玖雖以仕宦不終其業，而益吾則門庭益廣，學術日宏，故論湖湘學術淵源者，要不能不推先生守先待後之功焉。

右參史傳、周禮昌撰行狀、王先謙撰思益堂集序、曾文正公詩文集、徐世昌撰清儒學案、晚晴簃詩滙、陳衍撰石遺室詩話、續四庫提要、日本京都大學漢書目。

公家溪水東。我家溪水西。去來一炊許。雨昏月曉聞鷄啼。公舊居長沙北鄉塘沖園，鄉人呼周翰林老屋，距余家僅數里，隱約可見，憶童年數過其地。陰陰夏木深深竹。路人告我翰林屋。丱角童子何所知。但與隣兒牆外逐。百年鼎鼎疾如駛。此老娑娑深可喜。家家畫扇禮放翁。日日磨丹注班史。不作鳳凰曦。却從麋鹿遊。公居在黑麋峯下，峯為湖南七十二峯之一。讀書堂上一延竚。雲來雲去心悠悠。理故籍兮秦灰。酌餘波兮蘇海。我誦清芬。我思神采。噫、公之神采長飛揚。欲往從之阻滄浪。

藏園詩鈔一冊不分卷

清游智開撰。先生字子代，新化人。咸豐元年舉人，揀選知縣。同治初，李續宜巡撫安徽，調司釐榷，以廉平稱。四年，署和州知州，日坐堂皇決事，又時出巡四境，延見父老，周諮疾苦。親為諸生考校文藝，剖析經旨，教以孝弟廉讓，期年治化大行。禁胥吏墊完糧賦為民病，築瀕江隄防，自督工役，費節而隄堅。補無為州，署泗州，治盜尤嚴，曾文正稱其治行第一。迨移督直隸，調先生署深州。至則興義學，減浮征，民大悅。補灤州，俗健訟，姦民居間交搆，則痛懲之，風稍稍息。十一年，擢知永平府。一車一蓋，周歷下邑，得其情偽，有事，牧令未及報，輒已聞知。一日侵晨馳至遷安獄，獄吏方私繫囚索賂，即拘吏至縣庭笞之，縣令錯愕驚起。葺書院，築城垣，修郡志，皆事舉無靡濫。瀕海產鹽，貧民資以衣食，部牒禁私販，疏官引，先生上言：民間少一私販，即多一馬賊，永平行官引不便，事得寢。有巨室以析產搆訟久不決，先生坐便室，呼兩造至，不加研鞫，自咎治郡無狀，變起骨肉，望族如此，況齊民乎？訟者流涕請罷。李鴻章疏陳先生清廉端嚴，足厲末俗。光緒六年，擢永定河道，員弁聞名相誡，無敢離工次者。左文襄議改永定河道，以南岸爲北岸，先生以數百里城垣廬墓遷徙不便，力爭而止。十一年擢四川按察使，攜一僕，乘筍輿入蜀。清釐獄訟，積案一空。兩署布政使，護理總督。十四年遷廣東布政使，署巡撫。劾貪墨吏，不避權要。嚴賭禁，卻闈姓賭商規餽。尋以老乞休。二十一年，起廣西布政使，地瘠少蓋藏，務積穀備荒歉。閱三年，因病罷歸，卒於家，年八十五。所至各省，俱請祀名宦祠。

光緒五年，先生至都門，與朝鮮使臣卞吉雲邂逅訂交。旋由永平府擢永定河道，數與吉雲遇，以詩相贈答。吉雲歸國，攜藏園詩鈔本示其國人，因索觀者衆，於光緒九年以活字版序而刊之，詩遂遍傳於彼土。朝鮮詩人朴梧西，在其國中，嘗約同僚爲壽蘇會，夜夢東坡來訪，名其居爲夢蘇堂。以先生與東坡同生丙子，乞爲詩記之。有句云：天風浪浪山蒼蒼，東海遠隔西蜀岡。髯翁化去已千載，魂魄或喜游扶桑。誰歟從者笑不答，此境無乃即雪堂。頗有蘇詩韻味。晚晴簃詩話稱其詩芬芳悱惻，有元次山春陵道州諸篇遺意。

右參史傳、徐世昌撰晚晴簃詩滙、續四庫提要。

太守升車白鹿行。部民流涕頌神明。春沿直隸諸州過。政與西京列傳爭。偶向雪堂題夢境。相逢海客結詩盟。筍輿倦飲嘉陵水。一路青山有送迎。

游智開

彭剛直公詩集八卷

淸彭玉麐撰。公字雪琴，衡陽人。其先世自江西太和遷湘，居衡陽之查江。父鳴九，以善書充供事，敍懷寧縣三橋巡檢，遷合肥縣梁園巡檢，皖中稱循吏。母王氏，浙江山陰儒家女，賢明有識。嘉慶二十一年，公生於梁園巡檢司署，岐嶷穎悟，盼睞有威。十六歲從父還查江舊居，父卒，族人凌之，母命出避禍。入城居石鼓書院，然無以自給，投協標充書識。例補馬兵，得支月餉，兼試書院，月可餘錢三四千，迎母至城中爲養。而弟已從賈客遠游，久失消息。貧薄單寒，人所不堪，母子怡然安之。衡州知府高人鑑，善相士，一日詣協鎭，主人入內具衣冠，知府視几上有文字，取視之，問何人所草，對曰營書彭某也。知府曰：此字體奇秀當大貴，且有功名，即召至客坐見之，益大喜。語之曰：可時入吾署中，遂執贄爲弟子，知府親課之如嚴師，繩摘疵繆不少假借。然評語輒獎借，每有他日柱石名臣之譽。衡陽應童試千人，入學不易，縣試羣擬公第一，案發第三，縣令召公入見曰：以文論汝當第一，今乃太守意也。太守曰：彭某異日名位未可量，然在吾署中讀書，若縣試第一，人必謂明府推屋烏之愛耳，是其終身之玷矣。公聞而深感之。是歲竟不入學，又二年始隸諸生籍。道光末，新寧民李沅發爲猺民裹脅稱亂，破城步，戕守官，省令檄衡州協標往剿。公荷槍徒步從行，營中尊書識爲稿公，協將見之呼曰：彭公何不騎？對曰：方往殺賊，安敢自逸？協將悚然，言於總兵，軍中事往往詢之。自新寧、靖州越境至貴州、廣西邊，遇寇下溫，敗之。軍屯開泰，奉檄至桂林軍府，總兵以所乘馬借之，遣二兵從。道雨，從兵病瘴不能行，單騎度萬崖山至軍中。復從戰金峯嶺，寇散，走禽李沅發。上功，總督見銜名列生員，以爲武生，特拔補臨武營外委，賞藍翎。鎮將欲爲聲敍，更請保獎訓導，公辭以年幼學淺，不堪人師，遂還衡陽。有江子春者，營典舖於耒陽，値歲荒亂，商旅不能自保，請公往董理之。至則散錢振饑，貸金貧困不責劵息，衆以告子春，置不問。其後郴、桂陷寇，耒陽土寇蠢動，日夜思刼掠，然過典舖門輒曰：此嘗施惠吾輩，不可掠也。以此竟從容收本，還報主家。論者謂公一貧生爲人司出納，視其財若己有，放散無顧慮。子春最謹於財，當其時未必知後當獲報，而無幾微吝惜之意，絶不問其出入，皆可謂豪傑之人也。公見坊市無賴聚積多謀不逞，知必亂，陰條列爲首數十名請縣密捕，縣令不能用。事洩，其黨思有以懲之。公素習拳棒，出門必備鐵尺，以二健僕隨。一日，遇少年摩肩過，排之不動，反推少年，顚仆數步外，人以是知公未可輕侮也。是時洪秀全由永安北犯，將掠耒陽以趨衡。公入見縣令，問計將安出？令曰：吾請兵請餉無一應，可奈何？公曰：患無兵耶？城中百姓皆兵也；患無餉耶？吾質庫中尙有錢數百萬在。耒令喜曰：然則竟以屬君矣，出縣印授之。公即募勇數百人，多製旗幟，使巡行雉堞間。洪軍知耒有備，由寧鄉趨長沙，而耒與衡皆獲全。公以無戰事不敍功，但請償還所假質庫錢，由是知名。曾文正以侍郎治兵衡湘，廣求奇士，衡陽常毅薦公有膽略可用，勸公謁文正，公時居母喪未踰年，意不欲出。文正亦居母喪，遣謂曰：鄉里藉藉，父子且不保，能長守邱墓乎？公感奮，遂應軍檄，佐文正弟國葆陸營。國葆嘗告乃兄，謂公與楊岳斌並英毅非常，文正亦雅知公耒陽之事，及創水師，遂以公與岳斌分統之。咸豐四年二月，水軍發衡州不利，引還，公以孤軍留西湖中，曾公涕泣謂必死，竟全師而還，乃益重公。復議悉水師之衆，先攻湘潭，公請先行。望湘岸連檣皆敵舟，多輜重，少戰艦，公計士卒爭利必亂，乃分攻其首尾，自攻其中，縱火焚之，死敵無算，城中洪軍亦遁。敍功以知縣用，戴藍翎。六月，再進岳州，洪軍據南津以拒。公伏君山，岳斌伏雷公湖，遣小舟挑戰，敵舟爭出，兩翼抄之，燬百餘艘，奪小船數十，其夜敵退走。踰五日駕巨舟來攻，再敗之。進功擂鼓臺，洪軍舟多於官軍十倍，公偕岳斌各乘舢板冒礮烟衝入，燒其坐船，敵還救，陣亂，大破之。公傷指，血染襟袖間，軍中推二人勇略爲冠。總兵陳輝龍後至，以爲書生領新軍猶敗賊，賊易與耳。遂自將先進，乘栰罟大舟，旌旗鮮明，洋製銅礮，響振山谷。公與諸營官乘快舟往觀戰，栰罟膠淺，敵舟麕集，急往救，水急風利，陷洪軍屯中，敵更出陸師遏之，遂大敗。輝龍戰歿，屬將多人投水死，公單舸僅得脫身。自是水戰專任彭楊，公亦以此益知水戰利害。時陸軍連戰皆捷，遂至沌口，議攻武昌。公請渡江先掃城外諸屯，自塘角至青山，緣岸敵礮環列，丸發如雨，將士露立舢板，櫂船徐進，無一側身避砲者。敵從城上望見相顧失色，縋城逃者無數，戮百人不能止。沿江各屯俱潰，悉燒屯壘及其舟，武昌、漢陽同日復。論功，擢同知。洪軍退保田家鎮，夾江爲五屯，依半壁山。連舟斷江，纜以鐵索，布竹木爲大筏，施大礮，密如列符。筏外護以舟，後列輜重，船五六千，望之如大城。復分軍駐蘄州江岸爲前衞。公率水師掠蘄直下，進逼田家鎮。於是與岳斌議，分四隊，約陸師合擊。頭隊皆小舟，具鑪鞴椎斧之屬，融炭以待，順流急趨，斷鎖纜。公自將次隊續進殺賊，岳斌將三隊突纜焚下游敵舟，而以第四隊守屯。計既定，半夜陸軍出攻半壁山，水師頭隊鼓櫂下。哨官孫昌凱，故鐵工也，方鼓鑪銷鎖，環未開，有二小舠鑽隙得過，譁呼曰：鐵鎖開矣！洪軍驚噪爭走，相踐墮水。岳斌率舟隊逕下至武穴乃回駛，一路擲火燒舟，天明東風起，乘風上，公乘流下，合軍攻之，燬敵舟四千餘艘，擄五百餘艘，此戰湘軍水師之名震天下。文宗采其戰法，宣諭江南北水軍仿行。公與岳斌旋至武穴養傷，而別將蕭捷、黃翼升率水師由湖口駛入姑塘，敵斷湖口不得出，於是水師始有內湖外江之分。五年，武漢復陷，公募士造船，立新軍，合三千人，與岳斌分統之。湖北巡撫胡文忠約同攻漢口，洪軍閉城不出，水師抵沙口，無所事，還沌口，道經武昌漢陽，敵礮雷鳴，萬聲同發，公所乘船桅折，船覆，公墜水，或駕舢板援之，力挽不起，則水中有抱持公足者，舟人呼曰，速釋手，此統領也。公在水中鬨然曰：此時豈顧統領耶？已而並出水中，則抱足者，即本船舵工也。公笑叱曰：若知是爾，我提擲汝數丈外矣！聞者皆莞爾，渾忘生死之間不容髮也。時內湖水師數失利，曾文正急召公至江西為助，留岳斌湖北。公泝江還湘，欲趨南昌，而袁州、瑞州並陷，水陸道絕，無可通之理。衆議當由廣東繞閩浙入廣信，計程百日乃達。公曰：江西危急，旦夕赴之猶憾不及，義不可圖自全。即喬裝賈客，操皖音，草履徒步七百里，摩寇壘無數，間行抵南昌。巡撫以下皆大驚，湘軍聞之，士氣大振，文正深義之。遂領師迭破臨江敵壘，轉戰吉、袁、臨、瑞、建、南、饒、廣間。文正奏公堅苦耐勞，有古烈士風，堪勝總統水師之任。七年秋，湖北水陸軍下圍九江，攻湖口。敵扼石鐘山，置巨礮，遏內湖之軍使不得合於外江，公率全軍分三隊衝出，舟當礮口，傷十餘艘矣，或諫公曰：今驅士卒與飛火爭命徒死無益。公泣曰：不度此險，終無生理，今日我死日也，義不令將士獨死。鼓櫂赴之，敵礮乍裂，舟師遂啣尾急下，與外江合，歡聲雷動。陸軍應之，進奪小姑山，復彭澤，乃克九江。自此達武昌，置十二屯守之。十一年，曾忠襄軍圍安慶，洪軍悍將陳玉成驅精兵三萬來援，營於菱湖。公創立飛划營，抬划船入湖，合陸軍大戰，毁其壘，卒下安慶。奉旨由廣東按察使擢安徽巡撫，固辭不許，乃具疏曰、臣衡陽一諸生，父母棄養，終鮮兄弟，少習舉業，不知韜鈐，亦無搏擊之勇。徒以逆賊猖獗，激於義奮，遂從帥臣曾國藩於軍旅之中，矢念殺賊。初時創立水師，曾國藩以臣尚有膽識，飭同今福建提臣楊載福製造礮船，編立營哨，候習風濤沙水之性，久而稍諳駕駛，與賊搏戰。仰賴聖主威福，諸將維持，士卒用命，幸不覆沒。中間疊荷鴻恩，超擢不次。每一除授，臣必具禀帥臣，自陳才力粗疎，不諳公事，請爲代奏開缺。曾國藩亦深諒臣愚衷，非出矯激，屢請留辦軍務，皆邀俞允。不圖恩命有加無已，臣亦何心，敢自外高厚乎？顧念封疆大吏，有節制文武之權，鎭撫軍民之責，措置一有未當，必致上負朝廷，下誤蒼生。以臣起自戎行，久居戰艦，草笠短衣，日與水勇舵工馳逐於巨風惡浪之中，一旦身膺疆寄，進退百寮，問刑名不知，問錢穀不知，譬之跛者行生僻之路，其爲顚蹶，不待履蹈坎坷而後知也。且臣不學無術，褊急成性，十年江上，身受風濕，筋骨痛疼，心血虧損，善忘多病，更虞不勝重任。連日與督臣熟商，浼其代爲陳情。督臣以向無此體制，必獲譴責。臣再四思維，與其勉強負荷，貽誤國家，不若冒昧直陳，冀見原於君父。爲此籲懇聖恩，准開臣缺，簡放賢明精幹大員，接任安徽巡撫，整頓吏治兵事，使臣得一意辦賊，努力前驅。詔嘉其誠實不欺。旋改任水師提督，又以武職望輕，擢兵部右待郎。洪軍自據金陵，以蕪湖爲屏障，以東西梁山爲鍵紐。同治元年，公與曾忠襄水陸會攻鍋城閘，水師攻其東石壘，陸軍搗其西土壘，破之。於是收復巢縣、含山、和州三城，又襲破雍家鎭、玉溪口諸要隘，克西梁山。陸軍進偪金柱關而營，公率舟師聳礮登岸助攻，克金柱關，併下東梁山。東西梁山既復，蕪湖敵勢孤，循江而進，克蕪湖。而忠襄之師已抵秣陵關，公領軍由烈山赴之，會陸軍拔頭關，進攻江心洲。洲有二石壘，屹若堅城，公選死士緣岸蛇行蘆葦間偪壘縱火，遂一鼓下江心、蒲包二洲，進泊金陵之護城河口，時忠襄亦已進駐雨花臺。二年五月，復江浦、浦口二城。於是議攻九洑洲，洲勢至險，在驚湍急浪中；其上建堅壘數十，列舟環之，爲金陵犄角。又有攔江磯、草鞋峽、七里洲、燕子磯、中關、下關諸隘相倚以爲固。前督師向榮、和春皆以攻洲不克，故無功。公議先破其南岸諸隘，命丁泗濱等循岸進，預以枯荻灌油焚敵舟，乘勢薄其壘，猱而升。草鞋峽、燕子磯、下關諸隘悉平。次日昧爽，兩岸並舉，人皆死戰，中關敵以槍礮相持不能進，自朝至暮。公令夜戰，且曰：洲不破，不收隊矣。是夜選精隊四十人持短兵於黑霧中摩其壘，噪曰：洲破矣！諸軍歡呼，騰踔而上，前者殪，後者繼，踐屍奮進，乙夜大破九洑洲，洪軍無一脫者。最公生平，自田家鎭、石鐘山以還，得此戰而三，皆肉薄血戰，於九死一生中克敵致果。其年八月，解青陽之圍。十月收復高湻、寧國、建平、溧水諸郡縣，及還水、陽新、河莊、東壩要隘。東壩既復，駐置重兵，而金陵糧道斷，始合圍。詔論九洑洲功，賜黃馬褂。三年，江寧復，論功以創立水師爲首，加太子太保，予一等輕車都尉世職。四年，命署漕運總督，再疏辭，言臣本寒儒，傭書養母，咸豐三年，丁母憂，曾國藩謬采虛聲，強令入營。初見即自誓不求保舉，不受官職。十餘年來，自知府至巡撫，由提督改侍郎，並未嘗一日居位。

歷任廉俸及軍營例支官品銀，從未具領分毫，恩雖實授，官猶虛寄。若責臣以必赴，惟有負罪而再辭。上鑒其誠，從之，命籌商水師善後事宜。七年，會同曾文正奏訂長江水師營制，自荆州至崇明五千餘里，設提督一員，總兵五員，以六標分汎，營哨官七百九十八員，兵丁一萬二千人，歲餉六十餘萬兩，以長江釐稅供支，不煩戶部，遂爲定制。亂平之後，水師餘銀及擁有鹽票盈利巨萬，公一介不取，以五之一生息，助水師公費，且備外患倉卒之需，餘分解雲貴助餉二十萬，甘肅助餉二十萬，以十萬廣本縣學額，而以鹽票犒諸將大有功者。事既竣，疏請回籍，補行終制。略曰：臣墨經從戎，創立水師，治軍十餘年，未嘗營一瓦一畝之殖；受傷積勞，未嘗請一日之假；終年風濤矢石之中，未嘗移居岸上，求一日之安。誠以親服未終，而出從戎旅，既難免不孝之罪，豈敢復爲身家之圖乎？臣嘗聞士大夫出處進退，關繫風俗之盛衰。臣之從戎，志在滅賊，賊已滅而不歸，近於貪位；長江既設提鎮，臣猶在軍，近於戀權。改易初心，貪戀權位，則前此辭官，疑是作僞。三年之制，賢愚所同，軍事已終，仍不補行終制，久留於外，涉於忘親。四者有一，皆足以傷風敗俗。夫天下之亂，不徒在盜賊之未平，而在士大夫之進無禮、退無義。伏維皇上中興大業，正宜扶樹名教，整肅紀綱，以振起人心。況人之才力聰明，用久則竭，若不善藏其短，必致轉失所長。古來臣子，往往初年頗有建樹，而晚節末路，隕越錯謬，固由才庸，亦其精氣竭也。臣每讀史至此，竊歎其人不能善藏其短，又惜當日朝廷不知善全其長。知進而不知退，聖人於易深戒之，固有由矣。臣本無經濟之學，而性情褊躁，思慮憂傷，月積年累，怔忡眴暈，精力日衰，心氣日耗。若再不調理，必致貽誤國事。懇請天恩，開臣兵部侍郎本缺，回籍補行終制，報國之日正長，斷不敢永圖安逸也。優詔從之。八年春，還衡陽，構草樓三層，布衣青鞋，時往母墓廬居，三年不出，種樹灌園，有終焉之志。維時東南久無事，水師將士漸耽安逸，事多廢弛，輿論以水師無益，主撤罷。十一年，曾文正薨，詔促公簡閱水師。乃疏陳整頓事宜，諷提督黃翼升自退，以李成謀代，劾罷營哨官百八十餘人。入覲，命署兵部侍郎，復陳請開缺。仍命巡閱長江，專摺奏事。自築別業於杭州西湖曰退省庵，每巡閱下游，事畢居之。自是水師皆整肅，沿途盜蹤斂戢，安堵者數十年。朝廷知公廉直，遇有大政及疆吏重案，輒諮詢，命按治。光緒七年，命署兩江總督，再疏力辭，乃以左公宗棠代之，而公留督江海防如故。九年，擢兵部尚書，以衰病辭。會法越構兵，命赴廣東會籌防務，公募四千人從行，至粵佈署既定，法兵竟不至。請疾歸，度嶺至浙，病重不能飲食言語，行步須四人扶持，連疏乞休皆慰留，賜人參，且問病狀，終不得謝事。所上疏言病，前後累數十，或一年再請，同於例摺，諸大臣亦無爲言者。十四年復扶病巡江，至安慶，安徽巡撫陳彝新擢用，初未識公，見公病狀大驚，固迎入城調養，公以巡江事未畢不可。陳乃奏言：臣與彭玉麐向不相識，今見其行步龍鍾，語言蹇澀，朝廷必欲用之，則當聽其養疾，以收他日之效。詔允開缺回籍，仍留巡閱差使。十五年冬還衡州，舁負登樓，遂不復下。十六年三月病革，舁至正寢薨，年七十五。夫人鄒氏，子永釗皆前卒，有孫四人。事聞，贈太子太保，依尚書例賜卹，建專祠立功地，諡剛直。

公清介絕俗，豪邁有至性，善飲酒，喜讌客，然自奉至薄，不御肥甘，旁無姬侍，惟一二老兵給事左右。幼痛失怙，事母至孝，居貧奉養，先意承志。外祖母居懷寧無子孫，公時恃傭書爲活，歲不足衣食，猶跋涉五千里迎養至衡，樂敍天倫，以遂堂上之願。弟玉麒遊客秦豫，遭亂隔絕廿年，及公授安徽巡撫，弟見邸鈔識其姓名，始間關至軍中，相見哭失聲，護愛甚篤，與共寢食。弟有煙癖，軍中方嚴煙禁，或以情告，公大怒，立予杖四十，斥出之曰：不斷煙飲，死無相見！弟感愧自恨，臥三日夜，瀕死竟絕，不更服，復爲兄弟如初。弟後以行鹽致富，輕財重義亦同公，計兄弟所散貲幾滿百萬。而於當軸要人無一字之問，十金之遺，以孤潔無援自喜。遇部下舊將若布衣昆季，而紀律極嚴，嫉惡如仇。巡江時安徽有候補副將胡開泰，召倡女飲，使妻行酒，其妻不可，遂抽刀剖其腹，街巷詾詾，事聞院司，方聚議謀所以處，公適至聞之曰：此易耳。遣召之來，但詢姓名居止，便令牽出斬之，民大歡。湖北忠義營副將譚祖綸誘刼其友張清勝妻，置清勝密室得脫，訴營將，州縣皆爲祖綸地，置不問。因訴於公，公先聞黃州、漢陽道路藉藉，欲治之無端。得清勝詞，爲移總督。先奏劾祖綸，且遣清勝赴武昌質之。詔公與總督即訊，祖綸令人微伺清勝於輪船，擠之溺死，遂脅餌其妻父母及妻劉氏反其獄。忠義營統將方貴重用事，總督昌言誘姦無死罪，謀殺無據。公揣祖綸根據盤固不可究詰，適總督監臨鄉闈，即騦至武昌檄府司提祖綸至行轅親訊，忠義營軍傾營來觀。祖綸至，陽若無事，公數其情事支離狡詐及謀殺蹤跡，祖綸伏罪，引令就岸上正軍法，一軍大驚，然已無及。夾江及城上下觀者數萬人，歡叫稱快。故公每出巡，所經之地，官吏皆危慄自戒。民有枉，往往盼彭公來。朝廷傾心聽之，倚畀過於疆吏。素工畫法，蘭入妙品。尤喜畫梅，全樹滿花，興來輒奮筆潑墨，海內傳者近萬本。書法勁美，爲人作楹帖，嘗鐫小印曰：兒女心腸，英雄肝膽。亦工爲詩，下筆立就，雖戰陣之間，不廢吟詠。彭澤之役，奪回小姑山要隘，嘗題一絕於崖壁，傳誦至今，其詩並存集中。奏疏皆自屬稿，無人代筆，與人書亦不假手記室，敷暢條達，忠義之氣，溢於楮墨間，是以易名之典，略其功業，而獨表其性情，蓋出於特達之知云。

右參史傳、俞樾撰神道碑及春在堂隨筆、王闓運撰行狀、朱孔彰撰別傳、徐世昌撰晚晴簃詩滙、陳衍輯近代詩鈔。

彭公英邁萬夫特。一身兼備儒俠墨。古來名將殊寡儔。遂覺淩烟少顏色。經始舟師功最盛。蔽江犀甲乘風勁。鐵鎖波融寸寸灰。小姑捷唱摩厓詠。手掣長鯨九死餘。眼中僘屣潭潭居。當年奮臂起縗絰。此際惟思湖上廬。天子酬庸意良厚。爵一等尉爾世守。兩江督印大如斗。公乃見之却而走。謝恩但致還山詞。九重覽奏空搔首。還山親自翦茅茨。舊時明月照霜髭。伏廬補讀三年禮。思親淚漬庭樹枝。詩人愛作湖山主。退省庵閒揮玉麈。晨餐西子秀。暮謁祝融古。壬父迎來歌且舞。曲園餞別憮然憮。偶吟佳句意俱新。畫遺名流首爲俛。公詩固入妙。公畫尤通神。日日寫梅萬毫禿。（句借張香濤題公畫。）墨花灑作江南春。口公辭。手公卷。耿耿千秋魂魄見。誰言猿鶴竟銷沈。孝子忠臣天所眷。

養晦堂詩集二卷

清劉蓉撰。先生字孟容，號霞軒，湘鄉人。少瓌奇自負，不肯隨時俯仰，年三十六，猶偃蹇未青一衿。與同邑曾文正，羅忠節究心程朱之學，務通知古今因革損益、得失利病，與夫風俗、人才所以盛衰，思一用其學以興起教化。縣令朱孫詒聞而賢之，陰使其父督就試，補弟子員第一。曾公官京師，寄詩稱臥龍，並廣爲延譽。會兵事起，先生與羅忠節、王壯武等治團練里中，已而從曾公長沙，以團練功保訓導。咸豐五年湘軍東征，先生佐戎幕，筆翰如流，曾公賴之。既而武昌再陷，客師困守南昌，羅忠節由義寧上書，請西出崇陽、通城以規復武漢，取建瓴之勢，曾公壯而許之，先生請偕行。於是羅公率五千人往，分軍爲三，自將中軍，李續賓將右軍，而以左軍屬先生。八戰克崇陽、通城，與胡文忠之師會。大破蒲圻敵，弟蕃先登，陷陣中槍亡，先生悲之。尋歸侍親，無意復出，時敍至五品銜。胡公密疏薦其才，有詔諭先生父，命促之重出治軍。十一年，湘撫駱秉章自湖南移督四川，聘以贊軍事，尋署布政使。乃薦黃淳熙勇敢善戰，命率所部五千人同行。四川久困於土寇，藍朝柱、李永和，周紹勇、張第才，何國梁諸人糾衆號數十萬，蹂躪四十餘州縣，將逼成都。五月，黃淳熙破賊於定遠，擒國梁。追至潼川二郎場，中伏，淳熙陣亡，然湘軍之威已大著。先生日與駱公選將練兵，軍勢漸張。諸賊以藍朝柱、李永和爲最巨，先生策藍悍而李之黨多，宜先其悍者。急蹙朝柱緜州，又躡之丹稜，李遣黨來援，迎擊於眉州，進圍青神，而潛師擊丹稜，大破之，遂以次戡平諸賊。同治元年，石達開自黔邊入蜀，由涪州至敘州，先生預調諸軍羅布以待，親赴前敵督戰。達開不得逞，徘徊於土司地，窮蹙就禽，親往受俘，檻送成都，誅之，被旨嘉奬。時漢中羣盜如毛，川匪餘孽亦入陝蔓延，勢甚熾。鄂督官文薦先生才堪一面，詔命督辦陝南軍務，擢陝西巡撫。提川軍四千以行。總兵蕭慶高、何勝必兩軍先赴援，亦隸之，又遣將赴湖南增募萬人。三年春，漢中粵捻諸股，因江寧被圍急，促其回援，遂自退。先生乃得間部署屯防，清餘匪，拊循其民，噓枯蘇困，政教大行。五月，川匪合粵捻餘黨由鎮安，孝義突犯省城，城中可戰者僅四百人，文武吏皆汹懼。先生曰：賊遠至不知我虛實，乘其計之未定，可破而走也。躬率四百人分兩翼馳而下，賊驚顧大呼，果逸去。陝經亂久，田疇汚萊，民無所得食。先生以鳳邠道黃輔辰精於吏事，使經理回民叛產，設法開治，歲獲穀數百萬斛。民安於耕，吏勤於職，蒸蒸向治矣。會編修蔡壽祺疏劾恭親王奕訢，語涉先生，指爲夤緣。詔詰令自陳，先生奏曰：凡夤緣者，必其平日縈情於寵利，不勝歆羨戀慕，思一得之以快其意，然後喪其本心，捐棄廉恥，爲乞憐昏夜，驕人白晝之行。故凡小廉曲謹之士，麤知自愛，即有所不屑爲，不必過人之識量而後能之也。臣雖愚陋，其於希榮慕祿，降志辱身之事，往往不待禁戒而自絕於心，蓋其自治尙有精於此者，而此特其粗節。乃蔡壽祺以其不肖之心，肆情造謗，惟所欲言，直欲厚誣天下，謂無復有粗知廉恥之人之事，則何其情之悖也？尋復爲內閣學士陳廷經所劾，命大學士瑞常、羅惇衍按究，坐漏洩密摺，降調革任。陝甘總督楊岳斌疏解之，陝西士民復爲訴枉乞留，詔仍署巡撫。五年，奏薦賢能牧令龔衡齡等，請予升階，下部議駁。先生疏曰：近來登進之途，多出於從軍，而究心民瘼者，乃潦倒於下吏。陝西瘡痍未起，急應旌舉賢能，以爲之勸。上特允之。先生在官絜清自守，察吏勤政，深得陝民愛戴。惟高自期許，未免輕視流輩，故往往爲世所排擊。值捻酋張總愚率二十萬衆竄商州，陝中震驚，餉糈奇絀。先生督饑軍拒戰，挫於華陰，詔罷職，仍領軍，以喬松年代巡撫。捻自臨潼趨省城，松年與先生議不合，所部楚軍三十營，統將無專主，士無戰心，屯灞橋，爲賊所乘，大潰，詔旨斥責。先生特檄劉松山援秦，令屯魚化鎮，一戰大捷，於是湘軍復振。朝廷召左公宗棠接辦陝甘軍務，左公奏曰：臣與劉蓉相知有年，自顧才力無以踰之。然先生既解官歸，終不作出山想矣。鄉居築玩易閣，讀書其中，足不出庭戶者七年。生平爲文縱橫跌宕，無不盡之意，詩筆亦傲兀自喜。十二年卒於家，年五十八。湖南巡撫王文韶以聞，詔開復原官，四川、陝西皆請祀名宦，四川又合祀之駱文忠祠。所著養晦堂詩文集十二卷，奏議二十卷，光緒十一年思賢講舍刊行。

右參史傳、駱秉章傳、郭嵩燾撰墓志銘、朱孔彰撰別傳、湖南通志、徐世昌撰晚晴簃詩滙、清儒學案、曾文正公文集、陳衍輯近代詩鈔。

賽葛非虛譽。（龍孔場之役，公自將討賊，四日平之，蜀人譽爲賽諸葛。見公詩自註。）恩周望帝鄉。百城除宿孽。一鼓縛名王。諭蜀文辭盛。賓嚴醴酒香。君平遺肆近。未暇卜行藏。

其二

灞上軍初陣。量沙夜漏三。角聲沉渭洛。兵勢壓崤函。歷歷閭閻譽。悠悠道路談。終憐魚化捷。莫挽嚮南驂。

其三

收藏湖海氣。抱犢向江郡。酒醒登高會。經繙讀易軒。寄詩懷老研。謂羅研生題牓乞山猨。謂何子貞痛失歲寒友。哀吟古樹根。集中寄曾文正郭筠仙詩句：重以松竹盟，合作金蘭契。文正歿，爲輓歌百首悼之。

養知書屋詩集十五卷

清郭嵩燾撰。先生字伯琛，號筠仙，晚更號玉池老人，湘陰人。自幼端愨，有成人之度。稍長，游學嶽麓書院，與曾公國藩、劉公蓉相友善，切劘以道義，博治羣籍，勤苦自厲。性質直好義，必忠必信，矢之終身。由縣學生中式道光十七年丁酉舉人，二十七年丁未成進士，改翰林院庶吉士，丁父母憂回籍。會洪軍犯長沙，曾公以侍郎居憂，奉詔辦團練未出，先生訪之里第，陳說大義，力贊之出。及費絀，爲親歷郡邑勸稅濟饟，並請於巡撫開鹽釐捐局，商定章程，大局遂振。洪軍圍江西省城，江忠烈策城守，乞師於湘，先生率楚勇馳援，言於忠烈曰：賊踞江路勢盛，官兵無船，宜製戰船備攻剿，忠烈韙之，先生爲草奏，奉旨允行，湘軍之有舟師，蓋肇端於此。江西圍解，論功授編修，還京供職，入直南書房。咸豐九年，參科爾沁親王僧格林沁幕，辦理天津海防，賞花翎。旋以與僧王籌防議不合，引疾歸。同治改元，起授蘇松糧儲道，擢兩淮鹽運使。時則兵事方棘，庫儲垂罄，軍饟積懸未發。特具詳總督，請各營配鹽，由運司掣驗。提督李世忠擁重兵行私鹽，莫敢誰何，先生遣人捕治之，不稍寬貸，運政乃暢，饟給庫充。明年，署廣東巡撫，毛鴻賓爲總督，遇事擅專，幕府納賄招權，軍民交病。先生濟之以綜理密察，裁釐卡以杜中飽，歲增數十萬。其別庫儲捐罰款，不領於經費者，糧道司之，兩歲積至二百餘萬。遣軍平境內諸賊，掃盜艇，汰師船，而地方漸靖，庫儲日豐。未幾，金陵克，有主罷釐捐者，先生陳說利害凡千餘言，事遂寢。洪秀全餘黨森王侯玉山避匿香港，恃英人爲護符，官吏莫能捕。先生援公法與爭，執以歸論斬，瑞麟時督粵，遽張其功，以率兵往捕聞，先生力止不可，英人大恚，數移牒詰責。先生以瑞麟屢誤軍情，而幕客徐灝復橫恣無忌，具疏劾之，並自請罷斥，逾年遂解職。念督撫同城易僨事，上疏極論其弊，不報。同治十三年，特召赴京。光緒元年，授福建按察使，未蒞任，命以侍郎候補，在總理各國事務衙門行走，擢兵部左侍郎，充出使英法大臣。與外人交，一秉公誠，據理必爭，無所假借，深得彼邦人士敬愛。爲印畫像於冊，前附小傳，盛推其和厚坦直，外文明而內剛健，自有外國使臣以來，無與倫比云。四年還朝，乞病歸，主講城南書院。俄人構釁伊犁，崇厚以辱國論死，羣臣多主戰，徵調騷然。先生盱衡全局，條陳六事，上嘉其見確，已而召曾劼剛使俄，從先生議也。嘗以爲海外諸國，非撻伐所及，當深思因應之宜，應力戒宋明紛呶，以弭近憂而宏遠謨。雖在家，猶繫心夷務，其後涉外多故，如朝鮮之亂，法越之爭，皆有所論列，言以人重。光緒十七年六月卒於家，年七十四，蓋自海外歸來十三年矣。

先生早躋榮顯，至老劬學，其深衷遠識，實自平日讀書用世得來。而持躬之廉，亦爲人樂道。任運使時，例可支匣費萬餘金，先生悉屏之不取，永絕陋規。奉使三年，取諸公者惟薪水屋租二事。律己厚而待人寬，嘗言廉者君子以自責，不宜以責人；惠者君子以自盡，不宜以望於人。時以爲名言。講學城南時，闢思賢講舍於曾公祠東，祀船山王子，與學者肄習其中，啓廸後進如不及。尤以扶植善類，獎拔孤寒爲己任，故歿後多流涕者。王益吾稱先生之文，暢敷義理，冥合矩度，其雄直之氣，追配司馬遷、韓愈無愧色。古近體詩造意取材，離絕凡近，縱筆偶成，皆有意度云云。惟著作多散佚，已刻行者禮記質疑四十九卷、大學質疑一卷、中庸質疑二卷、訂正朱子家禮六卷、養知書屋文集二十八卷、詩集十五卷、奏疏十二卷、讀書記若干卷、湘陰縣圖志三十四卷、會合聯吟集一卷、家譜六卷。未刊者周易釋例四卷、毛詩餘義二卷、綏邊徵實二十四卷、官書若干卷、尺牘若干卷。其中禮記質疑四十九卷稿本，現藏國立中央圖書館，書前有陳澧及潘祖蔭序，帙中所夾附葉及行間改定字跡，與卷尾題記，皆先生手筆。

右參史傳、王先謙撰神道碑及詩文集序、繆荃孫書郭侍郎事、徐世昌撰晚晴簃詩滙及清儒學案、陳衍輯近代詩鈔、國立中央圖書館善本書目。

壯士纓冠日。微臣叱馭時。說曾非悖古。曾公奪情治軍，公實促成之。援左豈關私。左公居湘幕，爲官文奏劾，罪不測，賴公言於肅順及潘祖蔭等，解其獄。奉勅還金馬。推觚到玉墀。上房新入覲。感賦紀恩詩。

其二

八旗多負弩。不射海門潮。座客襟懷惡。藩王叱咤驕。一匏從轉徙。萬竈起凋蕭。懋矣鹽漕績。宜賡五袴謠。

其三

蹶起凌臺省。公詩：我足蹶不前，故人已台省。南巡領一圻。不應官齮齕。終苦事然疑。歲儉溝增瘠。軍疲陣失奇。誰憐撫臣瘁。謗讟日相移。

其四

老念山中鶴。憂生海上鯨。夷情嘗切論。漢使肇專征。清室遣使駐外始於光緒初，公膺首選。策世言皆驗。談兵意未平，艱深禮堂業。詎饜以詩鳴。

雪門詩草十六卷

清許瑤光撰。先生字雪門，善化人。父國賢，母張氏，生子四人，先生行季。道光元年辛巳，甫四齡，父母延師督課，伯兄仁甫、仲兄次衡，亦時購書促之讀。嗣與叔兄力常讀書於城南紫荊山房，其地爲東茆古里，面臨小瀛洲，頗擅泉石之勝。廿五歲應縣試，題爲四十賢人賦及秋蘭詩，見賞於南皮張振之學使，補弟子員。次年，試谷山研賦及擬西崖樂府，得第一，食餼黌宮。力常亦以冠軍入泮。先生方冀循正科博功名，有相者謂曰：君文星雖佳，然決君連三科不能售，至己酉當因明經得官，蓬山閬苑，君無望也。廿八年，番禺梁矩亭來湘按試，先生擬王粲綴珠爲燭賦得第一，明年再試，復第一，果入己酉拔萃科。力常亦以是科領鄉薦，携手入都，力常旋蹶春闈先歸。其年七月，先生應部試，詩題爲興雨祁祁，中有爲霖任敢辭句，試後以詩謁各師，皆許必售，然恐以讖落縣令。已而覆試於保和殿，居第七。引見於勤政殿，果以縣令用，籤發浙江，詩語竟驗。浙江錢漕甲天下，時銀價驟昂，地方官吏上下其手，積弊滋甚。戶部尙書季仙九方啣命赴浙淸查，被抄者數十員，著追者四百餘員。梁矩亭勸先生改中書，不必赴浙。湘鄉曾公以侍郎充是科閱卷大臣，亦以官浙爲非宜。先生念家貧親老，無可易途，遂之浙。先後任桐廬，淳安諸邑，累遷至嘉興府知府，以廉能稱。

詩集十六卷，其十四卷同治十三年刻，錄詩一千八百五十九首。再刻於光緒二十四年戊戌，增續編二卷。卷第一第二名悠遊集，爲道光二十年庚子至咸豐二年壬子之作，以其時中原粗安，未見兵革，故以爲名。卷第三至第六名蒿目集，爲自咸豐三年癸丑至同治二年癸亥之作。以其時洪楊亂起，時事方艱，故名曰蒿目。卷第七至第十三名上元初集，始於同治三年甲子金陵克復之年，至十三年甲戌。卷十四爲衍古謠諺，卷十五十六爲上元二集，爲光緒元年乙亥至八年壬午之作。嘉興吳仰賢小匏庵詩話，列舉集中佳章，謂其深得蘇詩三昧。蓋先生作詩不耐苦吟，信手拈來，渾成之作，常有髯翁意境耳。

右參本集自叙、徐世昌撰晚晴簃詩滙、續四庫提要。

紫荊花照小滄瀛。占却風光此弟兄。得雉得梟寧宿命。爲霖爲雨足平生。綴珠賦奏雕龍技。蒿目詩驚唳鶴聲。多謝匏庵嚴品藻。眉山門下許留名。

浣月樓遺詩二卷

清李楣撰。女士字月裳，一字桂生，湘陰人，李文恭公星沅長女。少而明慧，文恭及夫人郭氏皆能詩，有梧笙聯吟集，女士習聞庭訓，亦嫻吟詠。年二十，適道州何子貞之子慶涵爲室，時大父母皆在堂，曲意承歡，能博重闈之喜。又隨侍翁姑歷宦燕齊吳蜀間，米鹽瑣屑，區畫井井，治饌待客，皆贊其精妙。生子四人，拮据爲家，鍼線補綴，終歲不歇。慶涵有側室未習女紅，而子女亦衆，則爲之裁量縫紉，視同己出，人尤以爲難能。幼時閨中迎紫姑神，謂本是蓬萊仙子，因事小謫人間三十六年，屆時當在峨嵋相待。咸豐四年，適隨家入蜀，年三十六，病危而獲痊，人咸謂陰德延壽。四十歲生日，子貞贈詩，有爲汝做生忘我老，吾兒有福得妻賢之句。光緒九年癸未卒，年六十五。此集乃光緒間家刻本。

右參何慶涵撰墓表、何維棣撰行略、續四庫提要。

石梧庭宇故恢恢。蓺芷搴蘭有自來。信是雲英淪小刼。居然漱玉出新裁。白鵝不與仙同返。碧鸛生憐婿有才。適見荊釵入廚下。虀鹽鄉味勝調梅。

蒼筤詩集十二卷

清孫鼎臣撰。公字子餘，號芝房，善化人。年十四爲諸生，十七舉鄉試，數年考選內閣中書舍人。道光二十五年成進士，選庶吉士，散館授編修。二十九年，充貴州鄉試正考官。咸豐元年，充宣宗成皇帝實錄館纂修官。二年，御試翰詹一等，擢翰林院侍讀，充順天鄉試同考官。是時洪軍方起事金田，越嶺出湖南，居民驚避，軍興動天下。朝臣並言得失，公數上疏，謂因循之弊，宜用法以治標，用人以治本。又疏陳團練籌餉事。琦善罪戍黑龍江，廷議釋還，署河南巡撫，備洪軍北竄，公言其人不宜復用。明年，賊躪河南北，賽尚阿、徐廣縉並以寬旨出獄，赴軍前自效。公又言兩人前失律罪大，不誅而用，無以申軍法示天下罰。疏入不報，乃請假歸。公有弟二人，頤臣、道光丁未進士，授兵部主事。觀臣、咸豐辛亥舉人，亦官京師。至是兄弟俱歸。時洪軍騷擾遍湖南北，公築室山中，奉親讀書。閱三年，頤臣觀臣相繼逝，公起補故官。未幾，母桂太夫人卒，奉喪歸自京師。已病失音，醫久不瘉，自以家多不幸，兩弟連喪，身又嬰疾，意必不獲壽，日夜取平生所爲文及詩更定其稿。朋輩往視，則出以相質，必無憾乃已。卒前二日，力起爲書告知友爲别，詞意恬然，筆札與常日無異。咸豐十年三月逝，年四十一。曾祖繩武，歲貢生。祖先振，舉人，直隸隆平知縣。父葆田，舉人，桃源教諭。妻唐氏，繼妻胡氏。子宗錫、宗穀、宗翰。

公自幼有神童名，然絕去尋常才士意態，默自修厲，期至於古人。望之羸然溫秀，語言徐而簡。與人善，意色自親，無熱喜之態。爲文力操大雅，骨格矜重，而出之純渾流麗。人徒驚其美才，不知實介然有以自主。性好詩歌，窮究源流，探擇體要，剖析微眇，既精既嚴，然後舉其才力從之，故才益豐，辭益高。其入黔諸作，論者至比之柳子厚山水記云。及居翰林，聲譽最隆，顧未屑以文人自與也。夙工駢麗，嗣與曾文正、梅伯言游，乃專力古文。更深考古今學術、政教、治亂所由，而審其通變所宜與其所不可者，爲芻論二十五篇。曰論治者六、論塩者三，論漕者三，論幣者三，論兵者三，通論唐以來大政者七，論明賦餉煮。其言絕明達適治體，屏斥小利，要歸大道，蓋古之論政事，議塩鐵者，不能過也。倘克用之於世，必大有裨於國計，不幸中歲云殂，論者多惜之。

所著文八卷、古今體詩十一卷、詞一卷、賦一卷、總爲蒼筤集，咸豐九年序刻行世。別著畬塘芻論三卷，河防紀略四卷，另有刻本。

右參史傳、吳敏樹撰墓表、曾國藩撰孫芝房侍講芻論序、桃源縣學教諭孫君墓表、徐世昌撰清儒學案、晚晴簃詩滙、續四庫提要、日本京都大學書目。

直節鳴崇班。新詞薦清廟。嶷然孫學士。吐擒獨高妙。出手拔鯨牙。彈章慴權要。盈廷皆默默。海內幾同調。扁舟過洞庭。豈逐任公釣。築室西山岑。開軒一長嘯。世事莽紛華。吾盧足吟眺。倒屣故人來。循陔老親笑。託身在揚馬。名山及年少。湯海秋贈詩，有歧路誰知己，名山待少年之句。文字有精靈。遙芬度蘿蔦。公爲余婦高祖。

其二

皇華奉書璽。南行指遐甸。言去古夜郎。懸衡拔才彥。江山入藻繪。茲遊未覺倦。軺浮五溪水。險絕平生見。跕鳶逐征鞍。山魅狎乘傳。獞花與犵鳥。一一收行卷。方之柳州柳。造語益精鍊。亦同坡渡瓊。搦管神龍變。新詩寄京洛。一日傳鈔遍。怖走君苗輩。至欲焚筆硯。

其三

蒼筤有圖畫。入眼春生寒。明月照谷口。風動千琅玕。翠幹結朱實。中棲鳳與鸞。亦有七賢人。從遊拾古歡。當庭一灑翰。光采生冰紈。由來風雲會。應作神物觀。湘筠縛大帚。左公題畫語，見左集。偉論誠不刊。塵刧幾桑海。淇園綠未殘。五世長龍孫。驤首青雲端。須防破壁飛。愼莫脫手看。蒼筤谷圖有曾左兩公及中興諸名臣題詠，圖現存外舅孫慕老舊金山家中。

其　四

儒者究天人。所貴在經世。鴻篇演芻論。念念存康濟。桓寬著鹽鐵。陸贄議賦稅。轉漕劉晏功。平準弘羊計。河渠亦大政。況有兵農制。酌古見深衷。匡時極孤詣。後生言變法。動爲西學蔽。盡撤夷夏防。民風日凋敝。逶迤光宣後。百喙階爲厲。悠悠禹稷心。千載疇與契。

眠琴閣遺詩二卷

清何慶涵撰。先生字伯源，道州人。祖凌漢，官至戶部尙書，諡文安。父紹基，翰林院編修。文安居京師時，先生始生。天資敦厚，受學於名宿陳啓邁、楊彝珍。經史騷選，過目成誦，爲文操筆立就，尤精制舉業。曾文正公見而奇之，爲書誡諸弟，數數稱焉。文安爲學專宗洛閩，恒以齊莊中正訓勅諸孫，則懍遵而無違。子貞篤嗜音韻訓詁之學，與祁文端、張石舟、苗先麓輩析疑辨難無虛日。先生趨承左右，飫聞諸論，證墜緝闕，於羣經旨趣，得所會通。咸豐二年，隨父入川督學，按部所至，恣覽奇山水，登高賦詩，才名漸著。素工書，箋什酬答，人咸珍之。辨識古器眞贋，碑版流別，一見瞭然。蒐集古印數百方，手搨成篇，題曰頤素齋印景，爲晚近言金石學者所稱道。八年，中順天鄉試舉人，援例授州部郎中。已而六試禮部不售，假歸侍親不復出仕。巡撫王文韶延主求忠書院，爲學主通經學古，知大體，月課千餘卷，必再四覆閱，始甲乙之。以說理清眞爲上，戒毋喧競逐時趨。以所自律者督諸生，故士受繩檢，十七年間，成就多謹厚之材。年逾七十，專勤如少時，每夕就鐙書記日所行事，目光烱烱。病中正衣冠端坐，竟日，動止不改常度。卒前二日，猶爲人撰哀誄，一字未安，淪毫不下，必愜意乃止，其遇事不苟如此。光緒十七年辛卯卒，年七十一。遺詩二卷第三子維棣刻行。

右參湖南通志、何維棣撰行略、曾文正公家書、續四庫提要。

尚絅端居意。淸華奕葉敷。得名驚父執。爲學始庭趨。句奪峨嵋秀。書分金石腴。人間多贋鼎。羨爾有懸珠。

天岳山館詩存十二卷

淸李元度撰。先生字次青，一字笏庭，自號天岳山樵。生有異稟，四歲父歿。稍長讀書過目成誦，年十八爲諸生，食廩餼。中式道光癸卯舉人，會試報罷。遊奉天學政幕，其地陪都所在，藏列朝實錄，得以閱覽，通知一代政事。又隨使車遍覽關東形勢，浩然有得。益肆力掌故地理之書，旁稽百家載籍，才識宏裕，大挑選授黔陽教諭。時曾文正在籍治團練，先生上書數千言言兵事，而隱其名，文正壯之，求其人不可得。一日晤先生，談頃，笑謂曰：曩上書者得非君耶？遂留參軍事。咸豐五年，文正移軍江西，令先生募勇三千屯湖口。六年，移屯撫州，偕江軍、林源恩合防，與敵相持。久之，餉絀，分軍克宜黃、崇仁，而敵自景德來援，撫州敵出攻江軍營，林元恩死之，先生突圍出。移屯貴溪，防廣信。七年敵二萬來襲玉山，守卒僅七百人，先生迎戰，斷敵浮梁。敵以步隊綴軍騎，趨上游，跕水渡，乃回城拒守。被攻兩晝夜，立埤垷間，彈中左頰。敵忽罷攻，鉦鐃雜作，知其穴地道，乃掘壕以防。伺其穿隧及壕，殪之，敵技窮，引去。伏兵邀擊，安仁、弋陽、廣信皆平。江西巡撫疏稱：以三千饑疲之卒，當悍賊數萬，自有戰事，未之前聞，其爲時推重如此。先是以功累擢知府，以道員記名。至是加按察使銜，賜號色爾楞巴圖魯。八年，率所部平江軍援浙，敗賊玉山子午口，會克常山、江山，授浙江溫處道。十年，文正督師皖南，調安徽寧池太道，防徽州。率新卒三千以行，至甫三日，賊由旌德糾合土匪，散軍入績溪叢山關，遣同知童梅華，都司單綏福率千人往援。敵入關，梅華擊走之，遇伏歿，關遂失。敵薄徽，城周十八里，傾圮甚，先生督修三晝夜，完三之二而敵至，收兵登陴。敵環攻五日，北門不守，親馳往督戰，墮馬暈絕，爲親卒負出，城遂陷。文正奏劾，褫職逮治。會浙江巡撫王有齡奏調援浙，先生不待命，回籍募勇八千，號安越軍。將行，洪軍犯湖南，巡撫文格留其軍守瀏陽，偕諸軍破賊，請按察使銜，並加布政使銜。會杭州陷，王有齡死，詔以左公宗棠代。先生率軍入浙，與李定太守衢州，授浙江塩運使，署布政使。文正以先生罪未定，不聽劾遽回籍，復劾革職，交左公差遣。言官再論劾，命曾左按治。時金陵已克復，曾公奏徽州之失，先生到不十日，巨賊猝至，兵力未厚，前奏逮問，本從嚴，今大功垂成，請量錄用。左公疏言杭州失陷，非因其逗留所致。惟落職後求去索餉，不顧大局，論遣戍。沈葆楨、李鴻章、彭玉麟、鮑超等交章薦其才，代繳臺費，免罪歸。同治初，貴州教匪嘯聚思南、石阡，蔓延楚蜀，巡撫張亮基奏起專辦教匪，以功復原官，擢雲南按察使。光緒八年，丁母憂，服闋，補貴州按察使，遷布政使。十三年，卒於官，年六十七。

先生首參曾公幕，公甚倚之，引與規畫軍事。初出師岳州，水陸諸營未集而敵至，陸軍潰，官兵退保長沙。曾公以練軍一年，不足資一戰，拊膺太息。先生奮曰無憂，軍雖潰而塔智亭，羅羅山幸未與，楊厚菴、彭雪芹治水軍足可恃。指左右侍立諸將弁曰，此一輩人支持天下有餘。於時侍者黃昌期、鮑超等方以武弁為親兵也。曾公聞言為色喜。其後塔忠武羅忠節立功名天下，而百戰以戡大亂，卒出此數君之力，故天下咸服先生為知人。方水師敗於九江，曾公入南昌，先生相從艱危，多所匡助。西江師數不利，公輒欲怒馬馳敵軍以死，皆賴先生防救得免。咸豐八年，曾公丁憂居里，嘗貽書以勞曰：君當靖港敗後，宛轉護持，入則歡愉相對，出則雪涕嗚憤，一不忘也。九江敗後，特立一軍，志在護衛水師，保全根本，二不忘也。樟鎮敗後，我部別無陸軍，賴君支持東路，隱然巨鎮，力挂絕續之交，以待楚援，三不忘也。

生性肫篤，事母逮老如孺子。厚於親族，塾有課，嫠有資，姻故鄉鄰多待以舉火。平江地界三省，設局縣城，集械編丁以時訓練，寇警迭乘，恃以完固。立諸善堂及廣仁倉，貸不取息。剏建平江忠義祠及葺新祠，祀必親必慎。倡捐江西欠餉二十餘萬，請增府縣學額，他軍效之，省帑千萬。自少以文鳴，既老於兵間，聞見開廣，益雄於詞。治軍貴州時，戎馬倥偬，猶輯清代名臣耆舊事蹟為國朝先正事略六十卷，備一代人物歷史朝章典故。其文高雅純懿，人比之歐陽公五代史無多讓云。另有先正文略二百卷、國朝彤史略十卷、名賢遺事錄二卷、天岳山館文抄六十卷、詩集十二卷、文續集若干卷、四六文二卷、求實用齋叢書若干卷、安貧錄四卷、古文話六十四卷、平江縣志五十六卷、平江十三君子事略二卷、十忠祠紀略二卷、南岳志二十六卷。

右參史傳、王先謙撰神道碑、郭嵩燾撰壽序、徐世昌撰晚晴簃詩滙、清儒學案、續四庫提要。

山樵作詩如伐木。繩尺在手林在目。綢繆經史百氏書。裁剪錦繡萬花谷。五齡口誦三都賦。出語往往驚老宿。二十單車北走邊。松杏山河雪黲黷。短衣長劍兵間行。氣銳大類初生犢。黃金鑄印指顧耳。蹉跌俄成蕉下鹿。斯時金陵正慶功。獨有介推不言祿。帥府同袍驗骨相。湘濱堅臥憐髀肉。廖立自干丞相嗔。感恩還作羊曇哭。集中輓曾公詩，有雷霆與雨露，一例是春風之句。古人風義今人少。似此芳襟那容掬。晚年著述續蘭臺。野史亭中理萬軸。前朝鵷鷺多掌故。況有冥鴻入簡牘。瓊瑤琬琰萃一編。千一百人差可讀。書成駿靳歐陽子。大珪天爵難並逐。世間名位奚足榮。得失胸中早爛熟。

堅白齋詩存三卷

淸龍汝霖撰。先生字皞臣，攸縣人。父友夔，學行矯然，六十年中以文名湖南。少讀書嶽麓書院，與湯鵬、勞崇光、羅繞典並爲高材生，而卒以明經老。先生舉道光二十六年丙午鄉闈，分選知縣，初權山西曲沃事。曲沃當孔道，時陜回告變，差役綦繁，乃通計三十六里爲按糧均差之法，徭役以平。每視事重門洞開，牘入立判，未數月政通聲噪，以直隸州升用。旋宰高平，有孀獨居被戕，凶手未得，先生臨驗，凡一器一物，悉默識之。他日至村舍，見壁懸米囊與孀家合，因禽治之，一訊而服。以明察迭破奇案，奸宄肅然。刋農桑輯要一書，勸民務本。廢淫祀，革巫俗。增設義塾百十有七所，請旌烈婦百九十七人，其存者則歲時存問表閭以寵勵之。葬未瘞棺四萬有奇，野無暴骨。重修永惠橋，民呼龍公橋。濬城壕繞南北郭，而東達於丹水。復修三壇譙樓，皆斥廉俸爲之。未幾奉諱歸，猶捐穀千石備荒歉，民立生祠祀之。服除，歷任江西安遠、鉛山諸縣，得民如曲沃高平。

詩集錄古今體詩三百餘首，刻於光緒間。芟薙頗嚴，少作多從割捨，七言律至不存一篇。蓋先生夙與湘潭王壬秋、武岡鄧彌之葆之兄弟善，孜孜以復古爲志，別闢蹊徑，冥心獨往，卓然自立。模擬魏晉，得其神似。郭嵩燾撰堅白齋遺集序，嘗曰：楚南近二十年，人文蔚興，日新月異，實君與壬秋、彌之諸君發其端。又曰：王鄧諸子，方騁其才力，極變化開闔之致，先生獨深自斂抑，歸於幽渺澹泊，諸君皆折節下之，語其文以爲非今世有云。

右參李元度撰家傳、郭嵩燾撰序、王闓運撰龍友夔行狀、湖南通志、陳衍輯近代詩鈔、續四庫提要。

境闢三唐外。吟蹤險以遒。願言別綸闥。甚欲駕曹劉。樹色晉祠古。琴聲汾水悠。故山梅又發。行矣季鷹舟。集中有十二月二十九日解印綬二首。

四照堂詩集十五卷

清譚溥撰。先生字荔仙，湘潭人，諸生。頗諳畫法，能青綠山水，尤愛畫梅，常繪折枝贈人。出遊嶺南，始為詩，初無師承，遇名流輒出畫請題，學其格律，漸知家數。久之沉溺吟詠，嘗自言性之所在，雖萬緣莫能奪，一日不作詩，輒如負心然，蓋四十年心力半耗於此。道光三十年，攜稿四卷，就質於粵東張南山，受詩法。居嶺外四年，成後稿八卷。值太平軍之亂，東莞、順德告警，避地梧州，晤梁莘畬，極道桂林山水之勝，往遊焉。俄而梧潯復震，歸至湘，投入曾公麾下隸水師營，時咸豐四年也。凡軍中所見，時形吟詠，詩稿益豐，方謀付梓，倩朱伯韓，艾至堂兩君為之序，是年十二月十二夜，湖口兵潰，退入九江，稿存水師友人處。九江又潰，稿燼，兩序亦灰。幸其弟炳生嘗選錄副本，存十之二三。初刻於咸豐八年武昌，再刊於同治三年越中，均為十五卷。惟湘潭縣志著錄為十六卷。各卷以地區分：卷一沅湘，卷二至五粵東，卷六粵西，卷七沅湘，卷八至十鄂中，卷十一沅湘，卷十二十三楚北，卷十四鄂中，卷十五皖中。

集中之作，多經南山點定。南山聽松廬詩話云：荔仙天資超拔，詩有奇氣，有生氣，亦有未穩處。評騭頗當。卷首有善化勞文毅公及湘陰郭侍郎序。

先生為人伉爽好義，稍有居積，輒以周親戚，坐是漸困。再度嶺，老病頹然，郭嵩燾嘗為延譽，名益張，入頗豐，還卒於家。流離一生，志存萬里，集中與王壬秋夜話云：酒影蒼茫照湖月，詩情悽楚入邊聲，蓋所感深矣。

右參本集自序，勞崇光撰序，郭嵩燾撰序，湘潭縣志，續四庫提要。

憶別長安十丈塵。擔簦大庾正逢春。分明一幅江南景。遍揀梅枝贈故人。

其二

尺藁裁量夜漏遲。最憐掇拾燼餘時。江山八桂摹難盡。半入丹青半入詩。

小酉腴山舘詩鈔二卷補錄一卷

淸吳大廷撰。先生字桐雲，沅陵人。初以選拔貢生入貲爲內閣中書，咸豐五年順天鄉試舉人。博學能文，警敏有識，明於去就趣舍，公卿耆宿多折節交之。寒畯下輩擅一藝長者，先生亦游揚寵薦之不倦。當是時，東南被兵久，諸將帥大臣爭羅致豪儁爲助，輒不次擢用。先生居京師，以才名，益陽胡公，湘陰左公皆走書數千里問候，日月以至。先生益自奮勵，思樹名績於天下。十一年皖撫李續宜疏薦從軍，保同知。時彭雪芹屢乞爲掌牋奏，李未之許。同治二年唐訓方繼任皖撫，薦改道員記名，賞戴花翎。兩君之知先生，則曾胡諸公之薦也。既佐皖幕，李唐二人倚之如左右手，先生亦樂爲知己用，羽書旁午，恒至夜深，披圖指畫，數百里列營及餉道所經，瞭然如示諸掌，料敵每奇中。苗沛霖初陷壽州，勢張甚，時議主羈縻，圖苟安，獨楚軍正名曰賊，訟言誅之，人以是歸功績宜，其說實倡自先生。時節署設臨淮，訓方出巡蒙城，以臨淮軍事相委，苗練已就撫，先生策其必復叛，陰備之，未匝月而變作。臨淮兵不滿千，人情洶懼，譌言日至，先生不動聲色，部勒諸將，張疑兵於各要害，飛檄請中丞間道還臨淮，賊遂北竄蒙城，而臨淮卒無恙。是役以孤軍當劇賊數十萬，從容鎭定以待大軍，先生之力也。皖事既定，遂從左公入閩。先是左公曾疏薦材中司道選，至是乃薦補福建鹽法道，照兩淮例，改行票法。居一歲，掃故弊、立條教、厲吏洗手奉約束。免逋負八十餘萬，增稅至六十萬三千有奇，軍饒商給。遷臺灣兵備道，以前勞加二品服，再加按察使銜。左公奏設船廠，朝命沈葆楨爲船政大臣，先生充船政提調，凡所創設，悉得要領。旋引疾歸。曾文正再鎭江南，治舟師海上，特薦起用，遂入曾公幕，賓主契合。未幾曾公薨，先生鬱鬱居上海，光緒三年卒，年五十有四。沈公疏聞，詔贈太僕寺卿。咸同之際，曾左胡諸公所薦士，無不光顯，先生則尤所欲振拔，而終未盡其才，時論惜焉。

嘉道間，沅陵李沅訓伊卿以詩鳴海內，與寧鄉黃本驥，湘潭張家榘，新化鄧顯鶴齊名，稱湖南四才子，著有酉腴山館詩集行世。先生慕法鄉賢，自署所居曰小酉腴山館，即以集名焉。此三卷刻於同治元年京寓，光緒四年復由桐城蕭敬學校刊其遺詩，增爲八卷行世，貴池劉瑞芬序首。考湖南通志藝文志載先生詩集四卷，是爲三卷後之另一刊本。

右參吳汝綸撰墓銘，郭嵩燾撰文集序，馮志沂劉瑞芬撰詩集序，作者自著年譜，湖南通志，徐世昌撰晚晴簃詩滙，續四庫提要。

脫手新章織錦工。酉腴山色望葱籠。累登薦牘盈朝右。終見髯參踞幕中。靖海功名新奉檄。臨淮部曲久飛蓬。布衣阜帽垂垂老。蹀躞南樓百喟叢。

白香亭集二卷

清鄧輔綸撰。先生字彌之，武岡人。父仁堃，起家拔貢一等，官四川知縣，累遷至江西按察使，兼權布政使。先生生於綦江官舍，五歲能詩，後從官南昌。十三入州學，十五補學廩生，肆業省中城南書院，與弟繹齊名，俱以文才著。道光二十九年己酉選拔貢生，咸豐初鄉舉副貢，以助餉有功敍內閣中書。假遊南昌省父，值洪軍圍城急，佐父爲守計，將一軍捍禦東南，爲犄角勢。李次青攻撫州，先生與林源恩領平江軍一支自南昌往，連克進賢、東鄉，遂圍撫州。會有人摭拾前賦蘋菓詩刺翰林夏某，蜚語爲提學劾奏，撤軍還官。旋以城工勞敍浙江道員，時浙境戰火方熾，拜命即行，勇蹈危地。然初去無所藉手，兵餉兩缺，奉命齎書請援失期，被劾免官。凡兩從官再絓吏議，論者以爲詩人之窮焉。

平時留意人才，精藻鑑，拔萃稠人之中，江湘二州，友無遺士。曾文正所辟薦之材，皆先生素所推許者。與人交，撝謙盡禮，簡言吶吶，一諾不忘。嘗倡修武岡州志，躬與其役。舊與王湘綺交善，王氏稱其詩，有下筆淵懿，出語高華，詩僅三百，卓然大家，出手成名，一人而已之語。嘗讀其登衡山詩，至芝菌蔚霞氣，土石爲天色句，詫爲一字千金，得未曾有。湘綺於詩少許可，獨推服先生甚至，晚年與訂兒女姻。晚晴簃詩話：咸同之間，武岡鄧彌之，湘潭王壬秋兩人交相善，而俱以詩鳴，彌之早參軍事，侘傺不遇以終。壬秋遨遊南北，薄於仕進，年登大耋，著作等身。但若以詩格論，則旗鼓相當，實亦未易軒輊。

光緒十九年，江西奉新許振禕任江寧布政使，建文正書院，聘先生主講，既應允東下，而振禕遷督東河。因感昔年知己，零落殆盡，恐後會之難期，迺冒風雪渡江，走二千里達大梁，爲百日聚。並以詩集付振禕校刊，且託以後事。回寧後即於是年病逝江寧講舍，年六十七。振禕有詩十六章悼之，極沉痛纏綿之致，特選錄八章如次：其一、淚河西注返湘舟，死盡浮生舊匹儔。豈忍衰齡爲遠別，更堪一訣是千秋。賢名信有蛇年厄，旅寓終罹鵩舍憂。我慟匪關知己盡，四朝文獻恐難求。其二、霜天黃菊作重陽，戰地書來更斷腸。烈士盡爲知己死，寒郊枉是哭人忙。鯨魚失勢成京觀，燕雀何人處畫堂。秋盡風蓬從四散，始知吾輩可憐傷。原注：撫州之役，君於七月中讒謝去，余與同人皆返，而林君源恩，耿君光宜以名將同殉。其三、同謁征南幕下年，麻源高會最多賢。迂辛短李爲歡謔，刻燭擵箋放老顛。告別又經新歲月，鏖兵重訪舊山川。不堪並馬城南路，暮雨蕭蕭絕可憐。原注：咸豐己未春仲，君重訪湘鄉師相於建昌軍中，復隨大軍駐臨川，因尋林耿二君殉難之所，悽咽欲絕。其四、京塵相逐忽軒眉，三月楊花似海時。客久鸞龍雄意氣，交深金石少磷緇。直言盡罷劉蕡策，遠適終傷王粲詩。詎料吾軍終早廢，茫茫詹尹似先知。原注：庚申春夏，同人聚京師者，湖南則君與郭筠仙、龍白皐、王壬秋、蔡與循，黔蜀則莫子偲、趙元卿、李眉生，雲南則劉景韓、筠生兄弟，江南則尹杏農，江西則甯伯足與余，迭爲文酒之會，並時失意四散。子偲述杏農語爲詩曰：吾軍久摧頹，不爾非全傾，詠哉杏公語，沈痛不忍聽，蓋紀實也。其五、翰墨場推老伏波，故人招隱出烟蘿。軍籌檄筆雄誰並，銅柱勳名勒幾多。拜表元戎聞薦達，罷官下潠自蹉跎。蕭然百粵經行地，祗草龍蛇落澗阿。原注：同年劉印渠制府招君從事桂管，累欲薦舉，而均力辭。其六、悔別師門三十年，西州重過淚潺湲。遂良早白清湘鬢，供奉休廻賀監船。曾感吐茵容國士，共來持菊薦江天。平生風義悽懷甚，更苦城危夜雨懸。原注：別三十年，再見江南，因乞主講文正書院。其七：雨絲風絮黯平臺，此別分襟更可哀，目極天涯孤客，客返夢懸江尺書來苦懷未忍從深訴，慰語重遊約後回。白髮故交寥落盡，不禁清淚濕蒼苔。其八、千里飛書自告亡，一驚斷盡故人腸。臨危所眷惟知己，閱世如流益可傷。留集東林謀不朽，修文碧落恐猶忙。素車行哭吾無及，慚負人間范與張。

右參王闓運撰墓志銘及鄧繹墓志銘、許振禕撰序、徐世昌撰晚晴簃詩滙、楊鍾羲撰雪橋詩話、陳衍輯近代詩鈔、武岡州志、續四庫提要。

白日澹河淮。單騎衝雪渡。馱來盈篋詩。託比遺孤付。許子不憚煩。親爲理殘蠹。故人凄宿草。新編耀緗素。生死見交情。一諾償季布。想公嘔心時。冥神琢奇句。摩衡操鬼斧。氣沮湘綺步。卓然此大家。百歲艱一遇。公自非常才。遭時況多故。欲收名世勛。苦被彈章誤。竟以詩人老。天心有眷注。

即今沅湘間。詞林聳瓊樹。江山存麗藻。處處碧紗護。至人本無迹。長風往來度。瀛島在人寰。奚必三山住。味公飛仙吟。啓我會心悟。

湘綺樓詩集十八卷

清王闓運撰。先生字壬秋，一字壬父，湘潭人。生時，父夢神榜其門曰：天開文運。因名開運。同治五年，先生年卅五，遇衡陽知縣王開運，爲避雷同，遂易名闓運。六歲失怙，自幼好學，性質魯，日誦不及百言，發憤自責，勉強而行之。宣宗時特重翰林，童生應試博高第，不數年可躋二品，鄉中父老恒以科甲督子弟，甘心不悔。先生獨不喜制藝，嘗假得楚辭讀之，欣然有志古之作者。十六歲出就外傅，始識長沙羅熙，武陵劉鳳苞諸名俊。明年，應童子試失利，賦詩得月落夢無痕句，武岡鄧輔綸兄弟聞而奇之，相偕造訪，遂與訂交。因二鄧之介，肄業城南書院。院長陳本欽，爲破格特許入內齋聽講，視同高材生。更從熊少牧雨臚問業，熊氏選文四十篇囑熟讀，未數日復往請益，怪其速也，叩以所誦之書及文家派別，則應答如流，不失一字。熊爲驚嘆告人曰：吾生平未見此才，吾當讓出一頭地矣！年十九補諸生，與李壽蓉等結蘭林詞社，號湘五子，聲動湖外。遊南昌，於書肆中得宋牧仲對簿時手錄蘇詩，歎先輩精專，雖遭顚沛不輟，感而自訂日課。自是日必鈔書，歷道途寒暑無闕焉。時洪軍已陷江寧，曾文正在鄉治團練，先生屢上書論事，輒嘉納之。咸豐四年，塔齊布破敵於湘潭，湘軍始創水師。彭剛直爲營官，與先生善，論兵事每相合，勸從軍，將行，馮卓懷言於曾公曰：行軍死地，王某孤子，新婚尙無子嗣，儻有不測，無以慰節母之心，遂止。念兵氛蔓延七省，傷時憫亂，作哀江南賦以寄慨，傳誦一時。咸豐七年，金陵洪楊内訌，湘中稍靖，補行壬子、乙卯兩科鄉試，得膺鄉薦，中式第五名舉人。八年十一月，與鄧彌之同至南昌，謁曾公於建昌。幕府諸賢，有李文忠兄弟、許仙屏，李次青等，相留浹旬始別。遂泝饒水、度玉山、經嚴陵灘至桐廬，覽西湖之勝。北游蘇、揚，過淮安，乘車入京，明年會試報罷，戶部尙書肅愼重其名，延館於家，約爲異姓兄弟，欲代納貲爲郎。嚴正基聞之，貽書以柳柳州爲戒，言之深切，先生得書感動，乃假事至濟南，寓山東巡撫文煜署中。十年上元節，巡撫大觴賓僚，先生爲製珍珠泉銘，泐之榭中。明日，偕何子貞、郭筠仙遍遊歷下諸名蹟。四月，曾公拜兩江總督之命，方規復全皖，先生走依祁門軍，凡所建議，多被采納。冬居母喪，始讀喪禮。同治二年，郭筠仙署廣東巡撫，度嶺訪焉，得遍觀陳蘭甫、方柳橋、徐子遠諸家之藏書。在南海聽歌，有南甯女子莫氏，言頃過舊寓，悽然傷心，衆人癡笑之，先生獨心賞，贈以詩，買歸爲妾，生二女。三年六月江南平，安徽巡撫唐義渠約爲江淮之游，既至，兼訪曾公於江寧節署。北渡江，循淮揚將游清苑，至齊河冰合船膠，夜宿草舍，大雪五尺，感慨身世，作思歸引。還湘率妻子遷居衡陽西鄉之石門，閉戶著述，時復講學，教導鄉人子弟。光緒二年返長沙，始營湘綺樓。四年，應四川總督丁寶楨之聘，主講成都尊經書院，丁氏待以賓師之禮。其間斷續留蜀，歲閱八稔，成材甚夥。十二年辭歸，歷主長沙思賢講舍、衡州東洲講舍講席，先生名日張，而從游者亦日益衆。二十九年，江西巡撫夏時遣專使來湘，延爲江西學堂總教習。三十四年，湘撫岑春煊以耆儒薦，上諭授翰林院檢討。宣統二年，鄉舉周甲，重宴鹿鳴，加翰林院侍講銜。至是四川、湘贛著籍弟子達數千人，學者稱湘綺先生，而先生亦年八十矣。民國二年至漢口，夏午詒來見，致袁總統書幣，約北游，未允。明年，復以書來約，且屬史館事，遂於三月入都，十一月南旋，越二年卒於家，春秋八十五。

先生之學，兼包九流，而以通經致用爲歸。自幼肆力爲文，上溯莊、列、賈、董。詩宗六代，兼涉初唐，湘鄉之外，別標一幟。記事之體，取法龍門。所著以經學爲多，已刋行者，有周易說十一篇、今古文尚書箋二十九篇、詩補箋二十卷、禮經箋十七篇、周官箋六篇、禮記箋四十六篇、春秋公羊何氏箋十一篇、論語集解訓二十篇、爾雅集解注十九篇、尙書大傳補注七卷、夏小正注一卷、逸周書注七卷、穀梁申義一卷、老子注一卷、莊子內篇注七篇、雜篇注二篇、墨子注七十一篇、鶡冠子注一卷、湘軍志十六篇、桂陽州志十七篇、衡陽縣志十篇、東安縣志七篇、湘潭縣志十二篇、王氏族譜四卷、史贊十七卷、楚辭釋十篇、附高唐賦注一篇，湘綺樓詩集十八卷、杜若集二卷、夜雪集一卷、後集一卷、七夕詞一卷、湘綺樓詩外集二卷、湘綺樓文集二十六卷、外集二卷、湘綺樓詞鈔一卷、湘綺樓日記不分卷。

右參史傳、湘綺年譜、日記、楊蔭深撰小傳、徐世昌撰晚晴簃詩滙、陳衍輯近代詩鈔。

良禽不卑棲。良馬耻輕箠。咄汝湘士魁。跅弛無乃是。雄奇王覇術。浩博天人旨。挾策東南行。所詣爲倒屣。君誠持高論。世或昧深理。畫虎違素襟。雕蟲薄時技。緊昔城南學。聲光度餘子。邇今褐衣侶。半紆金與紫。肥遯原自甘。快游滋可紀。訪書豫章肆。讀碑岣嶁岠。遊匡展初蠟。泛剡舟再艤。曄曄錦官城。手種千桃李。漠漠齊河岸。雪深沒馬耳。燕王寵賢士。金臺旋復圮。蠻女豔如花。聞歌色然喜。六朝詩固夐。兩漢文信美。史筆爭瑾瑰。龍門高跳鯉。堂堂御夷論。不爲時所齒。歸歟理故業。息驂從此始。世變曷有涯。海枯桑盡死。撫茲白柄鑱。長吟對流水。

坦園詩錄二十卷

清楊恩壽撰。先生字鶴儔，號蓬海，長沙人。父輿護，字白元，歷任巴陵、嘉禾兩縣教諭，零陵、新化兩縣訓導，武岡州學正，鳳凰、乾州兩直隸廳訓導及永州府教授等，成材綦衆。母黃氏，精烹飪，尋常蔬菜，一經調治，便饒異味。白元好客，常脫簪珥以治饌，見門下士有聲庠序者，必手製佳餚餉之。年四十生先生，絕愛憐之。幼多病，母恒夜坐而乳，不寢者凡三年。七歲入塾，夜歸必索視課卷，既而絀於考試，志稍挫，父則責曰：不記而翁困場屋十二科耶？年二十，受知於學政張金墉，歲試冠其曹，召入署讀書。課藝之外，教以倚聲，賞其奇而指其疵。嘗集句肝膽一古劍，文采雙鴛鴦，手書楹帖貽之。同治九年庚午舉於鄉，官至湖北候補知府。湘中名士如何子貞、熊雨臚、王壬秋等常有文酒之會，先生年最幼，詩壇角藝稱後勁焉。光緒十七年辛卯卒，年五十七。詩集存詩千三百八十餘首，楊彝珍、王先謙爲之序。楊云其詩正變不一體，率孤露至性，撫時感事，輙多憂瘝之言。若涉歷所至，如鄂如粵、如黔滇，凡峯巒突兀之狀，與夫巖壑幽邃之境，無不畢肖其奇，與往古諸作者分席而處。王云蓬海少以詩鳴，興之所發，飈舉雲起，頃刻百紙，爲之卅載，日有程課，饑渴奔走，不以自廢，宜其詩篇之富矣。

除詩錄外，另有文錄十四卷。光緒三年丁丑，安南使臣來貢，先生奉命接伴，至巴陵，相見岳陽樓下。遂東涉漢陽，遵陸北上，經大復山，與使臣別。偕行凡一月有餘，沿途互相唱和，撮爲一卷，因付剞劂，名雉舟酬唱集。平日喜製燈謎，嘗與同好劉子重日以此爲課，緘筒往復，此作彼猜，兩家僮僕，疲於奔命。裒其所作，釐爲二卷，曰燈社嬉春集。此外尚有詞錄七卷、詞餘一卷、賦錄一卷、偶錄三卷、傳奇六種、詞餘叢話三卷、續三卷、眼福編初集十四卷、二集十五卷、三集七卷、四書對聯、小序韻語、蘭芷零香錄一卷，總爲坦園全集，由其子逢辰裒輯，光緒間家刻。

右參楊彝珍撰序、王先謙撰序、坦園文錄、徐世昌撰晚晴簃詩滙、續四庫提要。

名駒晚誕氣充閭。白雉傳箋唾咳餘。詩奪百城聲始大。官除五馬願終虛。母恩夜坐三年乳。師寵春聯八尺書。猶有閒情燈社過。巧擒文虎一軒渠。

壽梅山房詩存一卷

清李謨撰。李氏字禹臣，善化人。幼與長沙王會廷同學於黃雨田，會廷、益吾兄也，多才早逝。君於咸豐間任長江水師嚮導營書記，益吾往訪，則薦以自代，遂歸家不復出。遺詩千五百餘首，益吾爲刪取其尤者，得八十餘首，序而刻之，書扎輓聯，並附刋於後。王氏虛受堂文集載有此集序文，云模喜爲詩，言必稱杜甫，又嘗以學杜勉王氏。又稱謨於詩實能得其所以然之理，其生平顚連困懑，無所發抒，及時事可歌可泣，一寓於詩，多沉鬱悲凉之感云云。

李氏於同治十年辛未，以貧病歿於九江旅次。集中奉母還長沙暮泊城外，親友枉問，話至夜分，慨然有賦：五日零丁離虎穴，一家生死此漁舟，已拌異地埋詩骨，竟有驚魂出逆流。兵火餘生成駭鹿，江湖何處着閒鷗。嚴城永夜催歌哭，刁斗聲聲無限愁。其二：鄉關已近意還驚，五月危舟泊岸輕。六十衰親歸故國，一彎新月冷孤城。却憐弟妹嘗辛苦，久累親朋卜死生。百里烟塵悚長夜，艱難何以慰深情。其顚沛之境，危苦之思，令人不忍卒讀。按此詩晚晴簃詩滙亦錄入。

右參王先謙撰序及葵園自訂年譜、湖南通志、徐世昌撰晚晴簃詩滙、續四庫提要。

罘罳草堂詩集四卷

洞庭秋聽暮猿哀。舟入吳頭更不回。欲弔湘纍何處是。驚魂甫自賊中來。

清隆觀易撰。隆氏亦名經，字无譽，寧鄉人，布衣。父爲里豪中傷至死，君年方幼，避仇逃山谷間，不敢入城市者二三十年。居無俚，日與二三相知不涉世事者爲詩以寫其幽憂。後識同邑人廖樹蘅，樹蘅既奇其才，又哀其遇，爲言於義寧陳寶箴三立父子，世始稍稍知其詩。既而再遊秦隴，思從軍絕塞以自振，光緒四年十月，病歿寧夏官幕，年四十一。生逢荼蓼，侘傺客死，不及中壽，識者哀之。詩體前後數變，多至六七千首，此本乃陳氏父子爲擇尤刊刻者，僅四百餘首。右銘特爲製序，稱其詩逢源杜韓，語言之妙類大蘇，而歸宿於山谷。又云其詩淡簡以溫，志深而味隱，充充乎若不可窮。昔子瞻稱山谷之詩爲御風騎氣以與造物者游，世人多不能爲，於旡譽詩庶幾遇之云云。湖南通志藝文十二著錄。樹蘅珠泉草廬詩鈔哀友五章，其一哀君曰：廿年前踏梅山路，風雨遲樓意倍親。作客仲宣多難日，解頤匡鼎苦吟身。朅來關隴空皮骨，一去江湘少替人。我與長文同契濶，誦君絕筆一傷神。

右參湖南通志、續四庫提要、江蘇省立國學圖書館總目補編。

濡煦頻年念友生。引杯看劍涕縱橫。双讎古有徐元慶。何事深山散髮行。

歸樸齋詩鈔四卷

清曾紀澤撰。公字劼剛，文正公長子。少負雋才，究心經史，喜讀莊子離騷，所爲詩古文辭，卓然成家。兼通小學，旁及篆刻丹青、音律騎射，靡不通曉。從文正公在軍中十餘載，戰守機宜，山川形勢，咸得要領。更留心外交，精習泰西語言文字，講論天算之學，訪求制器之法，海外列邦地形國勢，瞭然於胸。以蔭補戶部員外郎。及文正公與歐陽夫人相繼薨逝，連遭大故，哀毀幾不勝喪，然廬守之際，未嘗廢讀。服闋入都，襲侯爵。光緒四年，充出使英法大臣，補太常寺少卿，轉大理寺。六年，使俄大臣崇厚獲罪去，以公兼之。先是，俄乘我內亂，據伊犁。及囘部平，廼舉以還我，議定界通商。侍郎崇厚啣全權大臣命，往與議約，俄人恫脅多端，崇厚遇事徇其請，遽署押，所定約多失權利。及我議更約，俄人益肆要挾，振振有辭，沿海震動，以爲兵釁將起。公受命艱危之際，默度形勢，疏言曰：伊犁一役，辦法有三，曰戰、守、和。言戰者謂左宗棠等席全勝之勢，不難一戰。臣竊謂伊犁地形嚴險，俄爲強敵，非西陲比，兵戎一啓，後患滋長。東三省與俄毗連，根本重地，防不勝防。或欲游說歐邦，使相牽制，是特戰國之陳言耳。各邦雖外和內忌，而協以謀我則同，孰肯出而相助。言守者則謂伊犁邊境，若多糜巨帑以獲之，是騖荒遠潰腹心也，不如棄而勿收。不知開國以來，經營西域者至矣，聖祖世宗不憚勤天下力以征討之，至乾隆二十二年，伊犁底定，腹地始得安枕。今若棄之，如新疆何？說者謂姑紓吾力，以俟後圖。不知左宗棠等軍，將召之使還乎，則經界未明，緩急何以應變？抑任其逍遙境上，則難於轉饟，銳氣坐銷。是今日之事，戰守皆不足恃，仍不外言和。和亦有辦法三：曰分界、通商，償款其小者也。即通商亦較分界爲輕，何以言之，西國定約之例，有常守不渝者，亦有隨時修改者。不渝者分界是也，此益則彼損，是以定約之時，其難其愼。修改者，通商是也，以若干年修改一次，條文之不善，商務之受損，正賴此修改之年可以換約，固非彼族所得專也。俄約經崇厚議定，俄君署押，今欲全數更換，勢所不能。臣愚以爲分界既屬常守之局，必當堅持力爭，若通商各條，惟當去其太甚，其餘從權應允，俟諸異日之修改，庶和局可終保全。不然事機決裂，必須聲罪致討，此戰之說也。廟堂勝算，固非使臣所敢議也。不然，暫置伊犁勿論，此守之說也。是邊界不可稍讓，而全境轉可盡捐，臣愚未敢以爲是也。再不然，姑先爲駁議，俟不得已時，酌量允之，此和之說也。是迺市井售物嘗試之術，非所以敦信義，馭遠人也。蓋准駁貴有一定之計，勿致後日迫於事勢，復有後允之條。今臣至俄都，但言兩國和好，自應遣使通誠，至辨論公事，傳達語言，係使臣職分，俟接奉本國文牘，再行商議。如此立言，庶不至見拒鄰邦，貽國羞辱。臣駑下惟有懍遵聖訓，不激不隨，冀收得尺得寸之功，稍維大局。及至俄，日與俄外部及駐華公使布策等筆舌辨論，達數十萬言。斯時清廷不明外勢，詔旨激切，扞格難行。公內與廷議爭，外與俄使爭，凡十閱月而議始定，卒毀崇厚之約，另訂新約。歸國後，遷宗人府府丞，左副都御史，秩滿留任三載。法越搆衅，公與法抗辯，不稍屈，疏陳備禦六策。十年，晉兵部侍郎，與英人議定洋藥稅釐，歲增銀六百餘萬。明年還朝，蓋已先後出外九年，歷使俄英法三大國。値時多故，憂勞備至，鬚髮皆白。旋廷旨幫辦海軍事務，既又轉入總理各國事務衙門，醇親王深倚之，每事必諮。調戶部，兼署刑部吏部各侍郎。十六年卒，年五十二。醇親王親臨哭奠，以爲天奪英年，國摧柱石。電傳中外，無不同聲嗟悼。朝命加太子少保，謚惠敏。子廣鑾左副都御史，廣銓、兵部員外郎。

公與俄更議伊犁事，凌厲無前，奪肉虎口，卒復西疆諸要隘，開弱國外交未有之例。新約凡二十條，附專條一條，中俄改訂陸路通商章程十七條。語其要點，約有七端：一曰交還伊犁。原約以伊犁西南兩境，分歸俄國，而南境之帖克斯川，實爲南北要區，因力爭悉歸於我。二曰定喀什噶爾之界。原約所載地名按圖懸擬，未足爲憑，俄必欲如原約者，乃爭蘇約克口山也。公與辯論再三始定議，兩國各派大員勘定，不以原約爲準。三曰定塔爾巴哈臺之界。前將軍明誼、奎昌等已議有定界，及崇厚至，俄以分清哈薩克爲言，於是爲俄所占者又三百餘里。公力爭於俄，乃於明誼、崇厚所定兩界間酌中勘定更立新界。四曰嘉峪關通商如天津例，而西安、漢中兩路及漢口字均刪去。五曰松花江水道。松花江直抵吉林愛琿城，從前誤指混同江爲松花江，致俄船駛入無禁。崇厚許至伯都納，俄猶未饜也。公與力爭，竟廢此條，不特於新約奪其利，並爲舊約辨其誣矣。六曰烏魯木齊領事。公初意盡廢各城領事官，俄謂各領事廢則烏魯木齊必須增設一員，公又與爭，乃改爲吐魯番增設一員，而烏魯木齊不增，餘領事並罷。七曰天山南北路稅務。新疆兵燹之後，凋敝殊甚，轉運維艱，是以原約有均不納稅之說。公改爲暫不納稅，俟商務興，仍開徵以充國課。以上所定凡界務三端，商務四端，皆毀舊約更立新章。

所著除詩古文辭外，有佩文韻府古編、說文重文本部考、羣經臆說諸書。其奏疏六卷、文集五卷、詩集四卷、日記二卷、有光緒十九年江南製造局排印本，總爲曾惠敏公遺集。民國五十八年臺灣文海出版社曾據以影印。

集中皆爲近體，初刊時公弟紀鴻尚健在，爲之序云：兄閎博淵雅，捷敏兼人，故視近體爲易。蓋飄逸絕俗，秉之天資，精湛入古，則由於績學，非率爾操觚者所能躐而及焉。又晚晴簃詩話，稱其詩託體蘇黃，時復出入義山。海外諸篇，尤壯健而有深隱之思，其雜感無題諸作，彌覺思深慮遠。

右參史傳，俞樾撰墓誌銘，王弢夫纂清季外交史料卷二十五，徐世昌撰晚晴簃詩滙、曾紀鴻撰詩序、續四庫提要。

匡時志豈在簪纓。太傅家風重守成。才捷八吟歌敕勒。慮周百國策連衡。偶賡錦瑟春鵑詠。（集中有仿義山無題）能繼丹山老鳳聲。芟却牢愁歸蘊藉。即論詩格已觥觥。

其二

虎節龍庭萬里程。危時樽俎寄長城。槎通博望臨西極。議絕澶淵耻北盟。十六州爭賫地失。三千牘見籲天誠。直廬誰艸軍機詔。應體艱難閫外情。

其三

誦詩專對尋常事。完璧相如氣似雲。遂挽孤犁還九服。從知一介抵千軍。和戎魏絳初非怯。破虜班超共策勳。（謂左文襄公。）青史煌煌遺蹟在。當時箕口漫紛紜。

其四

番館秋風幾度過。上林賓雁訊如何。登盤愛啖龍船果。（果產歐洲五月，公自命名，歸國後嘗親繪扇頭以貽醇親王。）入社奇逢優鉢羅。（英王得異卉，花大如車輪，葉周十丈。公與僚友共結詩社，首賦此花。）淚灑鴒原心獨苦。（弟紀鴻光緒初卒，有詩哭之。）力窮鬔負鬢俱皤。歸來却有聯吟樂。爭貢詼辭到小坡。

十二梅花書屋詩六卷

清郭慶藩撰。先生原名立壎，字孟純，亦字子瀞，號岵瞻山人，世居湘陰。其世父兵部侍郎嵩燾並以德業負重名。先生幼敏異，年十五補縣學生，食廩餼，屢躓鄉試，援例得通判。旋以軍功累保知府，分發浙江，乞假歸養，家居十年，以道員改江蘇。遭母喪，以哀毀卒，年五十三。湘陰郭氏門族鼎盛，中外達官多通家世好，先生負幹濟才，嘗欲有爲於世，然在浙兩筦榷稅，不典郡守。黎庶昌使日本，浼爲參贊官，嬰疾未赴。主揚州運河隄工，躬親勞苦，功效章明。方先生假歸時，長少王益吾亦丁憂里居，數相見論學，益吾驚其奧博，勸致力著述，無慕浮世虛名。合肥李氏當國，嘗上書論事，以爲製造招商等局，僅收外人所得利什一，宜剏輪舟，倣各國例，貿易外洋，收利權。又言於大學士仁和王公論鐵軌、電報、郵政、礦務，宜急舉，皆見明識遠慮。所著有許書轉注說例一卷、說文經字考辨證四卷、說文答問疏證補誼八卷、說文經字證義四卷、合校方言四卷、莊子集釋二十四卷、泊然盦文集二卷、梅花書屋詩集六卷、瀞園賸稿二卷、尺牘八卷。

此集刻於光緒十五年己丑，乃作者手訂。提要評中年以後之作，邊幅漸老，七古尤有淋漓酣暢之致。晚晴簃詩滙卷百七十九錄詩數章。

右參王先謙撰墓誌銘、徐世昌撰晚晴簃詩滙、續四庫提要。

放翁昔讀趙子詩。如見梅花開一枝。見劍南集讀趙昌甫詩卷。我今細玩山人句。眼前似有梅無數。老蕚何曾羨桃李。疎枝直欲凌霜露。十載幽棲縞袂俱。前身合是孤山逋。一朝重赴江南詔。絕裾那顧花神笑。獵虎盟鷗兩未遑。可憐白日逝堂堂。猶幸桑榆饒晚穫。名山終不負王郎。

虛受堂詩集十七卷

清王先謙撰。先生字益吾，長沙人。父錫先，授徒奉母，以孝行稱。母鮑氏，道光二十年生先生，家貧力學，會父卒，先生年甫冠，餬口無資，赴湖北武昌見父執胡心泉，得胡與同鄉李謨力，薦入長江水師嚮導營掌書記，受傭以養母。同治三年鄉試獲雋，明年成進士，改翰林院庶吉士，散館授編修。光緒元年大考二等，擢右中允，累遷左中允、司經局洗馬、翰林院侍講、右春坊右庶子、左春坊左庶子、國子監祭酒等職。八年，丁母憂，服除補原官。歷兼國史館協修、纂修、總纂、功臣館纂修、實錄館協修、纂修、總校，奏派纂修穆宗毅皇帝聖訓、文淵閣校理本衙門撰文、日講起居注官等職，立朝以名節自厲。光緒初詔求直言，廷臣爭務建白，喜抨擊，或涉朋比，先生憂之，疏陳言路宜防流弊。又請籌東三省防務，請罷三海工，並劾雲南巡撫徐之銘。而以請嚴戒太監李連英一疏最爲切直可誦，其略曰：宦寺之患，自古爲昭。本朝法制森嚴，從無太監攬權害政之事。皇太后簾聽以來，一稟前謨，毫不寬假，此天下臣民所共知共見者。乃有總管太監李連英秉性奸回，肆無忌憚，其平日穢聲劣迹，不敢形諸奏牘。惟思太監等給使宮禁，得以日近天顏，或因奔走微長，偶邀宸顧，度亦事理所有。何獨該太監誇張恩遇，大肆招搖，致太監皮硝李之名，傾動中外，驚駭物聽，此即不安本分之明證。易曰：履霜堅冰，漸也。皇太后皇上於制治保邦之道，靡不勤求夙夜，遇事防維，今宵小橫行，已有端兆，若不嚴加懲辦，無以振綱紀而肅羣情！疏上不報。嘗典江西、浙江鄉試，搜羅人才，不遺餘力。在江蘇時，奏設書局，仿阮元皇清經解例，刊刻續經解一千四百三十卷。並擴充南菁書院，廣籌經費，每邑拔取才士住院督教，成材甚衆。既辭歸湖南，歷主思賢講舍、嶽麓、城南兩書院，着意培植人才，構廬曰葵園，學者稱葵園先生。禮部奏派禮學館顧問官，鄂督張之洞聘爲存古學堂總教，並辭不就。三十三年，巡撫岑春煊會同湖廣總督陳夔龍奏進所著尙書孔傳參正卅六卷、漢書補注一百卷、荀子集解二十卷、日本源流考廿二卷等書四種，詔旨褒美，加內閣學士銜，人以爲罕有之遇。宣統二年，長沙大饑，民以米貴鬨於市衢，亂民乘之，毆巡警，圍撫署，衞兵開槍擊斃數人，民情愈憤，遂縱火燒署。省城紳士聯名電京及鄂督請易巡撫，以先生領銜，事前不知也。總督瑞澂弗察，遽疏劾諸紳，譴先生尤嚴，部議降五級。同鄉京官胡祖蔭等，以寃抑呈遞都察院請昭雪，亦不報。自甲午對日海戰敗績，有志之士，咸主變法救亡，時陳寶箴撫湘，譚嗣同還湘佐新政，設湘學會，慷慨議天下事，先生力詆之，主持重。其後新舊之爭，頗同水火，識者固知清祚之將傾也。辛亥長沙之亂，先生避地平江北鄉之煙舟，寓鄉紳蘇鳳梧宅，再徙縣城，三徙黃甲山，在流離中猶刊其父所撰詩義標準百十四卷。凡三年乃還長沙涼塘故居，易名曰遯，憂危身世，閉戶著書而已。民國六年卒，年七十六。

所纂集之書，除皇清經解續編外，有東華錄二百卷、東華續錄四百十九卷、輯南菁書院叢書一百四十四卷、合校水經注、續古文辭類纂、駢文類纂、律賦類纂、十四家四六文鈔、六家詞鈔各若干卷。校刊之書有欽定天祿琳瑯書目前後編、鹽鐵論、世說新語、郡齋讀書志、景教碑文紀事考、通奉公遺著詩義標準一百十四卷、鮑太夫人年譜一卷、季弟先恭校注魏鄭公諫錄、諫續錄、文貞故事拾遺十一卷、周侍郎壽昌、郭侍郎嵩燾、李明經楨詩文集、吳敏樹文集、毛國翰、歐陽輅、毛貴銘、李謨、丁蓉等詩集。其自著者則有尙書孔傳參正三十六卷、三家詩義集疏二十八卷、漢書補注一百卷、後漢書集解一百二十卷、新舊唐書合注二百二十五卷、元史拾補十卷、荀子集解二十卷、莊子集解八卷、五洲地理圖志略三十六卷、日本源流考二十二卷、外國通鑑三十三卷。所撰詩文，有虛受堂文集十五卷、詩集十七卷，爲門弟子所編刻。

右參史傳、吳慶坻撰墓志銘、瞿鴻禨撰壽序、葵園自訂年譜、徐世昌撰清儒學案及晚晴簃詩滙、陳衍輯近代詩鈔、續四庫提要。

身傍蓬池啖鱠鮮。馳軺嶽瀆亦游仙。經師老去遺文富。驊足駸駸欲度前。

其二

退學趨庭志未虛。青燈素髮習吟初。依稀六十年前景。頭白烽間誦父書。

其三

夔龍薦表上奇書。五色斑斕魯壁餘。空有頭銜貽學士。蒲輪終靳北來車。

其四

勝迹重尋思益堂。六家詞筆譜仙簧。遺聲散作人間曲。一闋摸魚當引喤。光緒十六年，

先生輯刻六家詞鈔六卷成，爲題摸魚兒一詞，自云勿習倚聲，官京師時，偶從周自庵先生酬唱。六家者孫鼎臣芝房，周壽昌自庵，李治舜卿，王闓運壬秋，張祖同雨珊，杜貴墀仲丹。時孫、周、李三人已下世。

其五

行春杜密除姦惡。閔亂張鈞訟侍中。千古權璫總灰滅。丹青留與揞貂雄。

磨綺室詩存一卷

清丁蓉綬撰。先生字竺雲，長沙人。甫逾冠，舉同治三年甲子鄉試，會試再絀，入貲爲主事。窮年下帷，於書靡不窺，治經史能得精意，工時文，小楷尤端秀，取上第若拾芥，然卒困不進。光緒八年壬午病卒，年四十一。長沙王先謙益吾與先生同舉鄉試，繼又同官京師。先生既歿，王氏爲刋存詩九十首，即此冊是也。提要稱：蓉綬詩才頗高，時有奇逸之趣。……先謙同時刻兩友之詩，一爲李謨

，一即蓉綬，今取兩家詩合校，模之功力視蓉綬爲深，而才則不及蓉綬。模專擬杜陵，而蓉綬則力追太白。又晚晴簃詩滙卷百六十一錄詩二首，詩話無評。

右參湖南通志、王先謙撰序及葵園自訂年譜、徐世昌撰晚晴簃詩滙、續四庫提要。

貞復堂詩集十卷

舉世紛紛知學杜。更無人繼謫仙吟。晨齋偶把丁生卷。爽氣西來欲上襟。

清黃濴之撰。先生字杭蓀，善化人。同治六年丁卯鄉舉，光緒二年丙子進士，官吏部主事。年五十，歿於京邸。喜爲詩，篇什繁富，然未抵詞之工。著有華鬘詞二卷，據其從叔黃維申序，謂君之詩，雖未詣古人極致，而緣情體物歸於正，則猶有風人之義。至其詞婉約幽峭，清微要眇，惻隱盱愉，觸類條鬯，上者可追冬郎飛卿，次亦不失屯田淮海，若置之三影、千里之間，未知誰伯仲。蓋認濴之工力盡於詞而詩其緒餘。

此集卷一至十存古近體詩一千零四十三首，卷十一十二爲華鬘詞，凡詞百十八首，卷十三爲古賦，凡七首。先生卒後其子仁俊等編定，於光緒十七年辛卯付刊。晚晴簃詩滙轉錄一首。

右參黃維申撰序、善花縣志、徐世昌撰晚晴簃詩滙、續四庫提要。

退思軒詩集六卷補遺一卷

新詞原不師秦七。青眼緜來屬阿咸。誰省多才黃吏部。自抒胸臆絕雕鎸。

清張百熙撰。公字埜秋，號潛齋，長沙人。同治十三年進士，授編修。光緒五年，督山東學政。七年，典試四川。十五年，命直南書房，再遷侍讀。二十年，朝鮮釁起，朝議多主戰，公疏劾李鴻章陽作戰備，陰實主和，左寶貴，聶士成皆勇敢善戰之將，以餽械不繼遂致敗績，咎在鴻章。又劾禮親王世鐸筦樞務，招納權賄，戰事起一倚鴻章，貽誤兵機。皆不報。復偕侍講學士陸寶忠等合彈樞臣孫毓汶等朋比誤國十大罪，風骨峻嶒，同朝側目。未幾，毓汶引疾歸。奕訢復入軍機，公出督廣東學政，累遷內閣學士。二十四年戊戌政變，坐濫舉康有爲，革職留任。二十六年復起爲禮部侍郎，擢左都御史，充頭等專使大臣，仍命直南書房。拳匪亂定，下詔求言，公抗疏陳大計，請改官制、理財政、變科舉、建學堂、設報館。明年，遷工部尚書，調刑部，遷吏部。自明朝以來，各部書吏多攬權，公抵任，首裁書吏，重用員司辦事，歷年積習遂得廓清。旋充管學大臣，籌建預備、速成兩科，及仕學、師範兩館，又奏設醫學等館。先是中日戰後，侍郎李端棻奏請立大學堂，中旨報可，而樞府厭言新政，請緩行。百日維新之際，奉嚴旨促擬學章，命孫家鼐爲管學大臣。新政既失敗，惟大學以萌芽早，得不廢。許景澄繼管學，坐論義和團被誅。兩宮西幸，公詣行在，以人望當斯任，於是海內欣然望興學矣。乃奏加冀州知州吳汝綸五品卿銜，總教大學，汝綸辭不應，公具衣冠拜之，汝綸請赴日本察考學務。大學教職員皆自聘，薪金優厚，忌嫉者衆，蜚語浸聞。汝綸返國未至京卒，而公所倚以辦學者，門人沈兆祉，亦受讒搆。大學既負時謗，言官奏本朝定制，部官大率滿漢相維，請更設滿大臣主教事。乃增命榮慶爲管學大臣。旋別設學務處，以張亨嘉爲大學總監督，公之權益分。始議分建七科大學，又選派諸生游學東西洋，榮慶意不謂可，公持之堅，親至站送諸生登車，各省之派官費生自此始。值張之洞入覲，命改定學章。及還鎮，復命家鼐爲管學大臣，管學三人，公位最後。擬建分科大學，絀於資而止，惟創醫學及譯學、實業三館。學部成立，遂辭學務，奉詔賞黃馬褂，紫禁城騎馬。復歷戶部、郵傳部尙書，政務、學務、編纂官制諸大臣。三十三年二月卒，贈太子少保，謚文達，年六十二。子振鏞，即用道。生前汲引人才，惟恐不及，士論翕然歸之。歿後門下士醵金爲立祠堂，歲時祭祀不絕。蓋愛才本乎至性，出於至公，故感人者深。瑞安黃紹箕嘗贈以詩云：浩浩横流憂國夢，堂堂白日愛才心。論者謂二語足賅其生平。至其負謗興學，憂勞以歿，時論多哀之。其門人羅惇曧挽詩云：公實秉至誠，求士若饑渴。獎誘到薄伎，苞苴絕宵謁。汪汪千頃波，日月互吐納。公存士氣申，公歿正氣滅。王路失清夷，履蹈莽荆棘。文采致爲災，直節終自賊。又云：觥觥尙書府，龍門高百尺。萬流爭趨壑，存問及鞮譯。去年壽觴舉，冠蓋傾一國；今年素車來，杳不盈什一。生死交情見，喧寂世態畢。飛旐出國門，易水流嗚咽！誠慨乎言之矣。

詩稿經手自刪定，病革，以稿交門人王式通，囑其校刻。式通嘗請沈曾植審定其稿，並丐爲之序。曾植擬之爲唐之張說、權德輿，見卷首詩序。

晚晴簃詩話稱其詩款款忠情，有浣花每飯不忘君國之意。集中題東坡居儋錄云：過書舉燭明何在，削牘眞慙舊侍臣！則以薦康而獲譴，猶存引咎之意焉。

右參史傳、徐世昌撰晚晴簃詩滙、陳衍輯近代詩鈔、羅惇曧撰瘿庵詩集、續四庫提要。

燕雀堂棲歲月深。熠師海上咎誰任。廟廷拱手嬋娟慣。高韻難爲白雪吟。

其二

抗疏頻爲新法爭。憐君鍊石補天傾。未因黨錮疏言責。功罪他時見赤誠。

其三

魚龍遠渡須臾變。桃李新栽次第成。務撤藩籬通汲引。公孫門館特恢閎。

其四

自詡孫陽相法奇。天閑神物久縈思。公題畫馬云；駑駘滅盡天閑色，神物何時一降眞。愛才之心，躍然紙上。誰知牝牡驪黃外。親貢名駒蹶一馳。

其五

世態媸妍莫細論。歌殘楚些感師門。象賢一卷吾親校。焚稿由來長子孫。公次子振鋆，字叔平，嗜詩能文擅書法，數年前老逝香港。余近應張翃芬先生之屬，爲校理其遺詩。

瞿文愼公詩選四卷

清瞿鴻禨撰。公字子玖，號止庵，晚號西巖老人，善化人。祖岱，世稱魯青先生，精繪事，左文襄公詩所謂五十年前老畫師者也。嘗繪自濟圖，並爲其配湯太夫人繪分鐙課子圖。其後公執政時，以二圖進呈德宗及太后，帝親爲題詩額，恩遇之盛，比之錢文端公母南樓老人。父元霖，字春陔，咸豐元年辛亥舉人。績學厲名節，與兄石瑩、弟彤雲同爲名孝廉。公生而端默，聰穎異常兒，父督之嚴，未明而興，嚮晦不息，成童已畢諸經。年十七補縣學生員，道州何子貞、湘陰郭筠仙先後主講城南書院，公從之游，文字多所點定，屢冠其曹。同治六年丁卯舉於鄉，十年辛未成進士，改庶吉士。高陽李文正公爲大教習，尤重公及張百熙，嘗密保二人才堪大用。甲戌散館授編修，次年德宗改元，四月大考翰詹，公名列一等第二，超擢侍講學士，入對稱旨，授日講起居注官。七月充河南正考官，二年簡放河南學政。以河東河道總督原駐濟寧，自銅瓦廂決口，河流全入大清河，山東運道已歸巡撫專管，總河常駐開封，優游無事，歲糜六十萬金，疏請議裁，亦如山東歸併巡撫，從之。五年丁母艱回籍，七年起復原官，八年復丁父艱，資斧不給，鬻宅成行。還朝仍補原官，公奏謝疏中有云：陸贄之重還內秩，竊擬遭逢；畢誠之洞悉邊情，豈惟侍從。一時傳誦，知公心在天下矣。十一年督學浙江，搜求歸安陸心源家藏宋元精槧爲近時所無者一百五十種，合二千四百三十三卷，又叢書三百餘卷，送國子監傳播藝林。十七年充福建正考官，旋簡四川學政，三年後任滿，正值日韓之役，公疏極言日人狡焉思逞，豈惟欲併朝鮮，方將直薄遼瀋，旁規臺澎，誠及此時別遣偏師裹糧潛渡，一自上海入長崎，一自溫州趨薩摩，一自廈門擣冲繩，三路並攻，相爲犄角，彼且救顧不暇，征調俱疲，而我海軍及東陲之師疾捲而復朝鮮必矣。仰懇乾斷堅持，勿復如越南前事，倉卒言和，致隳成功而遺鉅禍。書奏不省。尋以和議雖成，一有緩急諸多牽制，則又疏請於西安建設陪都，規畫甚至。迨兩宮西狩，駐蹕太原，又復專疏重申前請，論者莫不服公燭照幾先，公亦自恨不幸而言中也。又以倭人於遼東一帶陸續增兵，關內外兵力單薄，宜以宋慶所部及湘淮各軍分駐要隘，不可專用淮軍。並嚴劾山西統將某侵匿餉械，督師劉坤一僅請革職，今日營務敗壞極矣，將領偏裨交相爲利，以至士卒不能用命，貽誤戎機，國家受其實禍，非重懲不足善後。而推論水陸統兵各大員畏葸潰敗，喪地失師，情罪尤爲重大，聞者股栗。廿一年充教習庶吉士，轉翰林院侍讀學士。廿三年擢詹事府詹事，署刑部左侍郎。復拜提學江蘇之命，再擢內閣學士兼禮部侍郎銜。朝廷寖用新法，公疏請罷武科，改設武備學堂。又請改南菁書院爲高等學堂，並斥書院沙田爲農場，開辦農學，有籌畫精詳，留心時務之上諭。廿五年授禮部右侍郎，督學如故，賞戴花翎。廿六年任滿，至是公典試督學歷五行省，所至稱得士。七月以頭疾乞假兩月回籍就醫，聞兩宮蒙塵，具摺請安，奉批假滿即赴行在。隨於九月初一日補左都御史，初十日升工部尚書。翌年正月十五日，冒風雪達行在，次日覲見，太后爲述西狩情形，相對泣下。四月，命在軍機大臣上學習行走，派充政務處大臣。翰林院撰擬御製太白山碑文不稱旨，命公改擬稱善，慈諭爾福氣好，又諭爾篆書好，命篆御章，並賞門有通德匾額。六月詔改總理各國事務衙門爲外務部，班六部上，調公充尙書，授爲會辦大臣。八月賞穿黃馬褂，隨扈回鑾，駐蹕開封。上以危局粗定，獎敍出力諸君，賞加公太子太保銜，公固辭至再乃許之。十一月，兩宮抵京師，賞穿帶膆貂褂，十二月補授軍機大臣，充經筵講官。廿八年充祗謁東陵隨扈大臣，兼署左都御史，公具疏堅辭重要差缺，奉諭該尙書辦事認眞，不辭勞瘁，惟當夙夜宣勤，力圖報稱，從來任事之人，不可存引嫌之見。慈諭慰留至於涕泣有聲，謂予豈不倦勤，汝何忍言去？公亦感激涕零，至是不敢再萌退志矣。三十一年，派充中日議約全權大臣。先是八國聯軍犯闕下，遼瀋諸邊漸爲日俄侵據。日俄戰後，俄在東北權益復爲日攫有，至是奉命與議撤兵期限。公手草保全主權十一條，與日使爭執數月之久，雖不能盡如初議，而奉天之鳳凰城、遼陽新民屯、鐵嶺，吉林之省城長春、哈爾濱、寧古塔、琿春，黑龍江之齊齊哈爾、海拉爾、愛琿、滿州里等處皆得收回，自行開埠通商，並將撤兵、畫界、礦務、森林事宜悉心規畫，其後東三省猶得勉支危局者，公之力爲多。自入直樞機六年間，每舉大政，詔旨廷議，條款約章，無一非出公手。點竄塗改，遺墨斑斑，無在不見體國之忠。其他碑文題識，擬題命名，亦悉以付之。庚辛以後，外患益劇，外務部雖設總理會辦王大臣三人，而事皆萃於尙書，環而待決者集如蝟毛。列強發難，惟賴公搘拄其間，隨事挽救。故事外務部尙書必以軍機大臣兼充，故公得久留樞垣。因素寡結納，處勢甚孤。適御史趙啓霖奏參彊臣夤緣親貴，直聲震朝野，趙湘人，忌者以此指目公，遂摭拾蜚語上聞，奉旨開缺回籍，時論惜之。辛亥武昌革命，越十日長沙繼之，公走避寧鄉山中，復徙家滬瀆，與海上詩人相唱和，常往來超社、逸社、藝風諸社間。民國六年夏，偕夫人游西湖，明年二月，復同重游，得詩甚多。三月十五日逝於上海寓廬，年六十九。

清自雍正七年始設軍機處，名不師古，而絲綸出納，職居密勿，初祇秉廟謨，商戎略而已。其後軍國大計，罔不總攬，自雍乾後百八十年，威命所寄，不於內閣而於軍機處，隱然爲執政之府。清制任軍機大臣者，自親王外，其領袖必大學士。有清一代，湘人任大學士及協辦大學士者六人，爲彭維新、陳大受、劉權之、曾國藩、左宗棠而公實爲之殿焉。按公於光緒二十七年四月以工部尚書在軍機大臣上學習行走，六月，轉外務部尚書兼會辦大臣。旋去行走上學習字，授軍機大臣。卅三年五月，被袁世凱擠而去職，前後六年。洎去而外事益棘，甫四年而清亡。公治事明敏果決，務爲遠大，以才識深結主知。性素儉約，軺車所至，峻却餽遺。按試府州，臨行點還供張，不令僕從稍有私取。在朝尤嚴絕苞苴，雖門生故吏，無敢干以私。入值一輿二僕，屏謝警衛。門無雜賓，蕭然斗室，一如書生。官書閒暇，不廢書史。內行謹嚴，動止以禮，不苟嚬笑。旁無姬妾之奉，笙歌遊戲徵逐之場，懸爲厲禁，未嘗涉足。服膺朱子近思錄，李氏反身錄等書，學術治行，以鄉先正唐確愼，曾文正爲宗。登進人才，躐等遷擢，常至大位，雖或負義，終身不言。因風節峻厲，獨立無與，動召嫉忮，終被排斥。既罷歸，杜門却掃，地方大吏，悉謝勿見。築小樓顏曰超覽，湘江嶽麓在襟袖間，惟與里中故舊臨眺賦詩，不復談天下事。其詩條達周密，猶有乾嘉前輩榘矱。

右參史傳、清史大學士及軍機大臣年表、善化縣志、余肇康撰行狀、陳三立撰墓志銘、徐世昌撰晚晴簃詩滙、陳衍輯近代詩鈔、續四庫提要。

申江十里闤闠通。嬉春士女聯千驄。城南一叟臥斗室。誰識前朝黃閣公。由來人事有代謝。此公卓犖才之雄。憶昔少年玉堂最。南齋眷遇稱獨隆。乘輶蘇浙閩豫蜀。觀風五省矜雙瞳。衡文選士有眞賞。一時陶鑄推良工。寶書遍訪歸安陸。三千卷輦太學中。當時藝苑傳盛事。厥功豈僅揚文風。太白山前巨碑立。五龍贔屭蟠蒼穹。大筆銘辭最稱旨。榜書通德貽司空。一自敬輿遷內秩。千秋遭際將無同。六載樞垣襄廟略。平章軍國殫孤忠。邇來東事乃日棘。折衝槃敦惟鞠躬。何人媒孽伺公位。逐公一去如冥鴻。自此長安無國手。臨枰落子嗟盲攻。滄桑事過人亦老。海濱閱以遺民終。晚來詩筆健扛鼎。吐氣猶足騰長虹。藝風社課鬬險韻。陳樊粱沈相磨礱。（謂散原樊山節庵乙盦諸人。）尋詩數赴樊園約。讚歎花事詞欲窮。（集中有赴樊園探梅及看桃杏花諸作。）春光九十倏爾過。老梅失白桃失紅。歸歟且學陳無已。閉門索句追涪翁。

程伯翰先生遺詩二卷

清程頌藩撰。先生字伯翰，寧鄉人。同治十二年癸酉拔貢，官戶部主事。幼嗜小學詞章及金石記錄，嘗謂讀書必先識字，故於書家之派別、學術之源流，靡不刻意搜討，取法矜愼。覽誦既富，發爲文辭，淵懿淸遒，駢儷諸篇，深得晉宋人逸致。繼治漢儒之學，旁及輿地考證。末乃篤好宋儒朱子之書，有志於身心性命之學，蓋生平爲學凡三變。詩律託體頗高，循古大家法度，湛思以觀其通，選義考辭，往往入前賢堂奧，投贈雜什，人爭傳誦之。卒年僅三十七，未究其極也。從弟頌萬，並以文采照耀當世。先生卒後，頌萬裒輯所遺詩文爲內外篇，計文詩各二卷，名曰程戶部集，排印於長沙。後其子士鼀隨時蒐補，更益以論學文札，區爲十卷，重排印於上海，時爲民國十七年戊辰，即此集是也。詩二卷編次如前，陳石遺序稱：迹其先後學問之涂軌，以至立身行己入官之小用小效，與夫硜硜律己，汲汲及物，與嶺南朱九江先生極相類似云。石遺輯近代詩鈔嘗錄其作。

先生居家，日惟閉門治學，恒至夜深，一燈熒然，其夫人輒相與尋繹圖史，伉儷肫篤，先生目爲閨中良友。之官京師，逾月而病，子甫十齡，妻兒之外，他無親屬。惟余肇康、方長孺、毛實君、喬茂萱、黃鹿泉等常來存問。既歿，肇康爲經紀其喪，與櫬南歸。煢煢孤寡，飮冰蘗者三十餘年。士鼀既成立，能讀父書，爲名諸生，則母氏之教也。

右參何維棣撰序、陳衍撰序及輯近代詩鈔、余肇康撰跋辭、續四庫提要。

讀書應科擧。識字非所計。士必由鼎甲。文必循制藝。伯也有遠識。矯然不徇世。蒐討許鄭間。折衷漢宋際。博覽輿圖書。此中有經濟。孤詣策修途。

足爲末俗厲。挈室上京游。生涯久淹滯。四壁長秋苦。一檠共賢儷。閑爲抱膝吟。幽芳吐蘭蕙。向非蒲柳質。中歲曷云逝。我緬古之儒。高風邈誰繼。差喜亢宗兒。承裘勉無替。

八指頭陀詩集十卷

釋敬安撰。師字寄禪，姓黃氏，湘潭人。其先世爲山谷苗裔，宋時由江西遷茶陵，明季徙湘潭之石潭。世業農，父宣杏，母胡氏，嘗禱白衣大士，夢蘭而生。幼時好聞仙佛事，終日喃喃，若有所吟誦。七歲失母，諸姊皆嫁，父或他適，則以師及弟寄食隣家，日昃不返，輒號啸蹤跡之，里人爲之惻然。年十一，始就塾師授論語，未終篇，父又沒，零丁孤苦，彌極慘傷。弟以幼依族父，師獨無所得食，嘗爲人牧牛，攜書於牛背讀之。一日，與羣兒避雨村中，聞讀唐詩至少孤爲客早句，潸然淚下。塾師周雲帆問而憐之，收爲徒。雲帆每語人曰：此兒耐苦讀，後必有所樹立，余老不及見耳。無何，雲帆病沒，師遂散去，然猶不廢業。閭里中豪家欲覓一童伴兒讀，即欣然往就，至則使供驅役，禁其溫讀。自念屈身原爲讀書計，既違所願，豈可爲區區衣食作人奴乎？即辭去習工藝，鞭撻尤甚，絕而復甦者數。一日，見籬間白桃花忽爲風雨摧敗，不覺失聲大哭，慨然動出塵想，遂投湘陰法華寺出家，禮東林長老爲師，時同治七年也。冬初，復詣南嶽祝聖寺從賢楷律師受具首，參恒志於岐山，專司苦行諸職，暇則隨衆坐禪，越五年，頗有省。時精一首座爲維那，間以詩自娛，師諷之曰：出家人不就本分上事，乃學世諦文字耶？精一笑謂：汝髫齡精進，他日成佛未可量，至文字般若三昧，恐今生未能證得。後省舅氏至巴陵，登岳陽樓，得洞庭波送一僧來之句，歸述於郭菊蓀，大奇之，謂有神助，勸之學詩。授唐詩三百篇，一目成誦，自是致力於吟咏，至忘寢食，有一詩至數年始成者。然拙於作書，詩成每倩人寫之。某日作詩寄李炳甫，有花下一壺酒句，書至壺字，忘其點畫，因畫一酒壺於其間，見者無不絕倒？晚年學齊梁人文體，亦古雅有法。念生死事切，時以禪定爲正業。一日靜坐，參父母未生前語，冥然入定，內忘身心，外遺世界，坐一日如彈指頃，猝聞溪聲有悟。嗣後遍遊吳越，凡海市秋潮，見未曾有。遇嶽谷幽邃，輒歔詠其中，饑渴時飲泉和柏葉下之。喜以楞嚴圓覺雜莊騷以歌，人目爲狂。嘗冒雪登天臺華頂峯，雲海盪胸，振衣長嘯，睡虎驚立，咆哮攫前，以慈心視之，虎威亦解。又曾於深山遇一巨蟒，御風行，頭大如斗，舌電尺餘，因唸佛亦無怖。旋養痾皋亭山中，中夜聞剝啄聲甚急，啓闢月明如晝，四顧無人，如是者數數。次夕伺叩門聲，急開戶，見一黑眚若圓球，滾滾而去，師嗾羣犬逐之，窮追至山腰，厲聲曰：攫我何爲，我豈怖汝，苟有所求，當爲汝度之。遂號佛達旦，怪尋滅，病亦愈。住四明最久，窺天童雪竇，窮攬霞嶼月湖之勝。郡中文學呂文舟、徐酡仙、胡魯封、馬文齋、沈問梅皆相與酬唱。生平好善嫉惡，觸境而生，嘗渡曹娥江，謁孝女廟，叩頭流血。同行者曰：奈何以比丘禮女鬼？師曰：汝不聞波羅提木叉孝順父母？諸佛聖人皆從孝始，吾觀此女與佛身等，禮拜亦何過焉？光緒十年八月返櫂長沙，年三十有四，行脚已閱十霜。明年還石潭，省先塋，宿莽縱橫不可復識，望窮山慟哭。村老聞之，爲指其葬處，始復憶識。蓋去鄉里已二十餘年，積思幽潛，故悲不自勝也。自是往來湘衡，時有著述。同鄉王湘綺爲當代詩人，見師所作，未嘗不稱善。陳伯嚴、羅順循綜其詩十卷刻之，乞湘綺爲之序。師晚年居京師法源寺，有續集八卷，民國八年法源寺刊本。又寄禪遺詩一卷，師歿後滄海叢書第二輯收。

右參喻謙撰傳、徐世昌撰晚晴簃詩滙、孫雄輯道咸同光四朝詩史、續四庫提要、日本京都大學書目。

洞庭之南五嶺北。天畫此區作詩國。道人學道兼學詩。欲使湖山更生色。九嶷黛綠連千髻。結茆只在麋峯側。興來時拄一笻遙。野鶴閒雲意殊得。衡山飛錫頃刻到。夜半饑來煨芋食。浮杯頂禮香鑪下。不見遠公舊蓮社。九華明滅青芙蕖。躡梯直叩仙人居。誰歟招手碧湖去。爲覓生公說經處。潤州高詠海門秋。聲落金焦兩點愁。南來折葦黿鼉宅。溟漲黝黝島月白。吁嗟乎。古來名德通玄旨。幾見行吟逾萬里。貫休入蜀事空憶。白蓮山人呼不起。流風銷歇一千春。喜見茲編富且美。世儒畦畛區唐宋。雕龍刻鵠工摹擬。公詩琅琅發天籟。沁我肝脾悅我耳。又如石上清泉流。一洗人間塵與滓。山堂寂靜結跏趺。梵唄蕭疏度林枳。偶然筆底招鸞鳳。見說堂前馴虎兕。雙眉歷刧向人低。八指拈香開卷喜。渡航到自古源頭。詩教別傳自公始。

四魂集四卷外集四卷

清易順鼎撰。先生字實甫，又字中碩，亦字中實。晚年痛母，誓以哭終其身，故自號哭庵，又號眉伽，龍陽人。父佩紳，字子笏，號笏山，累官江蘇布政使。先生幼奇慧，世以懷麓目之，五歲隨父官齊魯間，爲捻匪所掠，僧格林沁破匪巢，騎將獲之以獻，僧王問其家，言語不通，乃以指畫王掌，書其父姓名官職，王大喜曰：奇兒也，使縣令送歸。十五歲補諸生，自刻詩詞各一卷，曰眉心悔存稿，一時傳誦，稱爲才子。光緒三年舉於鄉，冬、北上禮部試不售。左文襄夙重之，嘗與座客論當世人才，或舉笏山先生，文襄曰：父乃才人，子則天下才也。旋入貲爲戶部郎，初入署，堂參尚書潘文勤，公首問易老爺何在？由是名滿都下。二十年中日戰起，我軍敗績，明年和議成，賠款二萬萬，割遼東、臺灣，舉國譁然，先生尤憤懣塡膺，上書論事不用。適丁母憂，乃自京師走唐山，謁督師劉坤一，墨絰從戎，志在殉母，劉約再緩月餘，遂還湘省父。已而聞唐景崧率公民守土拒日，屢挫敵鋒，思有以自效，再請於劉，奉遣渡臺。既至，臺北已失，景崧微服遁，則往說劉永福於臺南。既而知事不可爲，乃脫身返國。先生本一詩人，當國家多難之秋，跋涉風濤，躬履危地，所謀雖不遂，論者哀其志焉。歸後蟄居無事，惟以詩酒自娛，兩湖總督張之洞器其才，招入幕，並畀以兩湖書院分教。二十五年，朝命督辦江陰江防。越二年，簡任廣西右江道，調署太平思順道，駐龍州，爲兩廣總督岑春煊劾罷。因詣都察院自呈被參冤抑，奉旨飭粵督覆查，復原官。三十四年授雲南臨安開廣道，旋調廣東欽廉道。宣統三年調省，行抵香港，革命軍起，遂隱跡滬上。鼎革後嘗一任國務院參事，民國九年卒，年六十三。

先生才情奇絕，於學無所不窺，爲考據、爲經濟、爲駢體文。尤工於詩，積稿近萬篇，與湖北樊增祥稱兩雄。惟樊山體貌前後一致，先生則屢變其面目，爲大小謝、爲長慶體、爲皮陸、爲李賀、爲盧仝，而風流自賞，則於溫李爲近。武陵王以敏推其通敏神儁，似長源長吉二李，而其憔悴婉篤，又似衞叔寶，所著詩古文辭，哀均頑豔，往往令人泣下云。詩集名甚多，曰丁戊之間行卷、曰摩圍閣詩、曰出都詩錄、吳船詩錄、樊山沌水詩錄、蜀船詩錄、巴山詩錄、錦里詩錄、峨眉詩錄、青城詩錄、林屋詩錄、游梁詩賸、盧山詩錄、宣南集、嶺南集、甬東集、四魂集、四魂外集、靄園詩事。蓋其足跡半天下，所至成集，隨地署名，合編爲琴志樓集。其中四魂集爲一生詩歌之精華，而盧山詩錄，所收與陳伯嚴諸人遊山之作，格高調奇，深爲張香濤所賞，特加評語。其評萬杉寺五爪樟一篇，許爲雄偉恣肆，如張顚以頭濡墨狂叫作得意艸書，以詩境論，惟韓昌黎有之云云。續四庫提要稱近百年來詩人以富麗擅勝場，殆未有過斯人者。

右參錢蕚琛撰小傳、張次溪輯双肇樓叢書撰著者事略、陳衍撰石遺室詩話、徐世昌撰晚晴簃詩滙、著者自撰魂南記、易家鉞撰四魂集跋、王以敏撰魂北集序、吳闓生選晚清四十家詩鈔，續四庫提要。

龍陽才子多奇行。我昔垂髫識名姓。詩人早作稽山土。故老猶談曲江盛。盈川年少賦征歌。墨絰從戎夜枕戈。醉過津門聽鵑泣。醒來紅日照灤河。東遊更赴蓬萊牒。浩蕩風濤意稠疊。虎穴招呼燕頜魂。（集中臺舟感懷詩有空慕班超探虎穴句。）馬蹄蹴踏鯤身鬣。銅符玉節臨炎鄉。欽州手植千甘棠。嶺南山水故奇絕。羨煞君家古錦囊。竭來世變幻蒼狗。勝國詞流同白首。終憐鵑怨清湘蕙。怕聽鴉啼白門柳。惟將詩卷壓牢愁。琴志一編騰萬口。七寶樓臺噴玉雪。灑落塵寰掃粃垢。並時詞伯伊誰健。散原翁與雲門叟。相攜共作廬山遊。高歌直欲碎星斗。品題重感荊州意。一代鳳麟齊斂手。至今遺韻滿江鄉。合與匡峯同不朽。

黃黔陽遺詩鈔一卷

清黃忠浩撰。先生字澤生，黔陽人。少卓犖自負，慕古人大節，既冠，選為長沙校經堂高才生。同學少年數十百人，類習經術、訓詁，辭章，銳出相高。先生獨不好治章句，務研摩經世致用之學。尤喜言兵，酒酣耳熱，高談戰陣之事，聽者動容。光緒十四年舉優貢生，主講沅州書院。佐知府朱其懿誅劇盜，建西路師範學堂，勸民植桑育蠶，闢採金礦。朱君故異文俗吏，得先生之助，益發名於時，治稱最。中日啓衅，鄂撫譚繼洵聞先生知兵，檄募五百人保田家鎮，總督張之洞一見重之，調領武靖營，駐洪山。陳寶箴撫湘，思革新政治，召先生還湘，委以軍事，命統毅安軍。軍故征苗舊旅，日久窳敝不可用，陳公納其議，別募三千人爲五營，雜西法訓練之，軍容一振。更協贊他新政，爲效尤著。戊戌政變，陳公中蜚語去位，同時參與新政者皆被嚴譴，獨先生治兵謹嚴有節制，免於訾議。庚子拳匪搆難，張文襄檄先生率師勤王，留屯岳州，緝新隄土寇平之。再入貲爲道員，赴日本參觀大操，歸益詳練戰術，知兵名大著。明年，湘撫趙爾巽檄綜湖南營務處，統忠字旗五營。其冬母憂去職。會廣西降匪陸亞發復叛，陷柳州，勢甚熾，湘邊大震，特旨起令率湘軍赴援。先生策匪必竄黔滇擾蜀，取道綏寧入粵。匪果飽掠出懷遠，乃督孤軍奮擊於同樂，自晨至日昃，斃賊千餘。賊遁猺洞，徑益險隘，先生短衣芒屨，攀箐棘，督士卒四入殲餘賊，遂平柳州。捷聞，百越驚歎，咸謂書生提弱卒平劇寇，爲近古罕見。詔授狼山鎭總兵，候選道改擢節鉞武階，開前此未有之例。先生方居喪，辭不就，服闋，調補右江鎭總兵，遷奉天副都統，仍留廣西。乃遣回湘軍，裁併新募各營，勒所部墾荒地數萬頃，並興礦利。以所議與粵督岑春煊常不合，請免官去。越二年，趙公督鄂，屬以全省防軍，荊襄水師並歸節制。宣統二年，從趙入川，署提督，趙去任，先生亦辭蜀還湘。三年，京師開全國教育會議，代表與會。爭鐵路國有爲非計，倡大濬洞庭湖，紓湘災，議論侃侃爲時推重。還長沙，値巡撫余誠恪新莅事，革命黨人謀日亟，誠恪慮新軍有異志，以巡防十營相屬。先生知不可爲，固謝不就。余下席揖請至再，不得已受事。甫三日，武昌革命起，遣諜來湘煽共舉，城中一夕數驚。有友走告，新軍兩日必舉事，人心已去，公盍引避，徒死無益也。先生慨然曰：吾以一死自誓久矣，既身在軍中，固可臨難苟免乎？翌晨，城外亂軍斬關入，直趨撫署脅誠恪獨立，誠恪陽諾，穴牆遁，出召水師，水師亦變，誠恪投江，左右援之不得死。先生方就誠恪商軍事，仍留署，聞變欲馳還軍，甫及門，爲亂軍所阻，脅之降，先生裂眦叱曰：賊奴！有死耳！我降誰耶？遂擁至市衢，横刀刺其股及臂，血濡衣履盡赤。同行有弁卒楊詠松持之哭，先生顧謂曰：我死其分，於汝無與，隨瞑目不一語。至小吳門城樓，益不稍屈，一卒斫之死，舉尸棄城下，天驟陰晦，風雨暴至，遠近震悼。及喪歸，沿途民衆弔祭逾萬人。事變日，其友陳三立聞長沙有死事甚烈者，仰天呼曰：嗟乎！此必黔陽黃澤生也，已而果然。死時年五十三。先生官湘省久，功在桑梓，兵事外留意實業，發端指導，勤劬懇惻，卒殉職守。其後湘亂久不定，鄉人追念前勳，欲歔往烈，久而不能忘云。

此集爲民國六年其門人孫冀莬求殘藁付梓，僅詩八十餘首，多爲少作，未足窺其精詣。集中拜何閣部墓七律一首，於騰蛟之死難，深致惋慕。蓋生平大節，常於吟詠間見之，非尋章摘句可比。詩云：東南何處計偏安？烽火憑城弔影單。有分死生談笑出，無多土地去留難。飛雲可更神舟護？山水空餘落日寒。欲薦溪蘋感時事，爲公揮淚落江干。

右參史傳、陳三立撰神道碑、羅正鈞撰傳、續四庫提要。

將軍用兵兵有神。將軍賦詩詩絕倫。文瀾不興武庫閟。後之繼者徒紛綸。十年世局幾翻覆。未許深山著儒服。北征諸部老蟲沙。東渡三山尋鬼谷。節度迎來汗血驕。豐城劍氣凌長霄。綸巾再覩王新建。一夜蕩盡西山猺。向來結客輕生死。子丹長跽荊卿起。獨木安能大厦支。要憑三尺報知己。楚歌夜半撼熊羆。落日城頭搴將旗。極天風浪連江表。報道中原鼎竟移。英雄勢去嗟難復。季子結纓餘一僕。誰傳凶問到元龍。蒼黃設位荒郊哭。豚酒千村酹素旛。啼鵑處處訴煩冤。酬恩痛灑黃衫血。隔代愁呼朱鳥魂。

莽蒼蒼齋詩二卷

清譚嗣同撰。先生字復生，又號壯飛，瀏陽人。父繼洵，湖北巡撫。先生少倜儻有大志，淹通羣籍。好任俠，善劍術，爲文奇肆。其學以日新爲主，視倫常舊說若無足措意者。父素謹飭，以是頗見惡。先生幼喪母，爲父妾所虐，備極孤孽之苦，故操心危，慮患深，而德慧術智日晉。迺遊新疆劉錦棠幕，劉奇其才，將薦於朝，會劉以養親去官未果。自是往來西北及東南各省，察視風土，留心時政，物色豪傑。甲午戰後，益憤發欲求致用，北走京師，過梁任公得聞康南海講學之宗旨，欣然稱私淑弟子。奉父命就官，以同知入貲爲知府，銓江蘇。需次金陵，閉門讀書，衍南海之旨，成仁學一書。陳寶箴巡撫湖南，其子三立輔之，銳意興革，召先生還鄉佐新政。任公倡辦南學會，先生爲之長。屆會期，集者恒千數百人，聞先生慷慨論時事，多感動。光緒二十四年，有定國是之詔，先生因徐致靖之薦被徵，適大病不能行，至七月，乃扶病入覲。奏對稱旨，與楊銳、劉光第、林旭並擢四品卿、軍機章京。顧四人雖同被命，每召對，先生建議獨多。七月二十七日，上欲開懋勤殿，設顧問官，命先生擬旨，必載明前朝故事，將親詣頤和園請命太后。先生退語人：今乃知上絕無權也。時京朝人人咸知懋勤殿之事，以為諭旨即下，而卒不下，於是益知帝后之不相容矣。二十九日，帝召見楊銳，遂賜衣帶詔，有朕位幾不保，命康與四卿及同志速設法籌救之等語。康等捧詔慟哭，念帝手無寸柄，無所為計。時諸將之中，惟袁世凱久使朝鮮，諳世勢，嘗力主變法。先生因奏請結以恩遇，冀緩急或可救助，詞甚激切。八月初一日，上召見袁世凱，賞擢侍郎。初二日復召見。初三日夕，先生逕造袁所寓之法華寺直詰袁曰：君謂皇上何如人也？袁曰：曠代之聖主也。曰：天津閱兵之謀君知之乎？袁曰然，固有所聞。先生乃出密詔示之曰：今日可以救我聖主者惟在足下，足下欲救則救之！又以手自撫其頸曰：苟不欲救，請至頤和園首僕，而殺僕可以得富貴也。袁正色厲聲曰：君以袁某為何如人哉！聖主乃吾輩共事之主，僕與足下同受非常之遇，救護之責，非獨足下，若有所教，僕固願聞也。先生曰：榮祿密謀，全在天津閱兵之舉，足下及董聶三軍皆受榮節制，將挾兵力以行大事。雖然，董聶不足道也，天下健者惟有足下。若遇變起，以一軍敵彼二軍，保護聖主，復大權，清君側，肅宮廷，指揮若定，不世之業也。袁曰：若皇上於閱兵時疾馳入僕營，傳號令以誅奸賊，則僕必能從諸君子之後，竭死力以補救。先生曰：榮祿遇足下素厚，足下何以待之？袁笑而不言。袁幕府某曰：榮賊並非推心待慰帥者，昔某公欲增慰帥兵，榮曰：漢人未可假大兵權，蓋向來不過籠絡耳。先生則謂榮祿固操莽之才，奸雄之亞，待之恐不易易。袁怒目視曰：若皇上在僕營，則誅榮祿如殺一狗耳！因相與議救上之條理甚詳。袁曰：今營中槍彈火藥皆在榮賊之手，而營哨各官亦多屬舊人，事急矣，既定策，則僕須急歸營更還將官，備貯彈藥，庶乎可。乃丁寧而去，時八月初三夜漏三下矣。初五日，復召見袁，並頒有密詔。至初六而變作，任公適來訪，抄捕南海館之報忽至。旋聞垂簾之諭，先生促梁走避日使館，己則留寓不出待捕者。捕者未至，則於翌日攜所著書及詩文辭稿數冊、家書一篋至日使館託梁且曰：不有行者，無以圖將來，不有死者，無以酬聖主，今南海之生死未可卜，程嬰杵臼，月照西鄉，吾與足下分任之！遂相與一抱而別。初九日，日本志士數輩苦勸先生東渡，不聽。再四強之，乃曰：各國變法無不從流血而成，今中國未聞有因變法而流血者，此國之所以不昌也。有之，請自嗣同始！卒不避，初十日遂被逮。既繫獄，題一詩於獄壁曰：望門投止思張儉，忍死須臾待杜根，我自橫刀向天笑，去留肝膽兩崑崙。越三日，斬於市，年三十四。

先生少與同郡唐才常善，皆矯然負大志，並爲歐陽中鵠弟子，中鵠、劉之宿學也。先生從問道，蓋其學植基於此。既以父命就官知府，候補金陵，日惟閉戶讀書，未一接俗吏。金陵有楊文會者，邃於佛學，與往來甚密，得遍窺三藏，探其奧蘊。證以孔氏大同太平之旨，恍然曰：東西聖人豈相遠哉？成仁學一書。序曰：初衝決利祿之網羅，次衝決俗學若考據、若詞章之網羅，次衝決全球羣學之網羅，次衝決全球君主之網羅，次衝決倫常之網羅，次衝決天之網羅，次衝決全球羣教之網羅，終將衝決佛法之網羅。然其能衝決亦自無網羅，眞無網羅乃可言衝決。故衝決網羅者，即是未嘗衝決網羅，循環無端，道通爲一云云。

所著仁學之外，尙有寥天一閣文二卷，莽蒼蒼齋詩二卷、遠遺堂集外文一卷、劄記一卷、興算學議一卷。已刻者思緯吉凶臺短書一卷、壯飛樓治事十篇、秋雨年華館叢脞書四卷、劔經衍葛一卷、印錄一卷。莽蒼蒼齋集存詩不多，舊作多被刪汰。晚晴簃詩話稱其詩雄健如銅丸走阪、駿馬注坡云。有光緒二十三年金陵刻本，爲先生自刻東海褰冥氏三十以前舊學四種之第二種。

右參本傳及同難三卿史傳、梁啓超撰傳及飲冰室詩話、蕭汝霖撰傳、徐世昌撰晚晴簃詩滙、陳衍輯近代詩鈔、續四庫提要、黃公度撰人境廬詩卷九、愼初堂輯瀏陽譚先生年譜。

瀏陽義烈昭萬紀。區區文字餘緒爾。一卷心聲託蘭茝。我今誦之歌復誄。在昔同光國將圮。君獨奮然投袂起。北與康梁拜恩旨。帝廷簪筆天尺咫。手草詔書三百紙。誓芟千蠹臻上理。叵奈梟鸞異棲止。覘室難逃十手指。諸呂紛紛愬於雉。必欲去之而後已。主憂臣辱安可委。非常之謀爭寸晷。乞兵夜檄津轅士。見說勤王極口是。密室誓言猶在耳。孰意寒盟負江水。恨不袖椎誅晉鄙。小人首鼠端爲己。那恤朝衣藁東市。可憐駢首六君子。生不同生死同死。皦皦丹誠天鑒只。熒熒碧血炤青史。一語偉君疇可儗。流血請自嗣同始。

涿經堂叢書二卷

譚嗣同　魏繇

清魏繇撰。先生字季詞，又字季子，邵陽人。祖源，傳見前。父耆，江蘇知縣。集中附載陳三立贈詩：爾祖聲名煥日星，又夏敬觀贈詩：泳經堂繼古微堂，學說臚傳魏邵陽，即指其家世。詩多居金陵之作，其相與酬唱者，有陳伯嚴、范肯堂、姚叔節、李梅盦、袁季枚、子文兄弟等。所題書局遺懷詩自註：予自壬午年二月入局，迄今凡十一年。蓋久供職於金陵書局者也。

此集爲建德周氏據手稿影印，名爲叢書，實即詩集。後附友朋題記，旁施濃密圈點，當出先生手訂。另有文斤山民集六卷，其詩較溢出，並見續四庫存目。提要評先生詩宗法杜陵，沉鬱頓挫，一往情深。陳伯嚴稱其詩淵思奧采，緜密葳蕤，勝處幾欲攘涪翁之席。姚叔節稱其無一俗筆，無一滑字。綜觀以上數家評語，可以得其大凡矣。

先生除詩外，並工倚聲，有金谿詞一卷行世，錄存三十餘闋。曾蘋湘稱其詞清華圓轉，有如姑射仙人，不復食人間烟火。

右參曾行浛撰金谿詞序、陳三立題辭、姚永概題辭、王家儉撰魏源年譜、續四庫提要。

古微家學浩難窮。可是傳經鄭小同。人說詞壇繩祖武。西江詩法杜陵工。

其　二

憔悴書傭白髮生。姚三陳大有同聲。橫江一舸輕於葉。臥聽吹笳鐵甕城。

集中有題潤州城樓詩。

明宮雜詠二十卷

清饒智元撰。先生字珊叔，亦字識三，號石頑，長沙人。光緒間諸生，以優行貢成均。美豐儀，恂恂如女子，然忠義奮發，好奇計。玉屛王中興嘗以陳平、張良第一流人物相期勉。自少擅詩詞，驚才絕艷，讀書十行俱下。母早卒，事繼母以順聞，與人交，和易近人。十八年壬辰歲試，學使張子虡出秋興爲題，先生賦詩云：潮聲東走海門高，弓渡朱門絕世豪。秋稻連雲開郡縣，寒濤乘月撼旌旄。槃瓠本是中華裔，臺米能通內地漕。好爲君王愼封守，鸜鵒橫練拭倭刀。指陳中日時事，其後甲午敗衂割臺，竟不幸言中，不徒以工麗稱也。

是書雜賦有明一代軼史，上起洪武，歷中葉諸帝以迄南明福、唐、桂諸王遺聞瑣事，不記年號。詩後引諸書爲之注，徵引達六百餘種，其體裁仍循前撰十國雜事詩舊例。共得古近體詩八百首，合其家女士八人詩，共千首有奇。刋於光緒十九年，湘淥館叢書本。八人者：妻張起鳳、簉室胡淑、女運儀、運璵、兄女運權、運璜、運琚、甥女彭瓊英。合肥李鈞壽序，稱其書以詩紀事，以事繫詩，體被文質，情兼雅怨，殆駸駸欲度驊騮前，明史一日不廢，則此詩一日不沒云。湘潭胡式清嘗欲以先生所作與吳梅村集合刋行世，謂有淸數百年，歌行一體能繼梅村者惟先生一人。其題詞中有閨門風雅七詞客，聖代歌行兩大家之讚。

此集原稿之半，爲陝西毛俊臣購得。據毛氏君子館日記云：民國十六年四月二十日，即舊曆三月十九日，步遊南院門，以十千文購得長沙饒珊叔智元明宮雜詠殘稿四冊，全書當八冊，缺其半，甚可惜也。詩極佳，註尤詳博。

右參本集自序、李鈞壽撰序、王中興撰序、毛俊臣撰君子館日記卷六、續四庫提要、江蘇國學圖書館總目補編。

北燕南飛理固差。渡江泥馬運堪嗟。如何十七朝時事。祇寫遺聞續夢華。

其二

人稱陳孺顏如玉，我羨江郎筆有花。況是左家嬌女子。合裁細錦翦朝霞。

倚山閣詩二卷

清章華撰。先生字曼仙，一字縵僊，長沙人。父壽麟，字价人，咸豐初從湘軍効力，靖港之役，軍敗，曾公憤投水，壽麟赴水負公出，有銅官感舊圖紀其事，以此知名於時，累官至江蘇補用知府。先生兄弟五人，行第二。自幼穎異，逾於常童，隨父居官署讀書，親受庭訓。未幾父母相繼逝，年甫總角，哭踊如成人。雖在孤煢，自劬於學，下筆斐然。光緒十七年，兄携之北上，中癸巳順天舉人，乙未成進士，改庶吉士。時正弱冠，頎然卓立，儀度翩翩，見者以爲神仙中人。戊戌散館，改官主事，分工部。庚子拳亂起，京師俶擾，人不自安。兄同，官山西永寧州，先生奉庶母及諸弟妹避居州署。時巡撫毓賢縱匪屠殺外僑，慘毒無人理，先生代同草牘痛陳利害，語切直不稍顧。既而晉局糜爛，輿論譁然。迨聯軍入京，兩宮西狩，追究禍首，晉省官吏獲譴數十人，而同獨不與，從先生計也。其後同官江蘇，負官逋，爲怨家所持，被追索，先生爲之奔走呼籲，三年而事解，其篤於友愛類此。辛丑和議後，政局稍定，先生返京，考取軍機章京。以諳習國故，才筆敏捷，爲樞廷諸臣所倚重。長沙張文達公長郵傳部，調任章奏公牘草擬，事多諮決，方期大用，甫三月而張公歿。徐東海繼任，以樞垣舊僚，擢補郎中，派參議廳廳長，一切章制悉出其手。辛亥國體變更，先生息轍仕途，與鄉人陳怡仲毅躬耕於軍糧城。匿迹草萊，不忘舊朝，黍離之詠，時見篇章，久之鬱爲狂疾。其後徐氏秉政，先生病稍愈，強之再出，補政事堂僉事，改國務院僉事。依違數年，無所可否，順應而已。民十九年庚午閏六月卒，年五十九。

先生妙解音律，擅彈琴擫笛。性寧靜澹泊，慕陶靖節之爲人，詩境亦似之。陳石遺近代詩鈔嘗錄其詩。

右參王樹枬撰傳、鄭沅撰墓志銘、陳衍輯近代詩鈔、續四庫提要。

紫微仙吏美風儀。競看桓伊弄笛姿。百日絲綸一回首。可堪瞻拜曲江祠。

其二

作柱廻瀾恨未能。耦耕陳仲隱於陵。巢痕認取重來燕。舊侶新銜感不勝。

書影

李羣玉詩集目録

卷上

歌行古體

李羣玉詩集三卷後集五卷　唐李羣玉撰　宋書棚刊本　中央研究院藏

道光丙戌八月心青孫原湘觀於張氏小琅嬛福地

李羣玉詩集目録

卷上

歌行古體

烏夜啼　寄短書歌

昇仙操　王內人琵琶引

醒起獨酌懷友　競渡時在湖外偶成此章

雨夜呈長官　小弟艎近書來

贈方處士　秋怨

盛春　山中秋夕

登楞伽臺別羽客　盧溪道士

李羣玉詩集三卷後集五卷　唐李羣玉撰
清琴川張氏小琅嬛福地影鈔南宋刊本　中央圖書館藏

曹松詩集

長安春日

浩浩看花晨六街揚遠塵塵中一丈日誰是晏
眠人御柳舞着水野鶯啼破春徒去多失意猶
自惜離秦

慈恩寺貽楚霄上人

在秦生楚思波浪接禪關塔礙高林鳥窗開白
日山樹陰移草上岸色透庭間入內談經徹空
攜講疏還

崇義里言懷

曹松詩集一卷　唐曹松撰　明朱警重編唐百家詩嘉靖間刊本　中央圖書館藏

缺十六字

白蓮集序

荊南節度副使朝議郎檢校秘書少監
試御史中丞賜紫金魚袋孫　光憲撰

風雅之道孔聖之刪備矣美刺之說卜商之序明矣降自屈宋逮乎齊梁窮詩源流權衡辭義曲盡商榷則成格言其惟劉氏之文心乎後之品評不復過此有　唐御宇詩律尤精列姓字撮英秀不啻翅十數家惟丹陽殷璠優劣升黜咸當其分世之深于詩者謂其不誣顧我何人敢議臧否苟成美

白蓮集十卷　唐釋齊已撰　明末上黨馮氏鈔本　中央圖書館藏

白蓮集序

荊南節度副使朝議郎檢校秘書少監試御史中丞賜紫金魚袋孫光憲撰

風雅之道孔聖之刪備矣美刺之說卜商之序明矣降自屈宋逮乎齊梁窮詩源流權衡辭義曲盡商榷則成格言其惟劉氏之文心乎後之品評不復過此有唐御宇詩律尤精列姓字掇英秀不啻十數家惟丹陽殷璠優劣升黜咸當其分性之深

白蓮集十卷　唐釋齊已撰　明末海虞毛氏汲古閣刊本

近人鄧邦述手校並跋　中央圖書館藏

陶邕州小集

永州 陶弼 商翁

公安縣

門沿大隄入路趁淺沙行樹短天根起山窮地勢傾
漲舟難泊岸遠水欲沉城半夜求津濟煙中獲火明

丁香

萬枝千葉逓相親內結花心外結身草木至微猶有
合悲哉父子與君臣

桐

邕州小集一卷 宋陶弼撰 清初編宋元小集綠格精鈔本

大隱居士詩集卷上

宋 鄧深 撰

五言古詩

鄉人禱雨有應時禹鳥石

力穡乃有秋斯言閒自古天時或不順人事亦安取今年問何如常暘頗爲苦大田紛拆裂稿苗渴灌注井甕乏墟落河車喧旦暮江溪近復涸手足了無措禱旱急農夫迓神擊村鼓動以千百人爲此萬一舉烈日仍朝

大隱居士集 二卷 宋鄧深撰 清文淵閣四庫全書本 故宮博物院藏

重刻特科狀元雪磯先生詩集序

雪磯先生宋理宗朝特科狀元春陵人也其後嗣韶來敎戎庠出其所著詩稿及所對策示余且屬為序夫詩言之成章者也必其志之正氣之完學之粹然後發於言而成章雄渾和暢清新奇古可以傳之當時垂諸永久觀雪磯先生詩可見矣先生數策宋廷有曰求天下之士以文不若淑天下之士以道曰秉正直之氣節則發忠鯁之言議曰詞賦不本乎理致曰以雕鐫經義不求其旨歸曰以穿鑿此數言者其志之正氣之完學之粹豈不槪可見乎故其聲於詩渾雄而無萎薾之弊和暢而無乖踈之失清新而出蕪陋奇古而脫乎凡鄙可

歐陽公文集序

文辭與政化相爲流通上而朝廷下而臣庶皆資之以達務是故祭饗郊廟則有祠祝播告寰宇則有詔令胙土分茅則有冊命陳師鞠旅則有誓戒諫諍陳情則有章疏紀功燿德則有銘頌吟詠鼓舞則有詩騷所以著其典章之懿叙其聲名之實制其事爲之變發其性情之正闢化原推拓政本蓋有不疾而速不行而至者矣然必生於光嶽氣完之時通乎天人精微之

圭齋文集十六卷　元歐陽玄撰　明成化七年劉釪浙口刊本

所安遺集

元進士長沙陳泰志同著
鄉貢進士曾孫朴　編集
鄉貢進士教諭元孫章訂定
賜進士第監察御史來孫瑤刊行
賜進士第内江知縣來孫銓重刊

天馬賦

考試官批氣骨蒼古音節悠然疑熟於楚辭者然不免悲歎意疑必山林淹滯之士天門

傲軒吟稿

元　胡天游　撰

七言絶句

七歲遊法興寺

山色搖光入袖涼松陰十丈印迴廊老僧讀罷楞嚴呪
一殿神風柏子香

春詞和韻

傲軒吟稿一卷　元胡天游撰　清文淵閣四庫全書本　故宮博物院藏

雲陽集卷二[illegible]

賦古律詩[illegible]

[illegible]

元 李祁 撰

[illegible]環見黃河之如帶下

[illegible]曲之迂回瀉千里於

[illegible]誰賴觀其肇跡西土濬

源天淵浩浩瀁瀁翩翩繹繹或奔放而莫禦或紆徐以

雲陽集卷二 元李祁撰 清文淵閣四庫全書本 故宮博物院藏

夏忠靖公集序

少保兼太子少傅戶部尚書

長沙夏公詩文遺稿常州知

府桂林莫君朴以其鄉

鏤梓公之子尚寶司丞瑄

予序公之德存乎人望隆

行有不假詩文取重者然

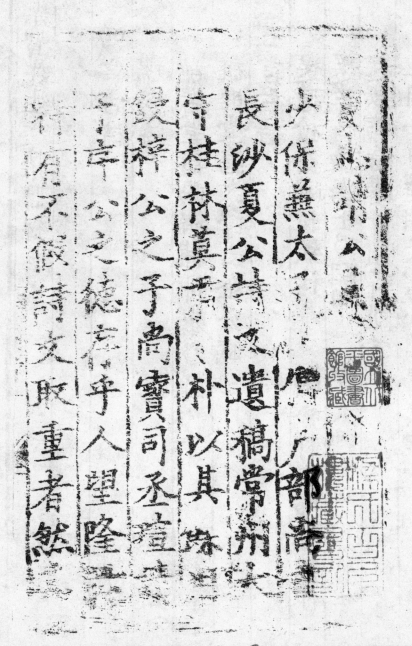

夏忠靖公集六卷　明夏原吉撰　明正德十六年湘陰縣重刊嘉靖間修補本

尋樂習先生文集目錄

四言古詩

瑞應詩

敬養堂爲楊編脩仲舉乃姪作

雍睦堂爲大學士金公賦

五言古詩

送陳檢討嗣初致仕

鐵松軒爲陳同知作

送李侍讀學士乃嗣回

送大理少卿呂公致仕

送汝弼侍講分韻得離字

三月一日遊朝天宮分韻得陰字

東山詩集序

東山公自少以文學蜚聲三楚自天順甲申登第選為翰林庶吉士三年讀書為文駸駸出時輩上自成化乙酉授

東山詩集二卷　明劉大夏撰　明嘉靖五年屠應埈河南重刊本
北平圖書館藏

懷麓堂詩藁卷之一

古樂府

申生怨

十日進一胙君食不得嘗讒言豈無端兒罪誠有名兒心有如地地墳中自傷兒心不如犬犬得死君傍天地豈不廣日月豈不光悲哉復何言一死以自明（潘云使晉侯聞之未必不憮然自失）（謝云說得此生心透潘云詞氣俱盡更著不得一語）

緜山怨

五蛇上天一蛇蟄緜山經月火不滅君王恩重翻為仇不如放作山中囚君王有臣一非少貪天之徒但

懷麓堂稿一百卷　明李東陽撰　明正德十三年熊桂等徽州刊本

西涯擬古樂府卷上

方石謝氏鐸鳴治評點
南屏潘氏辰時用評點
門人郴陽何孟春音註

申生怨

晉獻公烝於齊姜生太子申生晉伐驪戎驪戎女以驪姬生奚齊驪姬嬖欲立奚齊姬謂太子曰君夢齊姜必速祭之太子祭於曲沃歸胙于公公田姬寘諸宮六日公至毒而獻之公

何文簡公文集卷之二

古詩上

棲碧樓

仙人好樓居此語諒非妄鶴氅者方瞳何年此樓上湖山螺黛横湖水鏡光盪曉逼赤城霞春連石門浪于兹瞰金虀千里都無障西泛與東遊風流欲誰讓行窩三十六不用還藜杖去馬更來牛窮途豈堪望忘言坐終日身世謝塵鞅

壽陳侍御乃翁涇州知州

引綬得專城春風動千里喣咻温暖餘日見瘡痍起公鮮壽蒼生豈資方寸匕公還自有長生訣小試刀圭乃

何文簡文集八卷　明何孟春撰　明萬曆二年邵城刋十五年湯日昭增補本
中央圖書館藏

高吾詩集序

高吾詩集若干卷爲今少司馬高吾陳先生所著其門人判常德府事聶君璜輯而刻之以傳謂應祥素受先生知愛宜有一言以引諸首應祥非知詩者乃謬爲之言曰

高吾詩稿十卷　明陳洪謨撰　明嘉靖十三年聶璜常德刊本

中央圖書館藏

白房雜興卷之一

慶成宴席上作次韻 癸亥二月也

宮恩舊識圜丘例別寵今知侍從臣上坐獨慚
登仕淺清銜爭許入班新花分內苑春羅巧揾
送黃官臈醞醇還見小黽同此賜君王真有若
天仁
紅筵隨例侍三雲齋味朝來未破葷糝食巳餘
臣毋地鑾刀還爲細君分萬年堯舜忻親見一

龍湖先生文集目錄

卷之一

頌

天保萬年頌

嘉禾頌

卷之二

奏疏

請改官以便歸養

辭陞職以就親封

再辭陞職以就親封

龍湖先生文集十四卷　明張治撰　明嘉靖三十三年茶陵彭宣刊藍印本
北平圖書館藏

艾熙亭先生文集目錄

卷之一

艾熙亭先生文集十卷　明艾穆撰　明平江艾日華編刊本　中央圖書館藏

雪濤閣集卷之一

西楚江盈科著　弟盈缶輯

五言古風

高唐道中夜行

明發東阿道去去忽已遠踉蹡走不休羲馭倏西轉塵沙窅然黑跬步莽難辨高唐渺何許明滅見野燹兩脾筋欲絕執組雙臂軟況茲載饑渴踈髯不耐撚緬懷古達人韡冠薄華冕林壑恣所適一笑甘偃蹇睠茲宦遊者竹帛以自勉

雪濤閣集十四卷　明江盈科撰　明萬曆二十八年西楚江氏北京刊本
中央圖書館藏

莊學士集卷一

得全莊天合撰
男以臨校

誥勑

柱國少保兼太子太保吏部尚書武英殿
大學士沈某曾祖父母

制曰公孤論道經邦寵在百僚之上國家報功崇德恩隆四世之先蓋殊勳偕祖烈重光斯異數與家聲並耀申頒賚册布告中朝爾贈光祿

碩邁園集序

愚讀漢史而嘆賈生之數奇也漢文之帝好文又循寬郡之厚賜金以車披離何如樸厚篤才之淺廣在國辭

碩邁園集十卷　明蒲秉權撰　明啟禎間刊本　北平圖書館藏

五朝湘詩家史詠

著者：曾霽虹
出版者：文史哲出版社
登記證字號：行政院新聞局局版臺業字〇七五五號
發行所：文史哲出版社
印刷者：文史哲出版社
台北市羅斯福路一段七十二巷四號
郵撥〇五一二八八一二彭正雄帳戶
電話：三五一一〇二八

實價新台幣四五〇元

中華民國七十九年十一月初版

ISBN 957-547-17-6